KB271768

참스승 원암 이규동

한국의 페스탈로치 일대기

참스승 원암 이규동

한국의 페스탈로치 일대기

참스승 원암 이규동

한국의 페스탈로치 일대기

이 도 수

도서출판 역락

동서양 사도(師道)의 조화

　우리는 교육이 흔들리고 있다고 개탄하면서 이 시대를 살아가고 있습니다. 물적 여건은 옛날과 비할 바가 못 될 정도로 좋아졌는데 교육이 이처럼 흔들리는 이유는 아무래도 교육을 맡은 사람들의 정신이 흔들리기 때문이라고 봐야 할 것 같습니다. 교육환경을 개선하기 위해 아무리 많은 노력을 기울여도 교육을 맡은 사람들이 바른 정신으로 교육에 임하지 않는 한, 모두가 헛일이 되고 말 것입니다. 교육자들이 가져야 할 바른 정신을 사도(師道)라고 합니다. 흔들리는 교육을 바로잡기 위해서는 실종된 사도를 회복시키는 길밖에 없다는 생각으로 사도의 귀감이 될 분을 세상에 알려 본받게 하고자 이 책을 내게 되었습니다.

　이 책에서 소개되는 원암 이규동 선생은 1905년에 탄생하시어 아동기에는 한국의 전통적인 서당교육을 받으며 동양적 사도를 배웠습니다. 소년기에는 일제식민제도하의 보통학교와 중학교에서 교육을 받았으며, 청년기에는 일본의 관립 교육자 양성기관인 히로시마고등사범에서 일본식 사도를 배우고 돌아와 26세부터 41년간 우리나라의 중등학교와 대학에서 참스승의 길을 실천하며 사셨습니다. 정년퇴임 후에도 20년간 문하생들의 추수지도에 혼신의 열정을 쏟으시며 사도를 실천하시다가 87세에 소천하셨습니다. 타계하신 후에 그분의 참스승상(像)이 문하생들의 마음에 여운으로 남아 탄신 백주년을 맞아

『영원한 스승』이란 추모문집을 펴내기도 했습니다.

　　원암 선생의 유지를 이어 받도록 하기 위해 유족이 세운 원암문화재단에서 2003년부터 대구 매일신문사와 공동으로 주관하여 매년 스승의 날에 네 사람에게 '참스승 賞'을 수여했습니다. 그런 움직임에 대한 반향이 사회에 파급되면서 원암 선생이 실천하신 사도는 그 문하생들만 기억하고 있을 일이 아니라 더 넓게 알려 흔들리고 있는 이 나라 교육을 바로 세우는 데 일조가 되게 하자는 요구가 있었습니다. 그런 뜻이 모아져 원암 선생의 일대기를 발간하기로 한 것입니다. 원암 선생의 일대기를 집필할 마땅한 사람을 물색하게 되었는데 이도수 박사가 적임자로 추천되었습니다. 이도수 박사는 원암 선생의 애제자 중 한 사람으로 40년간 교직에 몸담고 있다가 최근에 정년퇴임한 사람으로 재임 중에 영어교육에 관한 저서뿐 아니라 문학론과 문화론에 관련된 저서를 여러 권 펴내어 문필가로서 재능을 인정받은 바 있습니다.

　　그즈음 정년퇴임을 맞았기에 원암 선생의 일대기 집필자로 가장 적임자라는 공감대가 동문들 간에 형성되어 집필을 부탁하였습니다. 이 박사 본인은 이런 저런 이유를 내세워 고사하였지만 그 일의 공익적 가치를 생각하여 꼭 맡아주도록 간곡히 부탁하여 그 일을 떠맡게 한 것입니다.

　　스승상(像)을 주제로 한 전기로서는 이 책이 우리나라에서 최초라는 점에서 집필자는 전기의 성격 규정, 서술 방식, 인물에 대한 호칭, 편집 방향 등에 대해 발간위원들의 의견을 일일이 물어가며 써나가는 신중한 태도를 보였습니다. 또 공식 자료가 거의 없는 원암 선생의 성장기 삶을 그리기 위해 여러 차례 원암의 성장지 현장에 가서 탐문하여 옛 삶의 자취를 찾아낸 일이나 원폭피해 현장인 히로시마고등사범에서 원암 선생의 학적사항을 비롯한 생생한 삶의 기록을 입수하게 된 일은 여태 가족들도 엄두를 못 내던 일이었습니다. 이도수 박사의 노고에 대해 높이 치하합니다. 이렇게 애써 펴낸 이 책이 원래 의도한 바대로 오늘날 실종된 사도(師道)를 되찾자는 운동에 일조가 되기를 빌어 마지않습니다.

끝으로 이 책을 펴내는 일에 여러모로 신경을 함께 쓰면서 힘을 보태신 이종호 박사, 김문기 박사, 이기남 박사께도 감사한 마음을 전합니다.

원암 선생 일대기 발간위원회 위원장 김태한(전 계명대학교 총장)

이 시대가 갈구하는 스승상

원암 선생 탄신 100주년을 맞아 추모 문집 『영원한 스승』(2004)을 출간한 데 이어, 올해 선생의 일대기를 내게 되어 대단히 기쁩니다.

원암 이규동 선생은 일제가 우리나라를 넘보던 1905년 충청북도 영동에서 태어나셨습니다. 그 뒤 대구 공립 고등보통학교, 대륜중학교 교사, 대륜중학교 교장, 경북대학교 사범대학 영어과 교수 등 교단에서 2세 양성에 매진하셨습니다.

뿐만 아니라, 경북대학교 초대 도서관장, 대구영어영문학회 초대 회장, 경북도교육위원회 위원, 남산교회 장로, 국제 와이즈맨 한국지구 총재 등 활발한 교육·사회 활동도 하셨습니다.

선생은 1991년 타계하셨지만, 후학들이 원암문화재단을 설립하여 지금까지도 선생의 뜻을 기리고 있습니다. 특히 매일신문과 공동으로 2003년 '참스승 賞'을 제정하여 사도의 길에 헌신하는 스승을 발굴·육성해 오고 있습니다.

교육자로서, 학자로서, 사회 운동가로서 원암이 보여준 수많은 활동은 교육자로서의 사명, 인간으로서의 도리, 학문하는 사람으로서의 역할 등에 대한 커다란 시사를 줄 것으로 생각합니다. 특히 원암의 올곧은 정신은 급속한 사회 변화로 맞게 된 교육계의 어려움을 극복해 나갈 수 있는 바탕이 될 것입니다. 더 나아가 우리 교육계가 나아가야 할 방향도 제시해 주시리라 믿습니다.

따라서 우리 모두는 원암 선생 일대기의 간행을 계기로 교육과 교육자, 그리고 국가와 사회에 대해 어떤 역할을 할 것이며, 어떻게 살아가야 할 것인지를 되돌아보면 좋겠습니다. 그리고 원암의 뜻을 이어받아 교육 발전을 위해 자신의 위치에서 최선을 다하여 우리 후세들이 아름답고 행복한 삶을 누릴 수 있기를 희망합니다.

원암 선생 일대기 간행을 준비해 오신 관계자 여러분들의 노고에 위로와 감사의 말씀을 드립니다. 또, 원암문화재단의 무궁한 발전도 기원합니다.

이 일대기를 통해 원암 선생의 정신이 오래도록 기억되고 계승·발전되기를 바랍니다. 감사합니다.

2007. 9. 대구광역시 교육감 신상철

한국의 페스탈로치

원암문화재단 이사장님으로부터 원암 선생의 일대기를 집필해 달라는 청탁을 처음 받고 제가 그 일을 맡기에는 모자람이 많다 싶어 고사의 뜻을 밝혔습니다. 한국 교육의 거목인 원암 선생의 수제자, 애제자가 얼마나 많은데 곁가지에 불과한 제가 감히 그 일을 맡다니 말도 안 된다는 느낌이 든 것이 사실입니다. 그런데 원암 선생의 수제자로 공인하는 김태한 전 계명대 총장님과 이종호 전 경북대 인문대 학장님이 한 목소리로 그 일을 맡으라고 저의 등을 떠미셨습니다. 저의 대선배이자 은사로 꾸준히 저를 이끌어주신 두 분의 명을 거역하지 못해 그 뜻을 받들기로 했습니다.

일을 맡기로 한 이상 그 일을 해야 할 당위성을 스스로 찾을 필요를 느꼈습니다. 비록 거대한 원암학맥의 작은 곁가지에 불과하지만 저도 원암 선생의 애제자로 자처할 수 있다는 데 생각이 미쳤습니다. 수제자는 객관적 인정이 필요하지만 애제자는 그분으로부터 사랑을 받았다고 느끼는 제자는 누구나 애제자라고 자처할 수 있으니까요. 실로 원암 선생은 모든 제자의 기를 살려 쓸모 있는 인간이 되게 하는 일에 달인이었습니다. 그러기에 수백, 아니 수천의 제자들이 제각기 원암의 애제자로 자처하는 것이라 봅니다. 원암 선생이 타계하신 지 10년이 더 지난 때에 탄신 백주년 추념문집을 발간할 때 너도 나도 원고를 보내와 무려 450쪽에 이르는 『영원한 스승』을 펴내게 된 것이 그 좋은 증거입니다. 그 후에도 전국에 퍼져 사는 원암 선생의 수많은 애제자들이 원암 선생을 그 문하생들의 스승으로만 기억할 것이 아니라 우리 사회의 교육을 살릴 참스승상(像)으로 널리 알리자는 바람에 따라 선생의 일대기를 펴내게 된 것입니다.

무슨 일이든 외적 동기만으로 시작하면 힘만 들고 성과는 적다는 것이 제가 살아오면서 터득한 나름의 지혜이기에 제가 그 일을 제대로 하려면 무슨 내적 동기를 스스로 찾아야 한다고 생각하였습니다. 내적 동기를 찾기 위해 저는 이런 생각을 하였습니다. '전기는 비범한 인물의 삶을 그린 이야기이다. 내가 그런 비범한 인물의 전기를 읽고 비범함에 감탄은 해도 그분들처럼 살 수 있으리라는 자신감은 얻지 못했다. 도리어 그분들의 비범함에 비해 나의 왜소함이 의식되어 열등의식이 들기도 했다. 인간의 영웅적인 면모를 그려 범속한 인간들을 교화시키기 위한 고전적인 전기는 영악한 요즘 독자들에게 외면당하고 만다.

더구나 '師道' 같은 거대담론이 거부되는 이 시대에 카리스마적인 스승상(像)을 그려 내놓아봤자 별로 관심을 못 끈다. 베일에 가려 카리스마적인 존재로 존경받는 원암 선생에게서 베일을 벗겨 인간적인 면모를 부각시켜 친근감을 느끼게 해보자.' 이런 생각을 원암 선생 전기발간위원회에 밝혔습니다. 발간위원으로는 위의 두 분 외에 가족대표로 이기남 박사(원암문화재단 이사장), 김문기 박사(경북대사대 국어교육과 교수이자 원암문화재단 상임이사)와 집필자인 저를 포함해 모두 5인이었습니다. 전기의 성격은 제가 구상한대로 신격화한 스승상(像)보다는 '인간적 모습을 부각시키는 일대기'로 정했습니다.

원암 선생이 충북 영동군 영동읍 화신리에서 태어나 아동기에 서당을 다니다가 영동초등학교를 거쳐 서울 경복중학교에 다녔다는 사실 외에는 기록 자료가 전혀 없어 첫 난관에 부딪쳤습니다. 따라서 원암 선생이 태어나서 초등학교를 졸업하기까지의 삶에 대한 기록은 공식적인 기록보다 필자가 현지에서 다각적으로 탐문하여 밝힌 것을 바탕으로 역사와 연관시켜 이야기를 구성한 이른바 허구적 사실(faction)입니다. 원암 선생이 다닌 경복중학교의 경우는 학적사항은 보존되어 있지 않아도 기본 역사자료는 복원되어 있었기에 당시의 삶은 좀 더 사실적으로 그릴 수 있었습니다.

그런데 놀랍게도 원암 선생이 다녔던 일본 히로시마고등사범에는 전혀 기대를 하지 않았는데 여기에서 공식, 비공식 자료를 상당량 입수하게 되었습니다. 히로시마고등사범은 제2차 세계대전 때 원폭 피해를 입은 현장인데 기적적으로 피해를 안 입은 일부 자료 속에 원암 선생의 학적사항을 포함한 세부자료가 남아 있었습니다. 필자의 대학 후배인 역사전공 권오현 교수가 히로시마고등사범의 후신인 히로시마대학교(廣島大學校)에서 유학한 사실을 전해 듣고 혹시나 하며 알아봐 달라고 했습니다. 적극적인 성격인 권 교수가 유학 시절에 돈독한 인간관계를 맺은 池野範男(이케노 노리오) 교수에게 부탁하자 이분이 백방으로 노력하여 그 귀중한 자료를 구해 보낸 것입니다. 이 일에 발 벗고 나서준 권오현, 유경아 선생께 고마움을 전하고 일면식(一面識)도 없으면서 적극 도움을 주신 池野範男 교수를 위시한 尙志會員 여러분께 진심으로 감사드립니다.

원암 선생의 교단생활에 대한 이야기는 기존 기록에 의존하여 연대별, 주제별로 재편성했습니다. 기존의 기록 자료로는 원암 선생 탄신 백주년에 발간한 『영원한 스승』이 주종을 이루는데 여기에 수록된 수십 편의 글을 원문 그대로 인용해 싣다보니 각양각색의 문체가 혼재되어 있음을 밝혀둡니다. 전기의 주인공이 필자의 은사이고, 곁들여 언급되는 분들도 대부분 필자와 사제 혹은 선후배 관계인데 이분들에 대한 호칭을 어떻게 써야 할지 고민스러워 발간위원회에서 상의한 결과 존칭을 생략하고 객관적인 3인칭으로 쓰도록 가닥을 잡아주셨습니다.

버겁게 생각하면서 등 떠밀려 이 일을 맡게 된 것을 끝내는 후회하지 않게 되었습니다. 원암 선생의 수많은 제자 중 한 사람으로 스승님을 피상적으로 알고 있던 제가 이 글을 쓰기 위해 선생님을 심층적으로 관찰하면서 저에게 많은 소득이 있었기 때문입니다. 그동안 카리스마적인 존재로 우러러 본 원암 선생도 베일을 벗으면 우리와 다를 바 없는 범속한 모습을 하고 있으리라는 생각을 가졌던 데에는 다소의 악동취미가 발동한 점도 있습니다. 그러나 아무리 파헤쳐도 원암 선생에게는 우리와는 다른 특별한 면이 있다는 것을 깨닫게 되었습니다. 실로 원암 선생은 한국의 페스탈로치라 칭해도 손색이 없는 분이라고 생각하게 되었습니다. 이런 참스승상(像)을 널리 알려 교육계에 새 바람을 일으키는 일이 뜻이 있다고 느끼기도 했습니다.

스승상(像)을 주제로 한 우리나라 최초의 일대기라는 점에서 조심스러워 예상 독자층의 반응을 알아보기 위해 저의 홈페이지(http://water-road.net)에 초고를 올려 공람시켰는데 많은 네티즌들이 읽고 친절하게 도움말을 주었습니다. 얼굴도 모르는 이분들께 고마움을 표합니다.

끝으로 이 책을 쓰는 동안 자료를 제공하고 도움말을 아끼지 않으신 동양철학전공 공영립 박사, 국어학 전공 조규태 박사, 그리고 꼼꼼하게 내용을 점검하고 교정을 봐 주신 저의 다정한 친구 여상필 박사, 곽철홍 박사께 진심으로 감사드립니다.

2007. 8. 28. 탈고하면서 집필자 이도수

▌차례 ▌

제 2 부 교직자로서의 삶

제3부 퇴임 후의 삶과 타계

제1부

성장기와 학창 시절의 삶

원암은 서당공부 3년 차인 7살 때부터
단연 선두를 달려 훈장의 총애를
독차지하게 되었다. 그러나 훈장이 보기에 원암은
심성 면에서 더욱 칭찬할 만했다.
남보다 앞서면 누구나 오만기가 저절로 생겨,
남을 깔보거나 무시하기 쉬운데 원암은 전혀 그렇지 않았다.
스승인 자기한테만 극진히 대하는 것이 아니고
모든 사람에게 진심으로 대했다.
"저 아이는 책에서 수신에 관한 글을 읽어서
저런 착한 심성을 갖게 된 것이 아닌 것 같다.
아무래도 그건 그가 타고난 천성인 성싶다."

히로시마고등사범 입학 초기 시절 __ 꼿꼿한 자세로 책상에 앉아 있는 모습에서 1926년 입학 초기의 유학 생활에 대한 선생의 다부진 마음가짐을 볼 수 있다.

기도원에 다니다(下) __ 한 손에 성경과 찬송가가
들려 있고 어딘가 모르게 수심이 가득한 표정으로 보아
신병 치료를 위해 목사가 운영하는 기도원에 다닐 때의
모습인 것으로 추측된다.

신체검사 결과가 나오다(上) __ 1927년 5월 10일
이라 적혀 있으니 2학년에 진급하여 한 달쯤 지났을 때
의 모습이다. 이때 원암은 폐확장증이란 신체검사 결과를
통지받고 학업을 중단해야 할지, 계속해야 할지에 대해
심각한 고민을 해야 했다. 사진 속의 표정이 밝지 않다.

제1부에서는 원암의 성장기를 기록한다. 유년기는 가족들의 증언에 의존하여 당대의 시대 상황 속에서 하나의 이야기로 꾸몄다. 원암의 인격 형성에 영향을 끼쳤을 것으로 여겨지는 서당교육, 보통학교교육에 대한 공식적인 기록 자료가 6·25 전쟁으로 인해 거의 없어져 탐문조사를 통해 얻은 정황 자료를 뼈대로 삼아 약간의 살을 붙여 개연성 있는 얘기로 꾸며내었다. 중등학교 생활에 대해서는 확보된 기록 자료를 바탕으로 삼고 관련된 간접 참고 자료를 첨가하여 개연성 있는 이야기가 되게 했다. 원암의 일본 유학 시절의 기록 자료는 별로 기대하지 않았는데 예상 외로 많은 자료가 입수된 덕분으로 선생의 서양적 사도의 근원을 밝힐 수 있어 다행이었다. 주인공의 호칭은 어릴 적은 본명 그대로 쓰고, 혼인 후에는 아호를 쓰는 것이 전통적인 관례였다. 선생이 '원암'이라는 아호를 성철 스님으로부터 받은 것은 30대 중반이었다. 그러나 이 일대기에서는 결혼한 이후부터 그 아호로 칭하기로 한다.

제1화

선비고을의 선비집안에서 태어나다

이규동 선생은 충북 영동군 영동읍 화신리 291번지에서 태어났다. 이곳은 한반도에서 바다와 가장 멀리 떨어진 내륙 산간지역에 깊숙이 들어앉은 선비고을이었다. 충청도 사람들은 유달리 순하다는 평판을 받고 있다. 그중에서도 소백산맥과 속리산, 덕유산이 형성하고 있는 삼각 산악지대 사이에 자리 잡은 영동, 보은, 황간 지역민들이 더욱 그러하다. 이 사람들은 세태변화에 느리고 쓰는 말씨도 조용조용하고 느리다. 규동의 고향 영동읍 화신리 마을에 들어서서 주변 산세와 경관을 둘러보면 마음을 가라앉게 하고 평온하게 하는 자연의 기를 느낄 수 있다. 필자와 같이 규동 선생의 고향 현지 방문에 동행한 김문기(경북대학교 사대 국어교육과 교수, 원암문화재단 상임이사)는 풍수지리에 일가견을 가진 분인데, 그의 말에 의하면 이곳은 영웅호걸보다는 요란스럽지 않은 가운데 세상에 긍정적 변화를 가져올 인재가 태어날 지세라 했다.

이런 조용하고 평화스럽던 선비고을 영동에 규동이 태어나던 해를 전후하여 10수년간 격동의 바람이 불어 닥쳤다. 규동이 태어나기 11년 전인 1894년에 인근 지역 전북 고부에서 동학란이 발생했다. 동학이 성하기로 전북에 못지않았던 충청도에서도 민초들이 의분에 떨며 합세하여 성난 파도처럼 한양으로 밀고 올라갔다. 그러나 일본 원군의 지원을 받은 관군과 대치하여 공주 우금치전투에서 수만 대군이 궤멸되는 참사를 겪게 되었다. 그 잔류세력이 충북 보은 속리산 아래 장내리에서 재집결하여 전의를 되살리려다가 일본군의 추격을 받아 북실 전투에서 2,600명의 장정이 몰살당한 참변을 겪었다. 이때부터 충청도는 이미 조용한 선비고을이 아니었고 성난 선비들이 눈에 불을 켜고 설치는 풍운의 20세기를 맞게 된다. 규동이 태어나던 1905년 그해 11월에 일본의 강압에 눌려 조정대신들이 을사늑약에 조인하게 됨으로써 나라를 빼앗기고 말았다. 그 억울함을 국제사회에 호소하기 위해 이준 열사를 헤이그에 파견한 고종이 끝내 폐위되고 만 불운을 겪었다.

전주 이씨의 중시조인 세종대왕의 다섯째 아들 광평대군의 19세손으로 태어난 규동은 집안에서 몹시 기다리던 귀한 아들이었다. 그러나 아버지 승종(昇鍾) 씨는 가족들과 함께 그 기쁨을 나누고 있을 입장이 못 되었다. 왕계후손의 문중 중진으로서, 또 영동유림의 유력 인사로 이 난국에 그의 일거일동이 많은 사람들의 주목대상이었다. 승종의 부친은 화신리 서당의 훈장으로 마을의 정신적 지도자이자 영동지방 유림의 유력 인사이기도 했다. 충청도 청주 출신으로 천도교 3대 대교주가 되고 나중에 3·1 운동의 대표가 된 손병희 선생이 영동지방을 들를 때 화신리 서당에서 묵고 간 적도 있었다. 승종은 그의 부친이 동학란 때 처신하기가 퍽 난처했을 것이라 짐작했다. 무엇보다 성씨가 전주 이씨라서 으레 왕가 편을 들 것이라는 편견을 남들이 갖고 있었기 때문이다. 승종의 가세가 비교적 넉넉하고 지식충이라는 것도 다수 빈농 민초들로부터 거리감을 느끼게 하기에 충분했다. 그런데도 그의 아버지가 동학란에 죽창을 들고 전투 대열에 끼지 않으면서 정신적 지도자로서 체통을 지키며 난세를 넘긴 분이라 규동에게는 하늘같이 우러러보였다.

1905년 4월 28일 아들 규동이 태어나면서부터 아버지 승종은 세상을 살아가는 마음가짐이 크게 달라짐을 스스로 느낄 수 있었다. 자식이 나고부터는 이제 제발 세상이 조용해졌으면 좋겠다는 생각뿐이었다. 더 큰 부자가 될 욕심을 안 가지면 농사는 머슴 들여 지으면 되고 자기는 자식에게 글이나 가르치며 안정된 삶을 살고 싶었다. 그러나 세상은 그런 욕심 없는 승종을 한 가정의 필부로 조용히 살도록 내버려두지 않았다. 아기의 첫 칠 일이 지나기도 전에 누군가 밤중에 찾아와 대문을 두드렸다. 승종은 출산 금기 줄이 쳐져 있는 집에 불쑥 찾아오는 사람은 필시 마을 사람이 아닐 것이라고 짐작하며 대문을 열어보았다. 뜻밖에도 일본군 헌병이 조선인 앞잡이 하나를 데리고 불쑥 나타났다. 조선인을 통역으로 내세워 어제 밤부터 오늘까지 어디서 무엇을 했는지 말해보라 했다. 승종은 "지금 이 금기 줄이 보이지 않느냐?"면서 "출산 금기 줄이 쳐진 집에는 나라 임금도 출입을 삼가는데 이게 무슨 짓이냐?"며 대들었다. 첫 자식을 보는데 난산을 겪어 온 식구가 혼이 나있는 마당에 가장이 어딜 나돌아 다녔겠느냐고 말하여 돌려보냈다.

그때 그곳에서 이런 뒤숭숭한 사건이 벌어지게 된 배경은 이렇다.

그날 영동, 황간, 옥천 일대에 유림들에 대한 일대 검거 선풍이 일게 되었다. 이 3개 군 관내에서 경부선 철로 파괴사건이 6군데나 동시다발로 발생했기 때문이었다. 일본이 한반도를 수탈할 목적으로 경부간선철로를 부설하는 데 가장 심한 저항을 한 세력이 유림들이었다. 외세가 밀려들어 미풍양속을 해친다 하여 특히 유림들의 세가 강한 지역일수록 저항이 거세었다. 그런 완강한 저항에도 불구하고 경부철도가 1902년에 착공하여 1905년 1월에 완공을 보게 되었다. 영남과 충남 지역에서는 유림의 저항이 극심한 지역은 약간 씩 우회하여 저항이 덜 심한 지역 쪽으로 둘러 부설하기도 했다. 그러나 황간, 영동, 옥천은 둘러갈수록 더 험한 산악지대라 주민들의 의사가 무시 된 채 강행되었다. 그 때문인지 철도가 개통된 지 몇 달 안에 역 청사 파괴, 기관차투석, 철로파괴 등의 사고가 계속 이어졌는데 그 태반이 충북 산간 지역 관내에서 발생한 것이다. 이런 사건이 터질 때마다 일단 유림들이 그 배후세력으로 지목받게 되었고 이 지역 유림의 유력인사인 승종은 언제나 요시찰 인물로 곤욕을 치러야 했다.

규동이 태어난 지 6개월째 되던 늦가을 어느 날, 밤중에 또 누가 대문을 두드렸다. 승종은 혀를 차면서 대문 쪽으로 걸어가 통명스럽게 말했다

"이 밤중에 누구요? 박쥐처럼 꼭 밤에 나타나 귀찮게 하니……."

그러나 막상 들어서는 사람은 헛기침을 하며 당당하게 들어섰다. 같은 영동군에 사는 문중의 먼 친척 형님뻘이 되는 이석종 씨였다. 전주 이씨 대동종친회에서 중요한 역할을 하는 분이었고 한일 합방 전까지 조정에서 왕을 보필한 대신이었으나 나라를 잃고 낙향한 분이다.

"아니, 형님이 이 밤중에 웬일이십니까?"

"좀 급하고 중대한 일이라 밤중에 왔네."

“무슨 급하고 중대한 일이기에 이 추운 밤에 먼 길을…….”

“우선 방에 들어가서 조용히 얘기하세.”

방에 들어가 이불 밑에 손을 넣고 몸을 녹이는 것을 보고는 승종이 행랑어멈에게 술상을 좀 봐오라고 말하려는 순간 석종은 제지하면서 나직하게 말했다.

“나는 용건만 간단히 말하고 여기를 떠나야 하네. 내가 여기 오래 있으면 안 되네.”

“이 밤중에 어디로 가신다고 그러세요? 이부자리 봐 드릴 테니 주무시고 내일 아침에 떠나세요.”

“안 되네. 시가 급한 일이고, 또 내가 여기서 밝을 때 나가는 것을 보는 사람이 있어도 자네한테 안 좋을 걸세. 자, 간단히 용건만 말하겠네.”라고 하며 종이 한 묶음을 내 놓으며 말하기를,

“이 종이 묶음을 갖고 내일 안으로 추풍령을 넘어 경북 김천 봉산면 봉계리 정 참판 댁에 전해주게. 그 댁에서 영남의 여러 지역 유림들에게 차례로 전달하도록 당부하는 서신도 그 안에 들어 있네. 그것만 전달하고 지체하지 말고 서둘러 오게.”

승종은 아무리 문중 형님벌이 되지만 이쪽 형편도 물어보지 않고 일방적으로 지시를 하는 데 상당한 반발심이 생겼다. 전 같으면 옳고 그름을 가리지 않고 이분 명령이면 무조건 따르던 그였다. 그러나 이제 자기도 자식을 갖고부터는 어쩐지 위험부담이 있는 일은 무슨 핑계를 대어서라도 피하고 싶은 마음이 들었다. 그러지 않아도 마을에 홍역이 돌고 있는데 아기 규동이 태어난 후로 계속 잔병치레를 하여 잔뜩 불안하게 지켜보고 있던 참이었다. 승종은 석종에게 자식을 핑계대어 보기로 했다.

"형님, 제가 이제껏 형님 말씀을 거역해 본 일이 없습니다. 그러나 이번 일은 좀 면해 주십시오."

"지금까지 자네가 내 말 거역해 본 일이 없는 것은 나도 잘 아네. 그러나 지금까지의 일은 거역을 했어도 괜찮을 일이었으나 이번 일은 거역하면 정말 안 되네. 자네한테 무슨 변화가 있었기에 그러는가?"

"실은 저한테 자식이 하나 났습니다. 이제 난 지 겨우 반년밖에 안 되는데 얼마나 잔병치레를 많이 하는지 인간이 될지 모르겠습니다. 지금 막 마을에 홍역이 도는데 어제부터 심상치 않습니다. 좀 고려해주십시오."

"그 말은 안 듣기보다는 신경이 쓰인다마는 그래도 일에는 경중이 있네. 자식은 잃으면 또 낳으면 되지만 나라는 잃으면 자손대대로 남의 나라 노예로 살아야 되네."

승종은 항변이 목구멍까지 올라오는 것을 꾹 눌러 참으며 말했다.

"전달해야 하는 글은 무슨 격문 같은데 혹시 동학란 같은 민란을 일으키자는 내용은 아닙니까?"

"그와는 다르네. 동학란은 억울한 백성들이 우리 왕조를 무너뜨리자는 운동이었지만 우리가 전개하려는 이 운동은 침략자 일본으로부터 우리 국권을 수호하자는 운동이니 조선사람은 누구나 동조해야 할 운동이지. 격문 내용은 내가 가고 나서 자네 혼자 조용히 읽어보게. 자, 그럼 중요한 얘기는 내가 다 했네. 나는 이 길로 또 가야 할 데가 있으니 떠나겠네."

골목을 벗어난 석종은 영동읍 쪽으로 가지 않고 중화사가 있는 산골짝 쪽 길로 들어섰다. 승종이 "왜 산 쪽으로 가십니까?"라고 묻자

"나의 행방은 묻지 말게나." 하며 발걸음을 재촉하여 어둠 속으로 사라졌다.

석종이 가고 나서 승종은 격문을 꺼내어 호롱불 앞에서 찬찬히 읽어보았다. 그 글은 을사늑약 때 나라를 팔아먹은 다섯 역적을 성토하는 글이란 뜻으로 '討五賊文'이란 제목이 붙어있었는데, 그 내용은 다음과 같았다(원문은 한문으로 쓰인 것인데, 독자들을 위해 우리말로 풀이하여 실었다).

"대저 천지개벽한 이래 임금과 신하 사이의 도리는 하늘과 땅이 자리가 정해져 서로 넘나들지 못하는 것과 같으니라. 하찮은 벌레들도 이런 이치에 어둡지 않은데 명색이 사람으로서 도리가 없다면 하찮은 벌레만도 못할 지니라. 요사이 경성신보를 보니 박제순, 이지용, 권중현, 이완용, 이근택 다섯 역적은 실로 천지간에 간악한 무리들이다. 슬프다, 나라를 어지럽히는 신하와 불효의 자식이 어느 시대인들 없으리오마는 어찌 오늘날 이처럼 의리 없는 무리가 있으리오? 그들이 왕가의 가장 가까운 친척이며 대대의 중신으로 마땅히 국가에 보답하고 나라의 기쁨과 슬픔을 같이 하여야 하거늘, 임금의 두터운 은혜를 배반하고 원수의 적에 아첨하고 나라를 팔고 거짓조약을 맺어 자기의 영달을 취할 뿐만 아니라 어리석은 소인들을 끌어들여 조정을 문란하게 하고 도적을 불러들여 황실을 위협하게 하니, 대저 임금과 신하의 분별을 없애는 변이 이보다 더 큰 예가 없느니라.

… 중 략 …

이제 우리나라의 팔도 선비에게 통고해서 소리를 같이하고 분발하여 다섯 역적을 죽게 하며, 또 각국 공관에 성명하여 일본의 위협으로 된

조약을 깨고 우리나라의 근본을 튼튼하게 하면 천하에 크게 다행한 일

이요 만세에 다행한 일이다.”

승종은 이 글을 읽으면서 얼굴이 점점 상기되어 갔다. 자기가 엄청나게 큰일에 끼어들게 되었으며, 거기서 막중한 역할을 하게 된 데 대해 두려움과 불안감으로 꼬박 밤을 새웠다. 새벽 일찍 떠나는 그의 머리에는 약 4백5십년 전 단종복위 기도 사건 때 순흥부사 이보흠이 영남유생들에게 전하여 궐기하기를 촉구하는 격문이 머리에 번뜩 떠오르며 소름이 끼쳤다. 그 사건에서 격문을 빼돌려 왕실에 밀고하려는 노비 이동을 잡아오라는 순흥부사의 명을 받고 그를 붙잡아 격문내용을 읽어본 풍기현감이 순간적으로 욕심이 생겨 자기가 직접 왕실에 밀고하게 된 사건도 떠올랐다. 그러나 그는 마음을 다독이며 다음 날 아침 일찍 경북 김천으로 가는 기차를 타기 위해 영동역으로 향했다. 자기네들이 철도부설을 그처럼 반대했건만 지금은 시간이 촉박하니 기차를 이용하는 수밖에 없었다. 추풍령을 넘자면 하루 종일 걸어도 촉박한데, 기차를 이용하니 화신리에서 영동읍까지 10리 길을 걸어갈 정도의 시간에 훌쩍 넘어버리는 것을 보고 참 편리해졌다는 생각도 들었다.

경북 김천 봉계에 이르러 정 참판 댁을 찾아 용건을 전하고 서둘러 돌아온 승종 씨는 곧 무슨 변란이 일어날 것 같은 불안감이 들었다. 그런 심중을 숨기고 바깥출입을 일체 삼가고 귀여운 아들 규동의 재롱을 바라보며 마음을 가라앉히려고 노력했다. 그런 의식적 노력이 도리어 가족들에게 이상한 느낌을 주어 온 가족이 얼굴에 수심을 드리우고 있었다. 그러나 시간이 흐르면서 격문 사건의 몸통이

드러나게 되었다. 승종에게 밤중에 찾아와 영남지방 유림들에게 격문을 전달하는 임무를 부여하고 간 이석종은 같은 전주 이씨이며 경기 호남 호서 유생대표인 이건석(李建奭)의 지시를 받아 임무를 수행한 하수인이었다.

이건석은 이렇게 하여 전국에 전달한 격문으로 조선 팔도 유생들의 서명을 받아 을사늑약의 부당성을 주장하는 상소를 조정에 올렸다. 그러나 그 상소가 아무 반향이 없이 무시되자 이건석은 평안도 자객 20여 명을 고용하여 특수훈련을 시켜 조정의 매국노를 처단하려고 시도하다가 체포되었다. 그 후 옥고를 치르는 동안 일제주구들은 그에게 온갖 회유와 협박을 가하여 친일파로 전향시키려 했다. 그러나 그는 끝까지 버티다가 "나라를 팔아먹은 오적을 내 손으로 처단하지 못하고 죽게 되는 것이 천추의 한이로다."라고 절규하며 자결하면서 국권회복을 호소하는 유서를 남겼다. 이건석(1852~1906) 열사에게는 해방 후 1963년에 건국훈장 독립장이 추서되었다.

이로써 이건석과 이석종은 영동출신 전주 이씨로 규동의 집안 어른들과 여러모로 관계를 맺어 왔기에 규동의 아버지 승종의 처신에 상당한 영향을 미쳤다. 이런 연유로 승종은 규동의 어린 시절에 집을 지키지 않고 경향각지와 만주로 떠돌며 우국지사로서의 삶을 상당 기간 계속하게 되었다.

제 2 화

아버지의 존재에 대한 의문이 싹트다

규동이 4살이 되면서부터 아버지의 존재에 대해 궁금증이 커졌다. 이웃의 다른 아이들은 아버지가 논밭을 갈고 땔나무를 해 와서 군불을 때고 소죽을 끓이는 등 식구들과 늘 함께 지내며 사는 것을 보며 부러워했다. 규동의 집에서는 어머니가 머슴을 들여 농사를 짓고 가사를 돌보는 것이 이상하게 여겨졌다. 규동의 아버지는 오랜만에 한 번씩 집에 들러 몇 달 혹은 며칠간 묵고는 또 어디로 떠나는 것이었다. 그러니 규동은 아버지에게 어리광을 부릴 만큼 정을 들일 기회가 없었다. 오랜만에 아버지가 나타나면 거부감마저 들었다. 화신리에서 홀어머니 밑에서 자라는 아이들이 더러 있었다. 그중에는 아버지가 동학란에서 전사한 경우가 대부분이었는데, 이들 가정에서는 남편 잃은 아낙들이 억척같이 들일을 하여 자식들을 먹여 살리고 있었다.

이렇게 아버지가 살아 있으면서 집에 가끔씩 들리는 집으로는 규동의 집 말고 윗마을에 한 집이 더 있었다. 윗마을에서 제일 부농인 황간 어른 댁에서는 영동읍 장터에 소가(小家)를 정해서 딴 살림을 차려 사는 것이 정실부인에게 알려져 한바탕 소동이 일었다. 그 소동으로 두 살림을 차려 사는 것이 양성화되었다. 소가에서 주로 머무는 황간 어른이 가끔 본가에 나타나 정실부인에게 머슴 관리를 잘못 한다느니 하며 꼬투리 잡아 불호령을 내려 아내를 숨도 못 쉬도록 족쳐 놓고는 식량을 퍼내어 머슴에게 짐 지워 소가로 날라 가는 모습을 아랫마을 사람들은 자주 보아왔다. 아랫마을에서 제일 부농인 규동의 집에 아버지가 들리는 일은 윗마을 황간 어른보다 더 뜸하였다. 그러나 한 번씩 왔다 갈 때마다 황간 어른처럼 머슴 지게로 한 짐 정도의 식량만 날라 가는 것이 아니고 소달구지로 한 바리씩 실어내곤 했다.

한 번은 추수가 끝난 뒤에 아버지가 왔다 가면서 식량을 수십 가마니나 실어내는 것을 보고 규동이 어머니에게 물었다.

"엄마, 우리 아버지도 황간 어른처럼 식량을 다른 여자 집에 갖다 주어요?"

"아니다. 너희 아버지는 그런 사람 아니다. 너희 아버지는 좋은 일만 하고 다니는 사람이야."

"무슨 좋은 일을 하고 다니는데 엄마가 힘들여 농사지은 양식을 자꾸 싣고 나가요?"

그러나 어머니 해주 정씨는 어린 아들에게 나중에 더 크면 알게 된다고 달래며 입을 다물고 말았다. 그러나 한 가지 생각의 꼬투리를 잡으면 물고 늘어져 납득이 갈만큼 궁금증을 풀어야 직성이 풀리는 규동은 그런 어중간한 응답으로 만족하지 않았다. 그러다가 규동의 궁금증이 더욱 증폭된 일이 발생했다. 규동의 큰댁에서 규동에게 증조부가 되는 분의 제사를 드리는 날이었다. 그러니 아버지 승종에게는 조부 제사인 만큼 당연히 참석하실 걸로 알고 온 가족이 잔뜩 기다리고 있었다. 그러나 한밤중이 지나도록 규동의 아버지가 나타나지 않자 모두 마음이 초조해졌다. 시간을 너무 늦추다가 새벽닭이 울어버리면 제사 드시러 오신 조상님이 떠나버리게 된다면서 모두 조바심에 대문 쪽을 뚫어지게 바라보고 있었다. 당시에는 시계가 보급되어있지 않은 때라 시간 짐작은 주로 하늘의 삼태성의 위치나 닭 우는 소리로 측정했다. 어쨌든 닭이 울어버리면 큰일 난다며 그만 기다리고 제사를 지내려던 순간이었다. 그때 골목에 인기척이 들린다면서 잠시 나가보고 온다던 규동의 집 행랑어멈이 헐레벌떡 달려들어 왔다. 그녀는 골목에 양복 입은 청년 두어 사람이 집안을 기웃거리다가 슬금슬금 물러가더라고 귀띔해주었다. 그제야 규동의 어머니는 뭔가 불길한 낌새를 느끼고 남편이 오늘 안 올 것이니 더 기다리지 말고 제사를 모시자고 했다. 며칠 전에 규동의 집에 일본 헌병이 찾아와서 승종 씨의 행방을 묻고 간 적이 있었다. 별로 도움 되는 정보를 얻지 못하고 물러간 그들이 이 마을에 사는 전주 이씨 일족들의 집을 찾아다니며 전주 이씨 족보를 뒤져 승종의 조부 제삿날을 알아 간 것이다.

그런 사건이 있고부터 규동은 어머니의 수심이 더욱 깊어져 가는 것을 눈치 채고 더욱 걱정이 되었다. 규동은 어머니의 눈치를 살피다가 조심스럽게 물었다.

"어머니, 아버지는 좋은 일만 하시고 다닌다 하였지요?"

"그래. 그렇다니까."

"그런데, 왜 양복 입은 사람들이 밤중에 아버지를 잡으러 왔어요?"

"그건 아버지가 나쁜 일을 저질러서가 아니고……."

"아버지가 좋은 일을 했다고 상을 주려고 왔다면 대낮에 와야 될 것 같은데요.”

“그러게 말이야.”

“그러게 말이야라니 그게 무슨 뜻인데요?”

“규동아, 네가 알아듣게 설명하기가 어렵구나. 너의 아버지가 하는 일은 어떤 사람한테는 상을 받을 일이고 또 다른 어떤 사람에게는 벌을 받을 일이기도 하지. 무슨 말인지 알아듣겠니?”

규동이 그제야 눈을 반짝이며 말했다.

“어머니, 알아듣겠어요. 조선사람한테는 상을 받을 일이고 일본 사람한테는 벌 받을 일이겠네요.”

규동의 어머니 정씨는 아들 규동을 와락 끌어안고 눈물을 펑펑 쏟으며 말했다.

“우리 아들 규동이가 정말 영리하구나. 4살짜리 어린 애한테 구김살이질까 싶어 아무 것도 말해주지 않았는데 네가 어찌 그런 것을 저절로 알게 되었지? 성군(聖君)의 자손이 과연 다르구나.”

“성군의 자손이란 무슨 뜻입니까, 어머니?”

“성군은 어진 임금이란 뜻이다. 나라의 제일 높은 어른이 임금이란다. 임금이라도 백성을 괴롭히는 임금도 있고 백성을 살기 좋게 해주는 좋은 임금도 있단다. 우리나라 5백년 조선역사에서 가장 훌륭한 임금이 세종대왕이란 분이었지. 그런데 규동이 네가 바로 그 훌륭한 임금님 세종대왕의 20대 손자란 말이야.”

“세종대왕 할아버지는 어떤 좋은 일을 하셨어요?”

“좋은 일을 워낙 많이 하시어 다 말할 수는 없지만 그중에서 제일 좋은 일은 우리나라 글자를 만든 것이란다. 우리글이 있기 전 수 천 년 동안 조선사람들은 중국의 글을 배워 족보도 만들고 편지도 쓰고 책도 지었지. 중국의 글자 한문은 너무 어려워 그것을 깨치려면 긴 세월이 필요했기에 대다수 백성들은 글 모르는 무식자로 평생을 살았단다. 여자에게는 글을 가르쳐 주지 않아 대부분 일자무식으로 지냈단다. 그러나 세종대왕 덕택에 누구나 우리글을 쉽게 익혀 그 이후로 무식자가 크게 줄게 되었단다. 엄마는 서당에 한 번도 안 다녔지만 너희 외할아버지에게 며칠간 우리글을 배워 책도 읽고 편지도 쓸 수 있게 되었단다. 영특한 우리 규동이는 우리글의 이치를 하루만에 깨우칠 것이다.”

규동은 위대한 임금 세종 할아버지께서 만드신 우리글을 당장 배우고 싶다며 어머니께 가르쳐달라고 졸랐다. 규동의 어머니는 친정아버지로부터 배운 요령대로 한글의 자음과 모음을 따로 구분하여 가르쳐 주고 그 다음에는 자음과 모음이 결합하여 글자가 되는 원리를 가르쳐 주었다. 규동은 배운 원리에 따라 쉬운 글을 더듬거리며 읽는 연습을 좀 하더니 어머니에게 읽을거리를 써 달라 하였다. 처음에는 아버지, 어머니, 할아버지 등 식구들의 이름자를 써주다가 규동의 요구를 감당 못 하겠다 싶어 언문으로 된 글을 있는 대로 찾아내어 읽을거리로 주었다. 당시는 어린 아이들이 갖고 놀 노리개가 거의 없을 때였다. 더구나 지적 호기심을 충족시킬 재미있는 놀이 감이 전혀 없을 때라 엄마가 준 한두 장짜리 글은 규동을 더욱 감질나게 할 뿐이었다. 그래도 규동은 주어진 글을 갖고 하루 종일 노리개 삼아 더듬거리며 읽다가 잘 안 통하는 것이 있으면 어머니께 질문을 계속 해댔다. 규동의 어머니는 자기가 가르쳐 준 한글의 원리를 어린 규동이 깨치는 속도에 속으로 탄복했다. 그러나 자식에게 과찬하는 것은 교육적으로 좋지 않다는 어른들의 말이 생각나 말을 삼가하고 있었다.

한편으로 규동의 어머니 해주 정씨는 영특한 아이 규동이 아버지 밑에서 엄한 훈육과 체계적인 지식을 전달받아야 하는데 체계적인 교육을 받아본 적이 없는 아녀자인 자기가 어떻게 감당할까 걱정이 태산 같았다. 그러던 중에 하루는 규동이 어머니에게 다가와서 이런 질문을 하였다.

"어머니, 아버지는 왜 다른 집 아버지들과 달리 집안일을 돌보지 않고 조선으로부터는 상을 받고 일본으로부터는 벌 받을 일을 하는데요? 다른 아이들은 저희 아버지나 할아버지로부터 한문을 배운다던데요. 우리 아버지도 집에 와서 농사를 지으며 나에게 글이나 가르쳐 주고 살면 일본 사람들이 잡으러 오지 않을 것 아닙니까?"

"그러게 말이야."

"또 그렇게 말씀하시네요. 어머니도 그랬으면 좋겠다는 말이지요?"

"그랬으면 좋겠는데, 아버지는 다른 집 아버지와는 좀 다르게 행동해야 하니까……"

"왜 그렇지요?"

"사람은 자기 집 식구만 챙기며 살아도 되는 사람이 있고, 나라 일을 걱정해야 할 사람도 있단다. 왜 그런지 알겠니?"

"우리는 왕의 자손이기 때문이지요?"

"그렇단다. 조선 5백 년 동안 우리 전주 이씨가 왕실을 이어왔는데 못된 왜놈들이 쳐들어 와서 그 왕실의 맥을 끊으려 한단다. 나라를 뺏길 지경에서 앞장서서 나라를 지키려고 노력하는 사람이 있어야 되는데 누가 그런 일에 앞장서야 되겠느냐?"

"그럼 전주 이씨가 모두 나서서 왕실을 지켜야 해요?"

"다른 성씨들보다는 아무래도 왕실을 지키는 데 마음을 더 써야 되지 않겠느냐?"

"우리 마을의 다른 일가들은 왜 아버지처럼 나서지 않는데요?"

"그러게 말이야."

"또 그렇게 말하네요. 내 말이 옳다는 뜻이지요?"

"다른 일가라면 누구 말이냐?"

"제사 날 큰 집에서는 어른들이 다 참석했는데 왜놈이 아무도 잡아가지 않았어요. 왜 그렇지요?"

"그 어른들은 너의 아버지만큼 나라를 지키는 데 큰 힘이 안 된다고 보기 때문일 거야."

"아버지가 그렇게 힘이 세어요? 왜놈의 군대를 물리칠 만큼?"

"아버지가 가진 힘은 그런 힘이 아니란다."

"나라를 지키는 데 그런 힘 말고 어떤 힘이 또 있어요?"

"나라를 지키는 데는 무력 말고도 바른 정신이나 재물도 힘이 되지."

"정신이 어떻게 나라를 지키는 힘이 되지요?"

"규동이 너, 동학란 이야기 들었지?"

"예, 우리 마을에서 동학란에 끌려 나갔다가 죽은 사람이 많다고 들었어요."

"끌려 나간 것이 아니야. 누군가 불어넣은 정신 때문에 스스로 나간 것이지."

"누가 무슨 정신을 불어 넣었어요?"

"백성들에게 '백성들의 마음이 하늘의 뜻'이라는 정신을 누군가가 불어넣었어. 백성을 하늘같이 받들어야 한다는 그 정신을 불어넣은 사람은 바로 동학 지도자들이었지. 그러기에 죽음을 두려워하지 않고 백성을 깔보는 왕실의 군대와 당당히 싸우러 나간 것이야. 그처럼 지금도 나라를 지키려면 남의 나라를 빼앗으려는 왜놈들은 나쁘고 우리가 나라를 지키는 것은 옳다는 정신을 백성들에게 불어넣어 주는 사람이 있어야 되지.”

“그럼 아버지는 동학군에 따라가서 싸웠어요?”

“아버지는 그때 10살도 안 되는 어린 때라 동학군에 따라 나서지는 않았다더라. 나는 그때 시집도 오기 전이라 직접 당해보지는 않았으나 동학란 때 너희 할아버지께서 연세가 많은 노인이면서도 마을의 정신적 지도자 역을 맡아 상당한 힘을 보탰다고 들었어.”

“힘을 못 쓰는 노인이 어떻게 힘을 보태었다는 말이지요?”

“우리 마을에서 우리 집이 제일 부자였는데 우리 식구들이 먹을 식량만 남겨놓고 몽땅 동학군의 식량으로 내놓았다고 들었어. 동학란으로 민심이 뒤숭숭할 때 부자들이 재산도 내놓지 않고 몸도 피해 있다가 동학군에게 잡혀 재산도 뺏기고 사람도 피해를 본 일이 많았다고 하더구나. 그런데 우리 집은 재산도 유지하고 인심도 잃지 않았다더라. 너희 할아버지께서 바른 정신으로 주변 사람들을 이끌만한 인품을 가지셨고, 재물을 써야 할 곳에는 아낌없이 쓰는 분이기 때문이라고 다들 그러더라.”

“그럼, 아버지가 식량을 실어 내 가는 것도 윗마을 황간 어른처럼 다른 여자 집에 갖다 주는 것이 아니고 나라를 지키기 위한 일에 쓰려는 것이군요. 아버지도 할아버지를 닮았나 봐요. 그럼 나도 할아버지, 아버지처럼 되어야겠어요, 어머니!”

“그래야지. 과연 성군의 자손답구나.”

이후로 규동은 아버지와 할아버지를 더욱 존경하게 되었고 자신도 커서 남의 존경을 받는 사람이 되어야겠다는 마음이 들었다.

제 3 화

다섯 살에 서당교육이 시작되다

승종이 조부 제사에 참석하지 않아 온 가족이 큰 걱정을 하고 있던 그즈음 어느 날 밤에 그가 본가에 불쑥 나타났다. 부인이 몹시 걱정되어 무슨 큰일을 저질렀기에 제삿날에 예고도 없이 불참하고 관헌들이 찾으러 오느냐고 다그쳐 물었다. 그러나 승종은 별일 없었으니 걱정 말라고만 말할 뿐 자세한 얘기를 해주지 않았다. 그럼 이번에는 집에 오래 머물게 되느냐고 물으니 며칠 내로 또 떠나야 한다기에 규동의 어머니는 남편 곁에 바싹 다가앉아 한 가지를 꼭 다짐받을 작정으로 말을 꺼냈다.

"여보, 내가 남편을 두고 이렇게 생과부처럼 살아가는 것이 무척 힘들지만 당신이 하시는 일이 집안일보다 더 중요한 일이라고 믿기에 참아 낼 수 있어요. 그러나 이제 제가 도저히 감당할 수 없는 일이 한 가지 생겼어요."

"그게 무슨 일인데요?"

"우리 규동이 교육문제 말이에요."

"아니, 그 애가 무슨 말썽을 피웁니까?

"그게 아니에요. 그 애가 너무 영리해서 내가 겁이나요."

“영리하면 좋지, 겁이 왜 납니까?”

“애가 얼마나 정신적으로 조숙한지 애가 아니에요.”

“어떤 점에서 그런데요?”

“당신과 윗마을 황간 어른을 비교하여 꼬치꼬치 물으면서 같은 점
은 무엇이고 다른 점은 무엇이라는 식으로 정리하여 판단을 내리는
거예요.”

“무슨 말 끝에 그런 비교를 다 하게 되었어요?”

“저번에 당신이 왔다 갈 때 식량을 한 바리 싣고 나갔잖아요? 그
걸 보고 아버지도 황간 어른처럼 다른 여자 집에 양식을 갖다 주느
냐고 묻는 것이었어요. 그게 아니라고 변명해주다보니 끝없는 질문
공세를 받게 되었어요. 대충 답해서 얼버무리면 그걸로 만족하지 않
고 생각해보고 다시 와서 계속 캐물었어요. 이 애한테는 납득이 안
가는 답으로 때워 넘길 수가 없었어요. 얼마나 영리한지 한 가지 예
를 더 들어 볼까요?”

“애기해 봐요.”

“지난 번 제삿날 당신이 불참하고 관헌이 집 앞에 어른거리며 당
신이 왔는지 염탐하다가 간 것을 알게 되었어요. 그때 그 애가 당신
이 무슨 죄를 지었기에 잡으러 오느냐고 꼬치꼬치 묻는데 내가 답해
주느라 혼이 났어요.”

“뭐라고 답해주었어요?”

“아버지는 나쁜 일을 하고 다닐 사람이 절대로 아니라고 말했지만
도저히 납득이 안 되는 듯 계속 캐묻기에 이렇게 답했어요.”

“어떻게요?”

“아버지가 하시는 일이 어떤 사람에게는 상을 받을 일이고 또 다

른 어떤 사람에게는 벌을 받을 일이다. '그게 무슨 뜻인지 알아듣겠니?'라고 물었더니 눈을 반짝이면서 알아듣겠다고 하더군요. '조선사람한테는 상 받을 일이고 왜놈들한테는 벌 받을 일이겠네요'라고 하더군요."

"조숙한 편이군요. 그러나 그런 세상사에는 조숙한 아이가 반드시 글공부에 뛰어나지 않은 경우도 있어요. 두고 보면 알 일이지만."

"우리 규동이는 그런 경우에 속하지 않아요. 세종대왕이 규동의 선조이고 그분이 만든 우리글이 쉽고 편리하다고 했더니 나에게 당장 가르쳐 달라고 졸라요. 내가 친정아버지께 배운 그 원리만 가르쳐 주었더니 그 글자를 갖고 이리 맞추어보고 저리 맞추어보기를 계속하더니 곧 깨쳐버리더군요. 그런데 희한한 것은 이 애한테는 하루 종일 노는 것이 공부이고, 공부가 노는 것이란 말이에요. 글을 갖고 놀다가 뭘 하나 깨치면 재미가 나서 죽겠다는 듯 자랑해대요. 그런데 나는 이 애가 두려워요. 제가 배운 글은 바닥까지 다 긁어내어 자식한테 가르쳐준 마당에 이제 어떻게 제가 더 감당하겠어요? 그리고 예로부터 사내자식은 아버지 밑에서 엄한 훈육을 받으며 자라야 한다고 했잖아요?"

아내의 애절한 호소에 귀 기울여 듣던 승종은 깊은 생각에 잠기는 듯하더니, 좀 생각해 보겠다고 말하며 사랑방으로 물러났다. 사랑방에 와서 손깍지 베개를 베고 누운 승종은 온갖 상념에 빠져 들었다. 책상 대물림을 해온 자기 집안에서 규동이같이 영특한 자식이 태어난 것은 천만 다행한 일인데 무조건 기쁘지만은 않고 마음 한 구석에 걱정이 이는 것은 무엇 때문일까? 곰곰이 생각해 봐도 자기 마음이 얼른 이해가 안 되었다. 어제 오랜만에 처자식이 사는 집으로 돌아왔을 때 마침 산에서 땔나무를 해서 지고 내려오는 큰 머슴이 산에서 꺾은 진달래로 예쁜 꽃다발을 만들어 나뭇짐 위에 꽂고 와서 규동에게 주는 모습이 떠올랐다. 규동이 그 머슴에게 받은 꽃다발을 들고 좋다고 폴짝 폴짝 뛰는 것을 보고 '나는 왜 저런 기쁨을 자식에게 주지 못하나?'라고 혼잣말로 푸념한 일이 새삼 떠올랐다. '내가 가족과 오순도순 재미있게 살 수 없는 운명도 글공부를 했기 때문에 자초한 것이 아닐까? 왕족후손이라 하여 특별히 물려받은 것도 없으면서 치러야 할 대가는 왜 이렇게 큰가? 전주 이씨라고 다 나처럼 사는 것도 아니잖아? 그중에는 머슴살이하는 사람도 있고 술집을 차려 생계를 유지하는 이도 있던데. 우리 집이 이런 수난을 받는 것은 글공부에 너무 매달렸기 때문이 아닐까?' 식자우환이란 말이 오늘 따라 왜 승종 씨의 입가에 맴도는지 모를 일이었다. 승종이 이런 인간적인 고뇌에 빠져 하염없는 생각에 잠겨 있을 때 그의 부인 해주 정씨가 규동을 앞세우고 술상을 들고 나타났다.

부인이 규동에게 아버지께 술잔을 채워 올리라고 하니 규동은 얌전하게 술상 앞에 꿇어앉아 술을 따라 올렸다. 승종은 술잔 대신에 아들의 가녀린 손을 잡고 얼굴을 뚫어지게 들여다보았다. 어린 아들도 얼굴은 수척했지만 영롱하게 빛나는 맑은 눈으로 아버지를 올려다보았다. 아들 눈에서 보이는 정기가 예사롭지 않다는 느낌이 들었다. 부자간에 서로 눈이 마주쳤으니 무슨 말이든 해야겠다 싶어 승종은 이렇게 물었다.

"규동아, 너 엄마한테는 온갖 질문을 많이 한다던데 아버지한테는 묻고 싶은 것 없니?"

"있어요. 많이 있어요."

"그럼 해보렴. 오늘은 네가 묻는 대로 내가 다 답해주마."

"아버지는 요즘 나라를 다시 세우러 다니지요?"

너무나 어른스런 이 말에 승종 씨는 놀라 아내를 바라보았다. 남편의 시선을 의식한 아내는 자기가 어린 자식에게 아버지가 하는 일을 너무 시시콜콜하게 얘기했다고 나무라는 것으로 받아들여 이렇게 변명했다.

"제가 이 애한테 그런 말을 전혀 안 했어요. 그렇지, 규동아?"

"어머니가 말씀하지 않아도 생각해보면 알 수 있어요. 어머니 따라 외가에 가면서 영동 읍내에서 왜놈들이 칼 차고 다니면서 조선사람들에게 겁주고 부려먹는 것을 보았어요. 조선사람들끼리만 있는 데서는 나라를 찾아야 된다는 말을 많이 들었어요. 그런데, 아버지, 나라를 다시 찾으면 누가 다시 임금이 되지요?"

"그야 왜놈들한테 강제로 밀려난 우리 임금이 다시 임금 자리에 앉게 되지. 그런데, 그건 왜 묻지? 아버지가 임금이 되면 좋겠니? 임금은 아무나 되는 게 아니야. 누구나 임금 자리를 노리면 나라가 싸움판이 되지."

"그래도 아버지가 나라를 다시 세우는 데 힘을 쓰면 무슨 상이든 받을 거라 하던데요."

"글쎄, 그럼 너는 아버지가 무슨 상을 받으면 좋겠니?"

"책을 많이 받아오면 좋겠어요. 세종대왕 할아버지가 쉬운 우리글을 만들어 백성들에게 쓰게 했다던데 우리글로 된 책이 별로 없어요. 어머니가 갖고 있는 책을 다 주셨는데 그게 얼마 안 되어 같은 걸 자꾸 읽고 있어요."

"그래? 우리 규동이 글재주가 뛰어난 모양이네. 그럼, 어려운 한문을 배워볼래?"

"한문은 중국 글이지요? 쉬운 우리글을 두고 왜 어른들은 어려운 중국 글을 쓰지요?"

"한문이 중국 글인 줄을 네가 어떻게 알았지? 또 네가 한문을 배워보지도 않고 그것이 어려운 줄을 어떻게 알지?"

"제사 때 붙여둔 지방과 어른들이 읽으시는 축문을 보니 우리글이 아니더군요. 왜 그런지 큰 집 아저씨한테 물어보니 제사가 중국에서 들어온 것이라서 중국 글로 쓴다고 하던데요. 그런데 왜 우리나라는 중국 것을 많이 본받고 있어요?"

"중국은 우리나라보다 훨씬 크고 배울 점이 많았기 때문이지."

"그런데, 중국 글은 왜 우리글처럼 쉽지 않고 그렇게 어려워요?"

"우리글은 전부 스물네 자뿐이지만 중국 글은 그보다 수천 배나 더 수가 많고 복잡하단다. 왜 그런지는 네가 서당에 가서 한문을 배우면 저절로 알게 될 것이다. 그럼 한문을 배우게 해줄까?"

"누구한테 배워요? 아버지한테요?"

승종은 아들의 말에 대한 답은 하지 않고 곧 한문을 배우게 될 터이니 그리 알고만 있으라고 했다. 그러더니 그 다음 날 승종은 마을 어른들을 만나러 다녔다.

그로부터 삼일이 지나 승종은 아내를 시켜 규동이 옷을 차려 입도록 하고 자기도 단정한 한복에 두루마기를 입고 규동과 함께 집을 나섰다. 규동의 어머니는 남편이 아들을 데리고 떠나려는 줄로 지레짐작을 하고 기겁을 하여 물었다.

"아니, 이 어린 것을 데리고 어디로 가실 작정이세요?"

"왜요? 이 애가 말이 아이지 너무 조숙해서 아이가 아니라 했잖아요?"

"그럼 그 말을 꼬투리 잡아 애를 뺏어가려 해요, 당신이?"

이때 규동도 울상을 지으며 말했다.

"아버지, 나 엄마와 같이 있을래요."

"그래? 그럼 엄마와 같이 있도록 해줄게. 그러니 걱정 말고 잠시 어디를 다녀오도록 하자. 거기 가서는 아버지가 하는 것을 잘 보고 다른 어른에게 공손히 인사를 해야 한다."

그제야 아내는 마음이 놓이는지 안도의 한숨을 쉬었다.

대문을 나선 승종은 마을초입으로 향하는 골목으로 가지 않고 반대쪽 골목 안으로 향하더니 두 집 건너에 있는 북실 어른 댁으로 규동을 데리고 들어갔다. 규동의 어머니는 대문 밖에서 남편이 아이를 데리고 그 집으로 들어가는 것을 보고는 웃음을 지으며 집으로 들어갔다.

승종은 북실 어른 댁에 들어서서 사랑채 앞에서 헛기침을 하고

"어른 계십니까?"

나지막한 소리를 냈다.

그러자 안에서도 헛기침으로 응답했다.

"뉘시오?"

북실 어른이 문을 열고 나왔다. 그런데, 그 어른도 평소에 골목에서 자주 보던 모습과는 달리 정장에 두루마기를 입고 있었다.

승종은 북실 어른께 방 안에 들어가 앉으라 하고 자기는 그냥 마루에서 정중한 큰절을 올렸다. 그리고는 북실 어른 앞에 꿇어앉더니,

"어른께 한 가지 어려운 청을 드리러 왔습니다."

"무슨 청인지 어서 말씀해 보시게."

"저의 못난 자식을 어른께 맡겨 인간이 되게 가르쳐주십사 하는 청입니다."

"그대가 나보다 더 높은 학덕과 인품을 갖춘 분인데 어찌 나 같은 사람한테 그런 어려운 청을 하시는고?"

"당치 않으신 말씀입니다. 어르신의 학덕과 인품은 제가 일찍부터 잘 알고 있습니다. 또 애비인 저는 아시다시피 출입이 무상하여 제 자식을 직접 가르칠 입장이 못 되니 저의 청을 뿌리치지 마시고 들어주시지요."

승종은 들고 온 보자기에서 술병을 꺼내어 방의 한쪽으로 밀어 넣었다. 그리고는 보자기에서 한지에 싼 기다란 나무 막대 하나를 꺼내어 북실 어른 앞에 내밀며 말했다.

"이 매로 제 자식을 많이 때려주십시오."

북실 어른은 더는 거절하지 않고 방 안으로 들라 하였다. 그러나 승종은 아들의 팔을 끌어 북실 어른 앞에 서게 하더니 사부님께 절을 올리도록 시켰다. 그리고 사부 앞에 부자가 나란히 꿇어앉더니 아들에게 일렀다.

"이제부터 이 어른은 너에게는 아버지와 똑같다. 먹이고 입혀 키우는 것은 아버지가 맡겠지만 인간이 되게 하는 것은 사부님이 맡게 된다. 사부님을 아버지처럼 여기고 잘 섬기고 가르침을 받도록 해라. 알았지?"

"예."

규동이 나지막한 목소리로 대답했다.

인사를 마친 승종은 규동이를 먼저 집으로 보내고 자기는 북실 어른과 마주 앉았다.

규동은 집으로 향하면서 몇 가지 궁금한 생각이 들어 얼른 집에 가 어머니께 물어보기 위해 걸음을 빨리했다. 집에서 기다리던 규동의 어머니는 아들보다 궁금한 것이 더 많은 듯 규동을 반기며 요모 조모 물어보았다. 규동이 북실 어른 댁에서 있었던 일을 낱낱이 얘기했다. 규동의 어머니는 자기 남편이 아들을 데리고 가서 북실 어른께 맡아 달라고 정식으로 허락 받는 모습을 보여준 것은 하나의 교육적인 배려에서 치른 요식행위였음을 깨달았다. 남편이 그 전에 미리 내락을 받아두었기에 오늘 북실 어른이 정장차림으로 기다렸구 나 싶었다. 규동이 어머니께 바싹 다가앉아 물었다.

"어머니, 아버지가 북실 어른한테 막대기를 갖다 주며 '이 매로 제 자식을 많이 때려주십시오.'라고 하셨는데, 왜 나를 때리라고 하지요?"

"아이가 어른이 되려면 몸만 크면 되는 것이 아니고 어른으로서 알아야 할 지식과 예절을 배워야 하지. 그런데 부모에게 응석을 부리며 자라던 아이를 부모가 갑자기 태도를 바꾸어 엄하게 가르치기가 어렵지. 그래서 지식과 예절에 밝은 다른 어른에게 맡겨 부모 대신에 길들여 달라고 부탁하는 거야. 그래서 부모 밑에서 응석으로 잘 못 든 버릇을 엄하게 다스려 잘 길들여달라고 매를 갖다 주는 거야. 저번에 우리 집 어린 송아지 코 꿰는 것 보았지?"

"예, 봤어요. 불쌍해서 못 보겠더군요."

"불쌍해도 그 송아지를 코 꿰지 않았으면 벌 소가 되어 들과 산을 뛰어다녀도 잡아들일 수 없게 되었겠지. 지금 그 송아지가 쓸모 있게 된 것은 코를 꿰어 길을 들였기 때문이지."

"그럼, 북실 어른이 나를 송아지 길들이듯이 매로 길을 들여요?"

"사람은 소와는 다르지. 말로 가르쳐 잘 들으면 매를 들 필요가 없지. 그러니 앞으로 그 어른을 아버지와 다름없이 생각하여 가르침을 잘 받으면 너를 자식과 다름없이 귀여워할 거야. 그래서 예부터 군사부일체(君師父一體)라는 말이 있지.”

“군사부일체가 무슨 뜻이지요?”

“밖에 아버지가 오시는 것 같네. 직접 물어보렴.”

승종이 방에 들어오자 규동이 군사부일체에 대해 설명해 달라고 했다. 승종은 그런 아들을 대견하게 여기며 이렇게 말했다.

“앞으로 네가 스승님으로부터 한문을 배우겠지만 ‘군사부일체’라는 말은 한자 다섯 글자로 된 말이다. 임금을 한자로 ‘군(君)’이라 하고, 스승을 한자로 ‘사(師)’라 하고, 아버지를 한자로 ‘부(父)’라 한다. 그러니 ‘군사부’는 임금과 스승과 아버지를 말한다. ‘일’자는 하나라는 뜻이고 ‘체’는 몸이라는 뜻이다. 그럼, 이 다섯 자가 합해지면 무슨 뜻이겠니?”

“‘임금과 스승과, 아버지가 한 몸이다.’라는 말인 것 같아요.”

“맞다. 규동이 정말 영리하네.”

“그런데, 임금과 스승과 아버지가 어떻게 한 몸이 되는지는 모르겠어요.”

“그럼, 그건 너한테 좀 어려울 것 같아 내가 가르쳐 주지.”

“스승은 제자로, 아버지는 자식으로, 임금은 나라의 백성으로 교육을 시킬 책임이 있다는 뜻이지. 교육은 가정의 어른, 사회의 어른, 나라의 어른이 같이 맡아서 해야 한다는 뜻이지. 그런데 규동아, 앞으로 서당에 가서 꼭 지켜야 할 것을 내가 일러줄 테니 귀담아 듣고 꼭 그대로 해라. 스승님께는 지금까지처럼 북실 어른이라 부르지 말고 사부님 혹은 스승님이라 불러야 된다. 그리고 스승님께 배우러 갈 때는 반드시 큰절을 올려야 한다. 그리고 스승님 앞에서 물러날 때는 돌아서서 뒷모습을 보이지 말고 뒷걸음을 쳐서 물러나야 한다.”

"아침에 공부를 하러 갈 때와 오후에 공부를 다 마치고 나올 때만 그렇게 하라는 말씀이지요?"라며 규동의 어머니가 끼어들어 물었다.

"아니지요. 하루에 열 번이든 스무 번이든 집 밖에 나갔다가 다시 스승 방에 들어가든가 나올 때마다 그렇게 해야 되지요. 그분이 우리 선친 밑에서 글을 배울 때 그렇게 배웠어요. 그분은 아버님이 가장 아낀 수제자였어요. 글재주가 있고 부지런하여 아버지 잔심부름을 도맡아 했어요. 그리고 앞으로 규동이 저분의 수제자가 되려면 그분 성미에 잘 맞춰야 할 텐데……."

"그분 성미를 어떻게 맞추어야 하는지 잘 가르쳐 주시지요."

"저분은 자기를 멀리하는 것을 특히 싫어하는 분이니 늘 가까이 하도록 애써야 된다."

"그야 누구나 다 그렇잖아요? 자기를 멀리 하는 것을 좋아할 사람이 있겠어요?"

"그래도 저분은 좀 남다른 데가 있어요. 가르치는 것을 즐기시는 분이라 가까이 다가가서 무슨 질문을 하든지, 도움을 청하면 그렇게 좋아할 수가 없어요. 그 어른이 나보다 열한 살 손위인데 내가 어릴 때 산에 소먹이는 데 같이 가자 하여 많이 따라 다녔어요. 소먹이면서 서당에서 배운 글을 큰 소리로 암송하다가 우리 꼬마들을 둘러 앉혀 놓고 땅바닥에 막대기로 글자를 쓰면서 가르치곤 했어요. 그게 싫다고 뒤로 물러나거나 슬슬 피하는 아이들은 아주 싫어하고 가까이서 열심히 들으면 좋아서 먹을 것을 주기도 하면서 가까이 붙였어요. 한번은 소를 몰고 집으로 오다가 논에서 농부가 곰배로 흙덩이를 치는 것을 보고는 나더러 "곰배를 한자로 어떻게 쓰는지 가르쳐 줄까?"라고 하더군요. 그리고는 땅 바닥에 막대기로 '丁'자를 그리는

데 꼭 곰배모양을 닮아 보여 한자 중에 물체모양을 본떠 만든 것이 많다는 것도 알게 되었어요. 그렇게 하여 나는 서당에서 글을 배우기 전에 그분을 따라 다니며 주워들어 익힌 한자만도 상당히 많았어요. 그분이 스스로 우리글 언문을 깨쳐 동네 아이들을 가르치는 야학도 열어 무보수로 가르쳤는데 그 열성이 대단했어요. 배우러 가는 아이들이나 보내는 부모 입장에서는 보답 못하는 것이 부담스러워 출석이 저조하면 집집마다 찾아다니며 불러 모아 시간 가는 줄 모르고 가르쳤어요. 보답 못하는 것을 미안하게 생각하지 말라는 뜻으로 한번은 이렇게 말한 적이 있어요. "젖먹이 어미 소가 젖이 퉁퉁 불었는데 송아지가 없으면 크게 소리 내어 부르지요? 송아지가 달려와 젖을 빨아주면 시원하다는 듯, 가만히 대주고 있어요. 내가 가르칠 사람을 찾아 나설 때는 젖먹이 소가 송아지 찾아나서는 심정과 같아요. 가르치는 것이 힘들고 싫으면 누가 시켜도 안 할 테니까요. 가르치면서 나도 배우기에 나도 덕을 봅니다." 내가 그분한테 무슨 질문을 하나 하면 아는 대로 우선 답을 해놓고 미흡하다 싶으면 계속 생각하고 연구하여 더 자세한 답을 알아서 전해주려고 밤에도 우리 집으로 찾아오곤 했어요. 요즘도 나를 만나면 내가 어릴 때 그에게 했던 어떤 질문을 기억하고 전에 해준 답이 미흡했다며 더 자세한 답을 해주곤 해요. 가르치기 위해 태어난 사람 같아요."

"우리 규동이 정말 복도 많지. 정말 스승다운 스승을 만났으니. 그런데 저는 이웃에 살아도 그분이 그런 대단한 분인 줄은 전혀 몰랐어요."

"저분이 젊을 때 몸을 다쳐 다리를 약간 절기 때문에 바깥나들이를 꺼리지요. 말 못할 사정으로 은둔생활을 해온 때도 있었지만 정신이 올곧고 학덕이 높은 분이지요."

"무슨 말 못할 사정인데요?"

그러나 승종은 그 말에는 대꾸를 하지 않고 아들에게 이렇게 재차 당부했다.

"내가 스승님의 성미를 미리 너에게 일러 주었으니 어쨌든 스승님을 가까이 해라. 어렵게 여기지 말고 무슨 질문이든 하여라. 사내가 자라면서 모든 일을 어미한테만 얘기하고 해결을 보려 하면 만년 어린애로 남게 된다. 남자는 손위의 남자 어른을 상대하며 자라야 사내다운 기상을 갖게 된다. 훌륭하신 스승님의 수제자가 되도록 해라."

"규동이 보고 수제자가 되라는 말은 다른 제자들도 같이 배운다는 말씀입니까?"

규동의 모친 해주 정씨가 물었다.

"우선은 규동이 혼자로 시작하지만 일단 알려지면 아래 위 동네에서 배울 사람이 많이 모일 거라고 봐요. 공부는 혼자 데리고 가르치기보다 또래들을 알맞게 모아 같이 가르치면 효과가 더 크고 인성을 기르는 데도 좋아요."

이렇게 하여 규동의 서당공부에 대한 당부를 끝낸 승종 씨는 아들이 밖으로 나간 틈을 타서 아내에게 자기는 다음 날 떠나야 한다면서 이렇게 당부했다.

"규동이 서당공부에 대한 학채는 가을에 벼 다섯 섬을 드리기로 약조했으니 그리 알고 그건 아무에게도 말하지 말아요."

"그렇게나 많이 주어요? 우리 상머슴의 새경이 벼 다섯 섬이고 꼴머슴이 한 섬인데요."

"자식교육을 맡은 스승님에 대한 보답을 머슴 새경에 비교하는 거예요?"

“그런 것이 아니라, 독 선생이 아니고 동리 아이들을 함께 가르치
는데 우리가 그만큼 많이 내면 다른 집에서 그럴 형편이 못 되어 입
장이 곤란해질 것 같아서 그래요.”

“그 말도 일리는 있어요. 그래서 우리가 그만큼 많은 학채를 부담
한다는 말을 아무한테도 하지 말라고 한 것이지요.”

“그럼 규동이한테도 말하지 말아야 되요?”

“그럼요. 그게 특히 중요한 일이지요.”

사실 승종이 북실 어른에게 자식 교육을 부탁하게 된 배경에는 마
음이 올곧은 그 어른이 동학란 때 출전하여 보은에서 일본군의 총격
을 받아 대퇴부에 부상을 입고 구사일생으로 살아 온 데 대해 마을
을 대표하여 원호금을 드리고 싶은 마음도 작용했다. 그러나 그 어
른 성격에 그런 명목을 달면 받을 리가 없을 것 같아 아내에게 입조
심을 시킨 것이다.

제4화

서당 공부 이모저모

규동이 처음 북실 어른 댁에 글을 배우러 가는 날, 어머니가 그 집 사랑채 앞까지 데리고 갔다. 사랑 채 문 밖에서 규동에게 "스승님, 저 규동이 공부하러 왔습니다."라고 말하도록 시키고는 대문 밖으로 살짝 나와 거동을 살폈다. 방안에서 "들어오너라!"라는 소리가 들리고 곧 아들이 방으로 들어가는 것을 보고서야 집으로 돌아왔다. 규동이 방에 들어서서 먼저 스승님께 큰절을 올리고 그 앞에 꿇어앉았다. 훈장은 꿇어앉아서 긴 시간 동안 공부를 할 수 없다면서 서당에서 공부할 때 앉는 자세부터 가르쳐 주었다. 왼쪽 다리를 접어 안으로 당겨 넣고 오른쪽 다리를 접어 그 위에 올려놓은 다음 허리를 바로 세워 곧은 자세로 앉게 했다. 규동이 그 자세를 취하는 연습을 하느라 다리를 버둥거리자 "그 자세를 양반다리자세라 하는데 그걸 잘 못하면 양반이 못 되는 것이여!"라며 몇 번이고 자세를 고쳐주었다.

훈장이 이번에는 규동의 아버지가 갖다드린 그 매를 꺼내는 것이었다. 규동은 자신에게 앉는 자세를 고쳐주기 위해 매질을 하려는가 보다 싶어 지레 겁을 먹고 눈을 동그랗게 뜨고 훈장을 바라보았다.

훈장은 아이의 표정 따위는 아랑곳 않고 말했다.

"이 매를 한자로 어떻게 쓰는지부터 보아라."라고 말하며 종이에다가 붓으로 크게 '丈'자를 썼다. 그리고는 이것을 '지팡이 장'자라 한다. 그 다음에는 또 다른 한자 '孝'자를 쓰더니 이것은 '효도 효'자라고 하더니 이번에는 규동에게 물었다

"효도가 무슨 뜻인지는 알지?"

"예, 부모를 공경하는 것입니다."

훈장이 흐뭇하다는 미소를 지으며 이번에는 또 다른 한자 '敎'자를 쓰더니,

"이 글자는 무슨 자인지 모르지?"라고 물었다. 규동이 안 배워서 모르겠다고 했다.

"이 글자는 '효도 효'자와 '매 장'자를 한데 붙여서 새로운 뜻을 갖게 된 글자이다. 이 글자를 '가르칠 교'자라 한다. 그럼 어떻게 하여 이 글자가 그런 뜻을 갖게 되었겠는지 생각해 보렴."

규동이 눈을 반짝이며 한참 생각하더니,

"매로 길들여 부모를 공경하게 한다는 뜻이 된 것 같습니다."

"규동이 너 참 영리하구나! 가르쳐 볼만하네. 그럼, 내가 매에 대해서 좀 더 얘기하겠다. 매는 사람에게만 쓰는 것이 아니고 짐승을 길들이는 데도 쓰인다. 그런데 짐승을 매로 길들여 제 애비 어미를 공경하게 할 수 있을까, 생각해보렴. 있을 것 같아?"

"없을 것 같습니다."

"그렇겠지. 짐승을 매로 때려 밭 갈게 하고 사람을 태우고 다니게 길들일 수는 있어도 제 아비 어미를 공경하게 만들 수는 없어. 그런데 사람은 길들여 부모를 공경하게 만들 수 있을 뿐 아니라 임금을

섬기게도 하고 나이 많은 이를 존중하는 마음을 갖게 할 수가 있어. 세상 만물 중에 사람만이 그렇게 할 수 있는 바탕을 타고 났기 때문이지. 그래서 사람을 다른 동물과 구별시켜 만물의 영장이라 한단다. 영장은 제일 어른이란 뜻이지. 교육은 사람이 만물의 영장으로서 타고난 바탕을 찾아주고 피어나게 도와주는 것이지. 그러기 때문에 교육이란 말은 사람에게만 쓰는 말이지 다른 짐승을 길들이는 데는 쓰지 않는단다. 그리고 규동이 너는 내가 아까 매를 손에 들기만 해도 겁을 집어먹고 벌벌 떨던데 그렇게 겁낼 것 없다. 짐승은 말을 못 알아들으니 매로 다스릴 수밖에 없지만 사람은 매 말고 더 좋은 방법이 얼마든지 있다. 사람 중에는 가르쳐 주지 않아도 스스로 깨닫는 사람이 있는데 이런 사람이 제일 훌륭한 사람이다. 그 다음에는 말로 가르쳐 주면 곧 깨우치는 사람이 있는데, 이런 사람이 그 다음으로 훌륭한 사람이다. 그 다음에는 말로 가르쳐주어도 잘 깨우치지 못하는 사람이 있다. 이런 사람에게 매를 쓴다. 인간은 만물의 영장이라 하지만 영장으로서 바탕이 잘 된 사람도 있고, 그렇지 못한 사람도 있다. 그러면 네가 오늘부터 교육이 시작되었으니 만물의 영장으로서 바탕이 잘 되어 있는지부터 하나씩 시험해보자. 제일 먼저 부모를 공경하는 마음의 바탕이 어느 정도 되어 있는지부터 시험해볼까? 오늘 네가 집에 돌아가거든 어머니에게 큰절을 올리며 '어머니, 소자 공부 잘 하고 돌아왔습니다.'라고 말해 보렴. 그렇게 할 수 있겠지?"

"예, 할 수 있습니다."

그러나 규동에게 이해 안 되는 말이 하나 있었다. '소자'라는 말이 무슨 뜻인지 알 수가 없었다. 그냥 집에 가서 시키는 대로만 해볼까 생각하다가 아버지가 하신 말씀이 떠올랐다. 스승님께는 어렵게 생각하지 말고 궁금한 것은 무엇이든 물으면 좋아하며 잘 가르쳐 줄 것이라고 하신 그 말씀이 생각이 나서 물어보기로 했다.

"그런데 스승님, 제 이름이 규동인데, 왜 소자라고 말해야 합니까?"

"그래, 그걸 묻기를 잘했다. 모르는 것은 부끄럽게 생각하지 말고 뭐든 물어야 많이 배우는 거야. 한자로 '작을 소'자에 '아들 자'자가 합해서 '소자'라는 말이 만들어진 것이다. 그건 네가 아직 덜 자랐기 때문에 '작은 아들'이라는 뜻으로 쓴 것은 아니다. 자기를 낳아준 부모에 비하면 자식은 아주 작고 낮은 인간이라는 뜻으로 스스로 그렇게 낮추어 부른 것이다. 아들은 아무리 자라도 부모에게 '소자'라 하고 딸은 '소녀'라 한단다. 자 그럼, 오늘 오전 공부는 이것으로 끝내고 집에 가서 점심을 먹고 오너라. 집에 가거든 잊지 말고 내가 아까 시킨 대로 어머님께 꼭 인사를 드려라. 그리고 점심 먹고 올 때는 천자문 책과 장책을 갖고 오너라."

"장책이 어떤 책입니까?"

"장책은 책이 아니고 책에 있는 글을 읽을 때 글자를 짚는 막대기를 말한다. 너의 집에 있을 것이니 어머니께 달라고 하면 주실 것이다."

규동이 오늘 처음 서당에 와서 훈장과 단 둘이 마주했을 때 잔뜩 겁을 집어 먹었는데 차츰 공부를 하면서 마음이 가라앉았다. 그뿐 아니라 더러 칭찬까지 받았다고 생각하니 기뻐서 오전 공부를 마치기 바쁘게 가벼운 마음으로 집으로 달려갔다. 한편 아들의 첫 공부가 시작 되는 날 야단을 맞지나 않았는지 조바심하며 기다리던 어머니는 규동이 기쁜 표정으로 달려오자 반기며 숨 돌릴 여유도 주지 않고 이것저것 마구 질문을 던졌다. 그러나 규동은 대답 대신 방으로 들어가서 얘기하겠다며 들어가서는 어머니께 앉으라 하더니 큰절을 올리며 "어머니, 소자 오전 공부 잘 하고 돌아왔습니다."라고 했다. 어머니는 갑자기 변한 아들의 태도에 어리둥절해하며 좋아 어쩔 줄 몰랐다.

오후 공부가 시작되자 훈장은 다시 규동에게 앉는 자세를 점검하고는 천자문 책을 펴라고 했다. 그리고는 규동에게 질문을 던지기 시작했다.

"이 책을 왜 천자문이라고 하는지 알겠느냐?"

"한자 일천 자로 되어 있기 때문입니다."

"맞다. 그럼, 이 책을 누가 지었는지 아느냐?"

"모르겠습니다."

"그럼 모를 테지. 내가 얘기해주마. 이 책은 약 천오백년 전에 중국의 유명한 학자 주흥사라는 사람이 지었다고 전해지고 있어. 그분이 자기 나라의 임금을 노하게 만든 큰 죄를 지어 임금 앞에 끌려갔단다. 그러나 임금은 이 사람의 글재주가 아까워 임금이 시키는 일을 한 가지만 잘 한다면 살려주겠다고 했다. 임금이 시킨 일은 '하룻밤 안에 한자 일천 자로 문장을 만들되 같은 글자를 두 번 쓰는 일은 절대로 있어서는 안 된다.'는 것이었다. 그러나 주흥사는 워낙 글재주가 뛰어나 네 자씩 묶어서 한 구절이 되게 하여 모두 250구절의 문장으로 된 책을 만들어 죽음을 면할 수 있었다. 그런데 그 책에 세상의 이치와 인간도리가 알차게 들어 있어 한 구절도 버릴 것이 없다는 평을 받게 되었다. 그래서 그 책이 중국 전역에 두루 퍼지고 우리나라에까지 전해져 한문을 배우는 첫 단계 교본으로 쓰이고 있단다. 그럼, 왜 네 자씩 묶어서 한 구절로 만들었다고 생각하니?"

“배우기 쉽도록 하기 위해서요.”

“그렇다. 처음 글을 배우는 초보자가 어려움을 안 느끼도록 짤막하게 끊어서 외우기 쉽게 만든 것이지. 이렇게 네 자씩 묶어서 한 마디 말이 되게 한 것을 ‘사자성어’라 한단다. ‘넉 사(四)’자, ‘글자 자(字)’자 ‘이룰 성(成)’자 ‘말씀 어(語)’자이지. 자, 그러면 책 첫 장을 펴 보아라. 그리고 장책을 오른손에 쥐고 한 자씩 짚으면서 따라 읽어 보도록 한다. 훈장은 이때 목청을 가다듬더니 줄줄 빼며 읽었다.

“하늘 천, 따 지, 검을 현, 누를 황. 따라 해봐!”

“하늘 천, 따 지, 검을 현, 누를 황.”

“그렇게 딱딱하게 읽지 말고 선생님을 흉내 내어 노래 부르듯이 읽도록 해봐라.”

규동이 부끄러운 듯, 훈장의 흉내를 좀 어색하게 내어 읽자 훈장은 이제 뜻을 풀이할 테니 잘 들으라고 했다.

“하늘은 검고, 땅은 누르다. 따라 해봐!”

“하늘은 검고, 땅은 누르다.”

“그래 잘 하는군. 그럼, 그 다음 줄 짚으며 따라 읽는다. 집 우, 집 주, 넓을 홍, 거칠 황.”

“집 우, 집 주, 넓을 홍, 거칠 황.”

“잘 하는군, 그런데, 이 구절의 뜻을 한번 풀이해 보겠니?”

“예, 집은 넓고, 집은 거칠다.”

규동이 글자대로 풀이하긴 했다마는 무슨 뜻인지 이해가 잘 안 되었다. 그래서 무슨 뜻인지는 확실히 모르겠다고 했다.

“그래, 그 말은 좀 어려운 말이다. 그 글에서 말하는 집은 사람이 사는 보통 집을 말하는 것이 아니고 큰 땅과 하늘이 이루고 있는 한

없이 넓고 큰 세상을 말하는 것이니라. 넓은 땅 위에 하늘이 지붕처럼 덮어 집처럼 되어 있는 것을 우주라 하지. 그러니 우주는 넓고 거칠다는 뜻이란다. 자, 그러면 지금까지 배운 두 구절을 장책으로 한 자씩 짚으면서 읽기 연습을 혼자 여러 번 되풀이하여 외우도록 해봐."라고 하고는 훈장은 밖으로 나갔다. 조금 있다가 훈장이 다시 들어오더니 규동이 꼿꼿하게 앉아 빠르게 외우는 것을 보더니,

"그렇게 하면 힘이 들어 오래 할 수가 없어. 자. 꼭 내가 하는 그대로 흉내내어봐!"라고 하고는 양반 다리를 하여 바른 자세로 앉더니 몸을 좌우로 흔들흔들하면서 그 율동에 맞춰 가락을 넣어 큰 소리로 "하늘~천, 따~지, 검을~현, 누를~황, 집~우~, 집~주~. 넓을~홍, 거칠~황"이라며 신명나게 읊었다. "자, 이제 내가 한 것처럼 골목에 지나가는 사람이 듣고 어느 집에서 누가 무슨 책을 읽는지 알 수 있을 만큼 큰 소리로 똑똑하게 읽어야 된다. 그리고 내일 아침에 와서 오늘 배운 것을 줄줄 다 외우면, 그 다음으로 넘어가도록 한다. 못 외우면 자꾸 제자리에서 되풀이한다. 잘하면 이 책은 한 달 만에 뗄 수가 있고, 잘 못하면 몇 달이 걸릴 수도 있다. 무엇보다 집에서 많이 읽는 것이 중요하다. 이제부터 내가 아침저녁으로 골목을 지나다니며 네가 책 읽는 소리가 나는지 귀를 기울여 듣겠다. 알았지!"

"예!"라고 규동은 크게 대답하고 나와 골목을 지나가면서 "하늘~천, 따~지, 검을~현, 누를~황,"이라고 큰 소리로 읊으며 집으로 들어갔다.

제 5 화

서당으로 모여드는 아래 윗마을 학동들

규동이 북실 어른한테 글을 배운다는 소문은 삽시간에 온 동네에 퍼졌다. 그 소문은 쉽게 퍼질 수밖에 없었다. 규동이 첫 날 글공부를 하고 돌아와서 훈장이 시키는 대로 크게 소리 내어 천자문을 읽었으니 골목에 지나가는 사람들이 저절로 들어 알게 된 것이다. 규동이 처음에는 글을 큰 소리 내어 읽는 것이 쑥스러웠으나 차츰 익숙해지고 목소리도 트여서 바깥까지 낭랑하게 들렸다. 훈장이 규동의 글 읽는 소리가 그렇게 나아져 가고 있음을 용하게 알고 다음 날 아침에 서당에 나가면 영락없이 그 칭찬부터 해주니 신이 나서 점점 더 열심히 읽게 되었다. 북실 어른이 규동의 집 앞 골목으로 지나다니는 빈도수가 늘게 된 것이 규동이 자기가 가르쳐 준대로 글을 읽는지 확인하기 위해서라는 사실도 곧 밝혀졌다. 매일 아침 서당에서 공부를 시작하기 전에 "네가 잘 읽던데 어떤 구절에서 좀 더듬거리더군."이라는 식으로 족집게처럼 지적한 때문이었다. 그러다 보니 규동은 집에서 글을 읽을 때도 훈장님이 듣고 있을 것이라 생각하며 더 잘 읽으려고 노력했다.

규동은 훈장님의 그런 극성스런 관심이 싫지 않았다. 북실 어른도 요즘 신이 난 듯 보였다. 자기는 아들이 없이 딸만 둘 두어 시집을 보내고 부인과 단 둘이 살아 좀 심심하였다. 아는 것을 써 먹을 데가 없어 근질근질하던 차에 가르칠 대상자가 나타났으니 신이 난 것이다. 젊을 때 마을 아이들을 불러 모아 야학을 열어 무보수로 가르친 적도 있는데 지금은 두둑한 보수까지 받고 가르치게 되었으니 신이 난 것은 당연한 일이다. 북실 어른이 서당을 열었다는 소문이 퍼지자 이집 저집에서 자기 자식을 데리고 와서 배우게 해 달라고 졸랐다. 북실 어른이 젊을 때 열었던 야학에서 배운 그 사람들이 이제 부모가 되어 옛날 인연을 상기시키면서 자식을 가르쳐 달라는데 거절할 수가 없었다. 이들은 옛날에 자기들은 무보수로 배웠지만 자식들까지 그렇게 체면 없이 맡길 수 없다면서 학채를 내겠다고 했다. 그러자 북실 어른은 규동의 아버지와 한 약조대로 형편이 되는 사람은 얼마큼 내어도 좋고 그럴 형편이 못 되면 그냥 보내도 괜찮다고 했다. 그 대신에 공부하는 태도가 시원찮으면 내쫓겠다는 것을 분명히 했다. 이렇게 하여 한 달이 채 지나지 않아 아래 윗동네에서 모인 학동이 열둘이나 되자 북실 어른은 그 이상 더 받으면 서당교육이 부실해진다며 그만두는 학동이 생기지 않으면 더 받아들이지 않겠다고 했다.

그러나 이렇게 모인 학동들이 다 말을 잘 듣는 것은 아니었다. 그도 그럴 것이 대다수 아이들이 집에서 규동처럼 공부에만 전념할 수 있는 형편이 못 되었기 때문이었다. 대부분의 집에서 농사로 겨우 입에 풀칠할 정도라서 걸음마만 배우고 나면 나이에 맞는 노동이 주어졌다. 소죽 끓이고, 소꼴 뜯고, 들일하는 데 중참 나르는 등 무슨 일이든 해야 했다. 죽은 중도 일어나 거든다는 농번기가 되면 학동들에게 글공부는 완전히 뒷전이 되었다. 마을에서 부농에 속하는 규동의 집에는 상머슴, 꼴머슴이 따로 있고, 상머슴 댁이 행랑채에 살면서 안일을 거든다. 규동은 어려서부터 부모들이 농사일을 아예 시킬 생각을 않았다. 규동이 글공부를 좋아하니 책상 대물림 집안으로서는 천만다행이라 여기고 있었다. 이렇게 교육환경 면에서 차이가 나는데다 규동은 서당공부를 시작한 것도 다소 앞섰다. 이런 상황에서 훈장이 다수 학동에게 고루 신경을 쓰면서 앞서가는 규동을 분발하도록 특별지도 하기가 수월하지 않았다.

전통적인 서당 공부는 대체로 일정한 틀이 있었다. 낱글자를 익혀 한 문장씩 읽고 풀이하고, 그날 배운 것을 집에서 외우게 하여 다음 날 외운 정도를 점검하여 다 되었다 싶으면 다음 진도를 나가게 된다. 그러니 개인차에 따라 수준별로 지도하는 것이 서당교육의 기본 틀이다. 이 틀을 크게 깨지 않고 앞서가는 학동을 지도하는 방법으로 훈장이 생각해 낸 것이 속진학생에게 부진학생을 가르치게 해보자는 것이었다. 훈장이 그런 데 착안하게 된 것은 자기 경험으로 비추어 보아 가르치면 배움에 도움이 된다는 '교학상당(敎學相長)'이란 말이 옳다는 것을 깨달았기 때문이었다. 그러나 만약 규동이 그것을 싫어하면 시키지 않을 작정이었다. 그런데 규동에게 부진 학동을 지도하는 일을 시켜놓고 가만히 관망해보니 싫어하기는커녕 신이 나는 듯 보였다. 규동에게 처음 시킨 일은 한달 늦게 서당에 입교한 학동에게 첫 학습안내를 하는 일이었다. 그런데 가만히 보고 있으니 훈장이 규동에게 첫 날 했던 그 방식을 꼭 그대로 재현하는 것이었다. 규동이 처음에는 훈장이 한 대로 재현하다가 차츰 자기의 창의적인 방식을 가미하기도 하고 스스로 깨달은 지식을 덧붙여 가르치기도 했다. 이런 규동을 자세히 관찰해보면서 훈장 자신과 닮은 점이 참 많다는 느낌이 들었다. 무엇보다 가르치는 것 자체를 즐긴다는 것이었다. 한번은 규동의 공부에 지장이 될까봐 부진학동을 가르치는 일을 딴 학생에게 넘겨주려 해봤더니 덜 좋아하는 기색이 역력했다.

학동들 중에는 공부에 취미를 못 들여 공부시간에 한눈팔다가 훈장한테 혼이 나기도 하고 배운 내용을 복습해오지 않아 매를 맞기도 했다. 점심시간이 가까워오면 아이들 배 속에서 꼬르륵 소리가 나고 허기가 진 표정이 역력히 나타났다. 그럴 때 잠시 훈장이 자리를 비우면 어떤 개구쟁이가 청승스런 목소리로 "하늘~천, 따라지, 가마솥에 누룽지, 딸딸 긁어서 나 혼자 먹을래."라고 큰 소리로 외면 다른 아이들도 일부러 큰 소리로 따라 외곤 했다. 그럴 때 규동은 그러다가 훈장님께 혼난다고 애를 태우며 제지시키려 했다. 공부 분위기가 대체로 좋은 날에는 훈장이 그런 장난은 눈감아주며 좀 앞 당겨 점심을 먹도록 내보내기도 했다. 점심시간이 되면 이웃에 사는 학동들은 집으로 가서 점심을 먹고 오고, 윗마을 학동들은 도시락을 싸와서 서당에서 먹었다. 봄에 양식이 떨어질 때쯤에는 점심을 굶는 일이 허다했다. 그러나 점심을 굶는 표를 내기는 싫어하여 점심 먹으러 간다면서 일단 서당에서 나가서는 이 골목 저 골목으로 돌아다니다가 감나무 밑에 떨어진 감꽃을 주워 먹거나 논두렁 풀 사이에서 삐삐를 뽑아 벗겨먹기도 했다. 이런 사정을 잘 아는 규동은 집에 와서 점심을 먹고 나가면서 고구마 삶은 것이나 배추 뿌리 같은 것을 주머니에 넣어 갔다. 점심을 굶었을 성싶은 학동을 찾아 손에 먹을 것을 좀 쥐어주면 "나 점심 먹었는데……"라고 하면서도 받아서 맛있게 먹었다. 규동의 어머니는 아들이 그러는 것을 보고, "저 애는 제 것 없으면 굶어 죽을 애인데, 저렇게 헤퍼서 되겠나?"라고 은근히 걱정하기도 했다. 그러나 시아버지께서 동학란 때 재산을 아끼지 않았기에 체통과 재산을 지킬 수 있었다는 이야기를 상기하고 남에게 퍼주는 것을 좋아하는 것도 내력일 것이라고 생각했다. 그래서 점심때마다 규동이 슬쩍 들고 나갈 군입거리를 조금씩 장만해 두기도 했다.

이런 가운데서도 규동의 학습 진도는 예정보다 빨리 나가 천자문을 한 달 만에 다 떼었다. 그 다음에 가르칠 책으로 「추구」(推句)를 택할 것인지, 바로 「동몽선습」(童蒙先習)으로 넘어갈 것인지를 두고 훈장은 잠시 고민했다. 추구는 다섯 자씩 묶음으로 된 시구를 모은 책인데 과거를 보게 할 서생에게는 필수로 가르쳐야 할 책이다. 그런데 과거제도가 없어진 지 십년이 넘었고 나라가 없어진 마당에 그런 제도가 되살아날 가망성이 있을 것 같지도 않았다. 이런 저런 생각 끝에 훈장은 「추구」를 생략하고 「동몽선습」으로 넘어가기로 했다. "천지지간 만물 가운데 오직 사람이 가장 귀한 존재이니 소위 사람이라 부르는 자는 오륜이 있기 때문이다(天地之間萬物之中唯人最貴　所貴呼人者以其有五倫也)"로 시작되는 「동몽선습」은 별 송아지에게 코를 꿰듯이 버릇없이 자란 아이들에게 윤리교육을 시켜 인간으로 만드는 내용이었다. 그러기에 글을 건성으로 읽히는 것으로 만족하지 않고 글 내용을 곱씹으며 각자의 행동에 대한 반성을 하게 하는 시간을 가지게 했다. 이를테면 효라는 덕목이 나오면 집에서 각자 어떤 효행을 하는지 또 주변 사람들이 어떻게 효행을 하는지를 얘기해보게 했다. 그렇게 하니 서로 비교하게 되고 자기반성이 이루어져 행동에 변화가 나타나는 것을 느낄 수 있었다. 「동몽선습」 다음에 「명심보감」(明心寶鑑)을 떼기까지 개인차가 있었지만 대개 2년가량 걸렸다.

규동은 서당공부 3년 차인 7살 때부터 「소학」「통감」「사략」「대학」 「논어」로 이어지는 고전 읽기에서 단연 선두를 달려 훈장의 총애를 독차지하게 되었다. 글공부에서 규동이 앞서가는 것은 그럴만한 조건이 주어졌기에 가능했다. 그러나 훈장이 보기에 규동은 심성면에서 더욱 칭찬할 만했다. 남보다 앞서면 누구나 오만기가 저절로생겨, 남을 깔보거나 무시하기 쉬운데 규동은 전혀 그렇지 않았다. 스승인 자기한테만 극진히 대하는 것이 아니고 모든 사람에게 진심으로 대하는 것을 보며 훈장은 속으로 이렇게 생각했다.

"저 아이는 책에서 수신에 관한 글을 읽어서 저런 착한 심성을 갖게 된 것이 아닌 것 같다. 아무래도 그건 그가 타고난 천성인 성싶다. 천도교에서 주장한 '人乃天'이란 사상이 맞나 보다. 인간이 태어날 때 각자 하늘의 이치를 마음속에 갖추고 난다는 천도교의 주장은 규동이를 두고 보면 틀림없다."

규동의 아버지 승종이 본가에 들리게 되었을 때, 훈장 북실 어른을 만나 뵙고 규동이 서당에서 잘해 나가는지 캐묻자 훈장은 이렇게 말했다.

"규동이는 서당에서 학동들에게 훈장이 할 말을 제가 도맡아 하는 아이라네."

"그래요? 그러면 안 되는데. 제가 뭘 안다고 앞에 나서서 날뛰어요. 주의를 좀 주시지요. 아니면 제가 야단 좀 칠까요?"

"아니네. 그럴 필요 없어. 그 애는 자기 천성대로 행동한 것일 뿐이니까."

"그럼, 그 애가 남 앞에 자기를 드러내기를 좋아하는 천성을 타고 났다는 말씀입니까?"

"그렇지는 않아. 드러내기를 좋아해서 일부러 그렇게 하는 것이 아니라 남이 뭐라 하든 상관 않고 올곧게 행동할 뿐이지. 만약 그 애가 시류에 따라 말과 행동을 바꾸면서 처신했더라면 벌써 내 눈밖에 났을 것이고, 다른 학동들도 가만히 두고 보지는 않았을 걸세.”

“그래도 걱정이 됩니다. 어려서부터 모나면 안 되는데…….”

“그런 걱정은 안 해도 된다고 봐.”

“다만 내가 걱정되는 것은…….”

훈장은 안 할 말을 괜히 꺼냈다는 듯 말을 끊고 잠시 머뭇거렸다. 그러자 승종은 더욱 마음을 졸이며 캐물었다.

“뭐가 걱정 된다는 말씀입니까? 어서 말씀해보시지요.”

“뭐 그리 심각하게 받아드릴 일은 아니네. 규동이 워낙 영리해서 내가 감당하기 어려운 면이 없지 않아.”

“어떤 점에서 그렇습니까?”

“서당에서 읽히는 책이 모두 올곧은 생각과 행동을 가르치는 내용이지? 그런데도 학자에 따라 상충되는 주장이 있어. 그런데 대부분의 아이들은 위대한 학자들의 말이니 이것도 맞고 저것도 맞으니 그냥 외우려 드는데 규동이는 그렇지가 않아. 예를 들면 유가의 맥을 이어온 공자, 맹자, 주자만 해도 인간의 성정에 대해 다소 다른 주장을 폈거든. 그런 점에 대해 규동은 꼬치꼬치 캐물으면서 나에게 누구의 주장이 옳다고 생각하는지 묻곤 하거든. 내가 생각하는 대로 답을 해주긴 했지만 흡족해하지 않는 눈빛이거든.”

“학문은 처음 기초를 닦은 사람이 있고, 그 기초 위에 새로운 이론을 덧보태든가 수정을 하는 것이니 같은 학맥이면서도 주장이 다를 수 있다고 일러주면 되지 않을까 싶어요. 제가 저희 선친으로부터 배울 때, 공자, 맹자, 주자가 같은 학맥의 계승자이면서 어떤 면에서는 서로 상이한 주장을 편 데 대해 그렇게 말씀하셨어요.”

“실은 나도 자네 선친께 배울 때 그렇게 말씀하신 걸 기억하네. 그래서 내가 배운 대로 규동이에게 그렇게 답을 했지. 그런데 규동이 최근의 우리나라 상황과 관련지어 어떻게 사는 것이 바르게 사는 도인지 분간하기 어렵다면서 나에게 구체적인 상황을 예로 들어 묻더군.”

“구체적인 상황이란 어떤 것이지요?”

“유교에서는 하늘의 이치를 깨달아 따르는 것이 도라고 말하고 동학에서는 하늘의 이치가 멀리 있는 것이 아니라 모든 사람 각각의 마음속에 갖추고 태어났다고 주장하는데 어느 것이 맞느냐고 물어.”

“그래서 어떻게 답하셨어요?”

“천도교 사상의 핵인 ‘人乃天’이 바로 그 주장을 농축해서 표현한 것이라고 설명했지. 그리고 천도교의 그 사상도 뿌리를 따지고 보면 맹자가 주장한 ‘인간의 때 묻지 않은 타고난 본성’에 근거한 것이라고 말해 주었어. 그러자 또 천도교에서 ‘민심이 천심이다.’라고 부르짖으며 대의를 행하지 않은 관가와 왕가에 대항하여 싸운 행위를 두고 대의를 실천하는 행위로 보는 측도 있고 왕명을 거스르는 반역으로 보는 측도 있는데 어느 것이 바른 도가 됩니까?’라고 묻는 거야.”

“혹시 천도교에 대해서 훈장님께서 먼저 무슨 말씀을 하셨어요?”

“천만에. 천도교 이야기가 나오게 되면 나의 과거 전력을 결국 다 들추어내어야 할 판인데, 내가 뭣 때문에 일부러 그 이야기를 꺼내겠어? 그나저나 천도교니 동학란이니 하는 말은 일어난 지 그리 오래되지 않은 일이고 그 난리의 중심지가 이 지역이었으니 누가 말해 주지 않아도 모를 턱이 없지. 규동은 워낙 영악하여 누가 말해주지 않아도 산발적으로 주워들은 이야기와 토막지식을 갖고 추리하여 생각을 정리하는 능력이 뛰어나. 그 애가 나한테 '동학인 천도교와 서학인 천주교가 어떻게 다릅니까?'라고 물었어."

"그래서 어떻게 답하셨어요?"

"'천주교는 서양에서 들어온 종교다. 그래서 천주교를 서학이라 이름 붙였다. 서학이 들어와 백성들을 혼란시키기에 거기에 대항하기 위해 동양의 불교, 유교, 도교 사상을 합해서 새로운 종교를 만들어 천도교라 이름 붙인 것이다. 천주교를 서학이라 했으니 천도교를 동학이라 부른 것이다.'라고 했어. 그래도 그 애는 그것으로 만족하지 않고 '참된 도는 하나뿐일 텐데, 천주교와 천도교가 서로 자기 쪽이 옳은 도라고 하니 둘 다 알고 싶어요.'라고 하더군. 그러기에 내가 이 애를 감당하기 어렵다고 말했지. 공부를 그냥 지식으로만 하는 것이 아니고 참되게 사는 길을 찾는 구도자적 자세로 임하는 애야, 두렵다니까."

"하기야 지금은 학문도 그렇고, 종교도 그렇고, 워낙 여러 가지 이색적인 문물이 한꺼번에 밀려드니 어느 것이 참된 도라고 말하기 어렵게 되었지요. 한양에 가서 보면 예수 믿는 사람이 얼마나 많은지 몰라요. 또 그 사람들이 불의에 맞서 싸우는 데 목숨을 아끼지 않으니 정말 예수를 믿으면 죽어서 천당 간다는 그들의 믿음이 맞는지도 모른다는 생각이 들 때도 있어요."

승종이 예수 믿는 사람들을 두둔하는 성싶은 말을 하는 데 대해 훈장은 언짢은 표정을 지었다. 그해 1913년 봄에 영동에 기독교가 들어와 번져가고 있었기 때문이다. 스웨덴 사람 오컴 씨 부부가 영동읍 부용리에 구세군 교회를 세우고 선교활동을 개시했다는 소문이

널리 퍼져 유림들이 큰일 났다고 신경을 잔뜩 쓰고 있던 참이었기에 훈장은 승종에게 미심쩍은 말투로 물었다.

"자네 설마 예배당에 다니는 것은 아니겠지?"

"그럼요. 우리 집이 어떤 집입니까? 그래서, 규동이가 낯선 종교에 빠져들까 걱정이 되어요. 잘 좀 살펴주시지요."

"그러겠지만 그 애는 워낙 참된 정기만 타고나 바르게 사는 길을 찾으려는 의지가 강해서 그걸 억지로 꺾기는 어려울 것 같아. 그리고 그런 구도정신이야말로 군자가 될 수 있는 바탕인데, 꺾어서도 안 되지. 말이 나왔으니 하는 말인데, 규동이 같이 때 묻지 않은 아이들이 편견을 갖기 전에 맑은 정신으로 하는 말이 맞다 싶기도 하고. 동학란 때 '민심이 천심'이라는 구호를 외치며 반란을 일으킨 백성들을 무조건 폭도로 몰고, 남의 나라 원병을 불러들여 진압한 왕실의 처사를 두고 선비들이 한 목소리를 낸 것은 아니었거든. 그때 만약 전국의 선비들이 한 목소리로 왕실을 규탄했다면 임금이 정신을 차리고 국정을 바로 잡으려 했을 것인데 말이지. 어린 유생의 분별력으로도 어느 쪽이 대의를 행한 것인지 쉽게 판단되는 상황을 두고 늙다리 선비들이 두 패로 갈라져 시비를 벌이지 않았는가? 조선역사는 선비들의 싸움의 역사가 아닌가? 같은 대의를 가르친 책으로 배우고도 실천을 하느냐, 않느냐에 따라 편이 갈라진 것이지. 우리 앞 세대들은 과거를 통한 입신을 목표로 자식공부를 시켰잖아? 과거시험은 글재주를 통해 타고난 지적재능을 발굴하고 나라의 통치이념인 유교를 어느 정도 통달하고 있는지를 측정하는 시험이었어. 그러니 과거준비를 시킬 때 유교성리학의 대가들이 정리해둔 이론을 금과옥조로 외우게 하는 데 치중했을 뿐, 그 이론들이 과연 궁극의 도인지 의심을 갖고 연구하는 태도는 기르지 않았거든. 과거시험으로 등용된 사람이라도 통치이념에 충실한 사람은 살아남고, 맑은 정신으로 대의를 부르짖는 사람들은 밀려나 초야에서 외롭게 구도정신을 발휘하며 살았지. 그런 과거제도마저도 이제 없어지고 성리학도 새로운 학문에 밀리게 되었으니 앞으로 서당 접장 해먹기도 어렵게 되었어. 내가 자네한테 등 떠밀려 자네 영윤을 비롯한 마을 아이들을 가르치고 있다마는 무엇을 목표로 삼아 가르쳐야 할지 갈피를 못 잡겠네. 과거시험 준비에 대한 압박감이 없이 글을 가르치게 된 것은 참된 학문을 하는 태도를 길러줄 수 있다는 점에서 다행이라 보지만 그러자면 배우는 사람의 탐구욕을 북돋아 주어야 하지. 그래서 규동이 같이 강한 구도정신을 타고난 학동이 두렵다고 했지. 그나저나 가르치는 사람이 영재를 만난다는 것은 복 중에 최상의 복이니 나에게는 행운일세. 내가 이제껏 늘어놓은 걱정은 즐거운 비명이라 여기고 소화해서 듣게나. 솔직히 말해 규동은 나중에 가르치는 업을 갖게 되면 나를 훨씬 능가하는 큰 스승이 될 재목이야.”

“너무 과찬을 하십니다. 무슨 근거로 그렇게 과찬을 하십니까?”

“훌륭한 교육자가 갖출 첫째 조건은 사람에 대한 관심이라 보네. 학문에 대한 관심이 아무리 크다 해도 사람에 대한 관심과 애정이 없으면 훌륭한 교육자가 될 수 없거든. 그런데 규동이를 가만히 보면 사람에 대한 특별한 애착심을 갖고 있거든.”

“그걸 어떻게 아시게 되었습니까?”

“학업진도가 느린 학동을 돌보는 일을 조금 시켜보았더니 그 학동에게 기울이는 관심과 열성이 대단하더군. 그 일에 너무 열성을 쏟기에 본인의 공부에 지장이 될지 모른다 싶어 그 일을 다른 사람에

게 좀 넘겨주려 해도 거기에는 양보를 하지 않더군. 가르치는 일이
공부에 지장이 되는 것이 아니라 오히려 공부에 도움이 된다면서 더
열을 내는 거야. 한번은 이웃에 사는 어떤 친구는 머리가 좋은데 집
이 어려워 서당공부 하러 못 온다면서 그냥 다니도록 해달라고 조르
기에 데려 오라 했어. 그걸 그렇게 좋아하며 그 애가 뒤따라오도록
애살스럽게 돌보곤 하더군."

　"말이 나왔으니 드리는 말씀인데, 그 애가 요즘 집에서는 제 여동
생 규임에게 여자도 글을 알아야 한다며 천자문을 가르쳐 준다더군
요. 그러면서 시험을 치게 하는 등 시키지도 않은 짓을 하며 극성을
부린다고 해요. 애가 몸이 약해서 제 공부만도 힘겨울 터인데 그러
지 말라 해도 재미가 나서 하는 일이라고 말리지 말라 하여 내버려
두고 있어요. 이제 과거를 통한 등용길도 막혔는데 그 약체에 뭘 해
먹고 살게 할까 걱정입니다."

　"가르치는 걸 좋아하겠다, 글재주가 뛰어나겠다, 그런 재능을 갖고
훈장을 하면 고기가 물을 만나는 격인데 뭘 걱정하는가? 나도 이제
나이가 이만하니 접장 일도 물려줄 사람을 찾아야지. 어느 모로 보
나 규동은 나를 훨씬 능가할 큰 스승이 될 거라 생각하네. 어쨌든 우
리가 뜻을 맞춰 잘 길러봄세. 군사부일체라 했는데 임금의 존재가
없어졌으니 우리는 사부일체나 잘하세."

제 6 화

새끼접장 규동에 대한 질시의 눈초리들

화신리 서당에서 종치는 소리가 요란스럽게 울려 퍼지자 동네 아이들이 이 골목 저 골목에서 몰려 나와 서당으로 달려갔다. 종을 치고 난 후, 한참을 기다려도 윗마을 아이들이 도착하지 않자 훈장 북실 어른은 규동에게 종을 한 번 더 치라고 명했다. 한 마장이나 떨어진 윗마을 아이들이 떼를 지어 달려 내려오면서 불평을 해댔다.

"저렇게 조급하게 치는 종은 새끼접장이 치는 것이 틀림없지? 서당 옆에 산다고 멀리서 다니는 우리 사정은 안 봐주고 어지간히도 재촉해대네. 안 그래?"

"누가 아니래? 오늘은 내가 그 말라깽이 손 좀 봐 줄까?"

글재주는 별로라도 덩치로는 한 몫 보는 최기덕은 훈장의 총애를 독차지하는 규동이의 기를 꺾을 기회만 노리고 있었다. 나이로 봐도 자기보다 두 살이나 아래고 힘으로 겨루면 한주먹 감도 안 되는 규동이 반장 노릇을 하는 데 배알이 꼴려 있던 참이었다. 그런데 오늘은 윗마을 아이들에게서 규동이를 못마땅하게 여기는 불평이 흘러나오니 기회다 싶어 동조세력을 규합할 심산으로 한 마디 더 했다.

"그 새끼접장 혼 좀 내줘도 괜찮겠지? 너희들한테 뭘 어쩌라는 건 아니야. 그냥 내가 하는 걸 보고 가만히만 있으면 되는 거야, 알았지?"

다른 아이들의 호응을 유도하려고 이런 저런 말을 계속 해봐도 별 반응이 없자 기덕은 시큰둥하여 혼잣말로 이렇게 중얼거렸다.

"그럼, 너희들이 아무 말 않는 것은 반대하지 않는다는 뜻으로 해석하고 내가 알아서 처리하지! 잘 두고 봐!"

그 순간부터 서당으로 향하는 윗마을 아이들은 각자 무슨 생각에 잠겨 묵묵히 걸었다. 규동이 훈장의 총애를 독차지하는 데 대해서 느끼는 감정은 다른 아이들도 기덕과 별로 다를 바 없었다. 그래도 그를 혼내주려면 무슨 꼬투리를 잡아야 하는데 아무리 생각해도 잡히는 것이 없어 고민이었다. 글재주가 뛰어나다고 칭찬 듣는 그가 얄미울 때가 많았다. 그러나 자기들보다 훈장의 가르침을 더 성실히 듣고 복습을 더 많이 하는 것을 분명히 알기에 그런 걸 꼬투리 잡을 수는 없었다. 훈장이 가르친 내용에 대해 확인하는 질문을 던져놓고 응답이 없으면 불호령이 내리는데 그럴 때마다 규동이 답을 하여 위기를 모면시켜주기가 일쑤였으니 도리어 고마워해야 할 일이었다. 그가 대표로 어려운 질문에 답할 때마다 자기보다 손위 아이들에게 송구스럽다는 시늉을 하며 조심스러운 처신을 했으니 그것 갖고도 흠잡을 수가 없었다. 그가 반장 노릇을 하게 된 것도 다른 아이들을 손아귀에 넣고 좌지우지하려는 지배욕에서 비롯된 것이 아님을 다 안다. 서당 청소나 훈장 심부름 등을 할 당번을 정해두고 있는데 완력이 센 아이들이 하기 귀찮아하니 천성이 착한 규동이 그냥 보고 있지 못해 나서서 하다 보니 고정 당번이 된 것이다. 규동의 집이 서당에서 제일 가까워 훈장이 아쉬울 때마다 손쉽게 불러 일을 시키다

보니 조수가 되어버린 것이다. 그런 중에도 훈장의 심중을 파악하여 훈장에게 혼나지 않게 하려고 세심한 배려를 해주었기에 훈장은 "규동이는 내가 할 일을 도맡아 하니 저 애가 부훈장이다."라고 말했다. 이런 칭찬이 다른 학동들로부터 시기심을 불러일으켜 부훈장 대신에 '새끼훈장'이라 부르며 뒷전에서 빈정댄 것이다.

훈장 북실 어른은 그날따라 더 늦게 등교한 윗마을 아이들이 송구스러워하는 시늉도 없이 시무룩한 표정으로 들어와 앉아 수업을 받는 태도에 심기가 뒤틀렸다. 그러나 참으며 지켜보고 있다가 점심시간이 되어 안채로 들어갔다. 그런데, 점심식사를 한창 하고 있는데 뒷마당에서 서생들이 다투는 소리가 떠들썩하게 들린다고 부인이 귀띔하기에 서둘러 나가보았다. 뒷마당에 이르니 기덕이 큰 등치로 규동을 한쪽 구석에 몰아 놓고 족쳐대고 있었다. 윗마을 아이들은 기덕 쪽에 몰려 서 있고 아랫마을 아이들은 그 반대편에 몰려있어 여차하면 패싸움으로 번질 찰나였다. 이런 꼴을 본 훈장은 자신도 모르게 흘러내리는 눈물을 주체하지 못하고 달려가 두 사람의 허리춤을 잡고 서당 안으로 끌고 들어갔다. 나머지 아이들도 말없이 따라 들어가 정좌하였는데 여전히 두 패로 나뉘어 상당한 거리를 띄워 앉는 것이었다. 훈장은 한참 후에야 눈물을 닦고 목소리를 가다듬더니 조용조용히 말하기 시작했다.

"지금부터 너희들에게 깊은 얘기 좀 하려고 한다. 내 말을 잘 알아들으면 내가 너희들을 계속 가르칠 것이고 못 알아들으면 더 이상 가르쳐도 소용없을 것이니 서당을 폐쇄하겠다. 방금 너희들 간의 싸움은 기덕과 규동 간의 싸움이 아니다. 또 윗마을과 아랫마을 아이들 간의 싸움도 아니다. 내가 보기에 그것은 청기와 탁기의 싸움이

다. 그런데 탁기가 청기를 눌러 이기려는 그 꼬락서니를 보는 순간 우리나라가 망하게 될 때의 그 꼴과 하도 닮아 나도 모르게 눈물이 났다. 무슨 말인지 알아듣겠느냐?”

아무도 대답이 없었다.

알아들은 표정을 짓는 아이가 하나도 없자 북실 어른은 다시 길게 한숨을 내쉬더니 이렇게 말을 이었다.

“청기와 탁기는 성리학의 기초가 되는 대단히 중요한 이론이라 내가 자세히 설명하겠다. 청기는 하늘이 정한 이치대로 행하려는 맑은 정신적 기이고 탁기는 하늘이 정한 대의보다 소아적인 욕심을 채우려는 탁한 기를 일컫는다. 중국의 간추린 역사책인 「사략」을 너희들은 이미 배웠지? 그 책을 통해 중국의 역사를 움직인 수많은 인물들의 면면을 살펴보면 공맹처럼 청기가 센 사람은 역사를 발전적인 방향으로 굴러가도록 기여하고 진시황처럼 탁기가 센 사람은 역사를 뒷걸음치게 했다. 그럼 서당은 무얼 하는 곳이냐? 탁기를 억제하고 청기를 길러 주는 곳이 아니냐? 탁기가 청기를 누르는 곳은 이미 서당이 아니야. 자 그럼, 지금부터 모두 눈을 감고 내가 묻는 데 대해 손을 들어 응답하여라. 절대로 실눈을 떠서 다른 사람의 반응을 살피려 해서는 안 된다. 각자 마음을 가라앉히도록 잠시 묵상 시간을 줄 테니 조용히 청기를 모으기 바란다.”

약 5분간의 묵상 후, 훈장은 헛기침으로 묵상시간이 끝났음을 알리고 말을 이었다.

“규동이 평소에 생활하는 태도가 인간 도리에 어긋났다고 생각하는 사람은 손들어 보아라.”

아무도 손을 들지 않았다.

"그럼, 규동이 서당의 훈장이나 동료 서생들에게 예를 지키지 않았거나 다른 아이들에게 해를 끼친 일이 있었다고 생각하는 사람은 손들어 보아라."

여전히 아무도 손을 들지 않았다.

"그럼, 자기도 규동이처럼 훈장에게 칭찬받고 동료서생들에게 부러움을 사고 싶었던 사람은 손들어 보아라." 그러자 하나둘씩 손들기 시작하더니 마지막으로 최기덕까지 손을 들게 되었다. 훈장은 그제야 모두 눈을 뜨게 하고는 말을 이었다.

"자네들이 이제 청기를 되찾아서 앉아 있으니 얼굴에 맑은 광채가 비치는군. 아까 탁기로 가득한 자네들 얼굴은 참으로 보기 흉했는데. 자, 어제까지는 늘 그랬듯 아래 윗동네 구분 짓지 말고 섞어 앉아보아라."

밝은 표정으로 서로 얼굴을 쳐다보며 이리저리 자리를 옮겨 앉자 훈장이 말을 이었다.

"청기와 탁기 얘기가 나온 김에 그 개념 정리를 더욱 확실히 해두겠다. 오늘 사건을 한 마디로 풀이하면 '동욕자상쟁(同欲者相爭)'이라는 한 구절로 설명할 수 있다. 이게 무슨 뜻인지 누가 말해 볼까? 기덕이 말해 볼 테야?"

"예, 같은 욕구를 가진 사람들끼리는 서로 다투기 마련이라는 뜻인 것 같습니다."

"맞네. 훈장한테 칭찬받고 싶은 욕구를 가진 서생들은 서로 그 욕구를 충족시키기 위해 겨루기 마련이지. 지금 이 순간에도 자네들은 그런 다툼을 하고 있는 거야. 이런 다툼의 관계가 세상에는 너무나도 많지. 흔한 예를 몇 가지 더 들어볼까? 누가 해볼까? 규동이?"

"임금 자리를 차지하고 싶어 하는 왕자들 간의 관계가 그렇다고 생각합니다."

"그렇지. 부모의 애정이나 재물을 차지하려는 욕구를 지닌 형제자매 간, 임금의 총애를 차지하고 싶은 신하 간의 관계 등등 무수히 많은 동욕자 관계가 있지. 그러기에 세상에 살면서 가장 많이 다투는 사이는 먼 남이 아니고 가까운 사람끼리야. 먼 친척보다 가까운 혈육 간에 더 다툼이 많기 마련이고, 타지 사람보다 이웃끼리 다툼이 많은 법이다. 나라 간에도 먼 나라보다 인접국끼리 끝없는 다툼을 벌인 것을 중국역사책 사략에서 보았지? 그러기에 유가사상의 핵심은 인간 간에 지켜야 할 도리를 가르치는 것이지. 인간도리 중에서도 가장 가까운 인간끼리 행할 도리를 더 시시콜콜 자세히 규정해두고 있지."

"동욕자상쟁이란 말 속에는 그런 다툼은 어쩔 수 없는 현상이란 뜻으로 해석하면 되겠습니까?"

규동이 이렇게 묻자 훈장은 그 질문이 나오기를 기다렸다는 듯 말하기를,

"타고난 본성이라는 점은 인정하지만 인간이 금수와 다른 만물의 영장이 되려면 금수가 동욕자끼리 다투는 것과는 다른 법도를 지켜야 되지. 먹이를 두고 다투는 짐승끼리는 한 배 새끼끼리는 말할 것도 없고 아비와 새끼 간에도 죽기 살기로 다투기가 예사이지. 거기서 이기고 지고는 기 싸움으로 결정되는 것이지. 그럴 때 작용하는 기를 두고 탁기라고 하지. 그런데 사람의 경우에는 먹을 것을 두고 짐승처럼 다투지는 않지. 부모는 자식에게 먹으라 하고 자식은 부모에게 드시라 하는 등 인간다운 도리를 따라 누가 먹어야 한다는 것

이 결정되지. 이것이 하늘에서 인간에게만 준 정신적인 맑은 기인데 탁기와 반대되는 개념으로 청기라 부르네. 사람이 살아가면서 시시각각으로 타인과 다투면서 청기를 발휘하거나 탁기를 발휘하지. 또 자기 마음속에 있는 청기와 탁기가 다투는 일이 되풀이 되지. 타인과 다툴 때 자기 욕심만 내세우면 탁기의 싸움으로 번지는데 이런 무지막지한 싸움을 '진흙탕에 뒤엉켜 싸우는 개'라는 뜻으로 '이전투구'라 하지. 사람이 그런 탁기싸움을 벌이지 않으려면 소아적 욕심에서 벗어나 하늘이 정한 이치 즉 대의(大義)를 따라야 되는 것이지. 그러기에 '군자는 옳음을 쫓고 소인은 이로움을 추구한다(君子喩於義 小人喩於利)'라고 했지. 우리가 나라를 뺏긴 것은 조정 대신들 간의 싸움에서 탁기의 세력이 이긴 때문이지. 내가 아까 너희들이 싸우는 꼴을 보고 순간적으로 눈물이 주체 못할 정도로 솟아 오른 것은 그 서글픈 생각이 다시 살아나서 그런 거야. 그건 그렇고, 말이 나온 김에 오늘 내가 자네들에게 한 가지 고백할 것이 있네."

훈장이 고백할 말이 있다고 하자 모두 긴장하여 귀를 쫑긋하여 듣고 있었다.

"나는 규동이를 두려워하네. 나는 규동이만한 나이 때 그 사람 반만큼도 못 했어."

훈장에게서 이 말을 듣고 모두 귀를 의심하는 듯 서로 멀뚱멀뚱 쳐다보았다.

"내가 자식 나이 또래인 규동이를 두려워하는 것은 그의 타고난 청기를 두려워한다는 말이네."

다른 학동들은 모두 할 말을 찾지 못하고 계속 멍하게 앉아 있는데 규동이 안절부절못하며 입을 뗐다.

"스승님, 제가 듣기에 민망스러운 말씀만 자꾸 하시니 몸 둘 바를 모르겠습니다. 어찌 하늘 같은 스승님이 제자에게 그런 당치 않은 말씀을 하십니까?"

"아니네. 자네 듣기에 민망하든 말든 상관 않겠네. 더구나 다른 서생들 듣기에 거부감이 들든 말든 그것도 상관 않겠네. 퇴계 선생이 자기 자식 또래의 유생 기대승으로부터 자신의 학설에 대한 반론을 듣고 그에 대응하여 7년에 걸친 논쟁을 벌인 적이 있지? 그 논쟁 끝에 기대승의 논리가 상당부분 옳다는 것을 퇴계가 수긍한 사례를 자네들은 알고 있지? 그런 대학자가 자기에게 도전한 소장학자에게 진지한 자세로 토론에 임한 일이나 그를 유망한 인재로 임금에게 천거한 사례를 조선 선비정신의 대표적인 귀감으로 삼고 있지 않은가? 퇴계선생이 젊은 유생을 두려워한 것은 그의 청기를 두려워하고 존중한 때문이지. 권력의 정상에 앉은 임금이 자기의 간청을 뿌리치고 떠나는 퇴계에게 대신 국사를 맡길 인재를 천거해달라고 청한 것도 퇴계의 청기를 귀하게 여겼기 때문이지. 남명선생이 임금을 자식 꾸짖듯 시퍼런 서슬로 질타하는 상소문을 올렸는데도 임금이 그를 엄벌에 처하지 못한 것도 청기를 두려워한 때문이지. 내가 환갑이 가까워지는 나이에 이르도록 이제껏 접해온 스승, 동학들, 제자들이 참 많지만 규동이만큼 청기를 타고난 사람은 찾기가 어려웠네."

여전히 말없이 앉아 있는 다른 아이들을 의식한 듯 훈장은 다시 말을 이었다.

"자네들이 내가 한 말에 대해 거부감이 들거든 이렇게 생각해보게. 규동이 평소에 서당에서 한 행동에서 무언가를 노리고 행한 작위적인 데가 엿보이던가? 나는 아직 그런 점을 못 봤어. 그게 바로 타고

난 청기가 저절로 발휘되는 모습이네."

계속 고개를 숙이고 듣고 있던 기덕이 풀이 죽은 목소리로 입을 뗐다.

"그럼, 성인이나 군자는 선천적으로 타고나야 된다는 말씀이십니까?"

"성인은 인류 역사에 몇 사람이 되지 않는다고 보네. 석가나 공자 같은 성인은 아무리 악의 소굴에 밀어 넣어 두어도 선을 추구할 만큼 청기가 센 분들이라 보네. 실제 공자는 온통 탁기가 판을 친 춘추시대의 난국에서 벗어나는 방법을 탐구하여 세상을 가르쳐 줄만큼 센 청기를 발휘한 위인이지. 석가는 우주를 뚫어 보는 센 청기로 중생들의 마음속에서 탁기를 걷어내는 방법을 가르쳐 준 위인이 아닌가? 그러니 그런 성인은 하늘이 필요할 때 한 번씩 내려 보내는 특별한 존재로 볼 수밖에 없네. 그러나 군자는 노력에 의해 도달할 수 있다고 보는 이상적인 인간상이지."

"스승님께서 말씀하신 것처럼 규동이는 타고난 천성대로 행동하는데도 칭찬만 듣고, 저는 저의 억센 성질을 억눌러 착하게 행동하려 해도 꾸중 듣는 일이 많은 것이 사실입니다. 저는 그게 좀 억울합니다."

이 말을 듣고 모두 웃음을 참느라 애를 쓰다가 훈장이 웃어버리자 일제히 웃음을 터뜨렸다.

아이들의 웃음이 그치기를 기다렸다가 훈장이 말을 이었다.

"우리가 읽은 중국의 간추린 역사인 「사략」에서 보면 역사를 움직인 사람은 다 기가 센 사람들임을 알 수 있어. 그런데 역사를 움직일 만큼 기가 센 사람은 남에게 잘 길들여지지 않은 것이 사실이지. 이를테면 진시황의 타고난 탁기를 길들여 요순임금처럼 만들 재간이 있겠는가? 또 요순임금의 타고난 청기를 걷어내고 진시황처럼 만들 재간이 있겠는가? 그러나 이런 극단적인 예는 지극히 드문 경우이고, 대다수 인간들은 심성에 청기와 탁기의 비율이 비슷하게 타고 났다고 생각해. 그중에서 어느 한쪽으로 약간 기울어 있는 것을 보고 그 사람의 특성이라고들 말하지. 솔직히 말해 내 속에도 억누르기 어려운 탁기가 도사리고 있으면서 나를 괴롭히거든. 내가 아까 한 말 중에 내가 규동이 나이 때는 그 사람 반만큼도 못했다고 한 말은 바로 그런 뜻에서 한 말이네. 다 말할 수는 없고 한 가지만 고백하지. 나는 술을 좋아하여 술로 인해 건강유지에도 문제가 생기고 때로는 판단도 흐린 경우가 있어. 나의 애주벽이 나의 청기를 흐린다는 것을 잘 알면서도 못 고치고 있거든. 그런데 어떤 사람은 술 마시는 것을 일부러 배워보려 애써도 체질상 안 되는 사람이 있더군. 이처럼 애주체질을 타고난 사람이 절주를 하려면 힘이 들듯이 완력을 가진 사람이 완력을 쓰고 싶은 유혹을 뿌리치기가 그만큼 어려운 것이 사실이지. 반면에 이렇게도 생각해 볼 수가 있어. 약해서 남을 공격 못하고 남의 비위만 맞추며 살아 온 사람은 존경대상은 될 수 없어. 그러나 남을 공격할 힘을 가진 사람이 그 힘을 누르고 점잖게 살아갈 때는 존경을 받게 되지. 그러니 기덕이 자네는 가만히 있으면 존경을 받게 될 경우가 많아."

이때 모두 다시 폭소를 터뜨렸다. 훈장은 웃음이 잦아지기를 기다렸다가 말을 이었다.

"올곧게 살겠다는 의지가 있으면 자기 속의 청기와 탁기를 잘 파악하고 있어야 무슨 기질을 누르고 무슨 기질을 길러낼 결심을 할 수 있지. 또 남을 가르칠 사람은 배우는 사람이 어떤 청기와 탁기를 타

고났는지 세심히 관찰하여 개별적인 지도를 할 필요가 있지. 그래야
만 스승이란 칭호를 들을 수 있어. 그럼 내가 한 가지 물어보겠네. 가
르치는 사람을 일반적으로 선생이라 하는데 좀 드물게 스승이라고 칭
하는 경우도 있어. 어떤 사람에게 스승이란 말을 붙이는지 아는가?"

"지식만 가르치는 것이 아니라 행동으로 모범을 보이는 사람에게
붙인다고 생각합니다."

"바로 그거네. 세상에 선생은 무수히 많아도 스승은 드물다고 하는
까닭이 거기에 있지. 나도 자네들이 스승이란 칭호를 붙여주기를 바
라지는 못 하겠네. 제자들에게는 탁기를 누르고 청기를 따르라 해 놓
고 나 자신은 탁기에 굴복한 경우가 한두 번이 아니었으니 말일세.
오늘 내가 규동이 한 사람만 너무 추겨 올렸는지는 모르겠네. 그건
내가 자네들에게 서당은 청기를 발견하고 북돋아 주고 길러주는 곳이
라는 생각을 확실하게 심어주기 위해서 그런 것이네. 앞으로 자네들
간의 다툼은 청기 다툼이어야 생산적이고 건설적이며, 발전적인 다툼
이 된다고 생각하네. 혹시 규동이처럼 나한테 인정받고 싶은 욕구를
가진 사람이 있으면 나를 멀리하지 말고 가까이 다가오게나. 내가 그
욕구를 얼마든지 채워줄 터이니. 나는 다른 건 자랑할 만한 게 없어
도 가르치는 것을 즐기는 것 하나는 누구 못지않다네. 사제동행이란
말이 있듯이 앞으로 우리는 선생과 제자 가릴 것 없이 서로의 청기를
발견하고 북돋고 길러주고 발휘하게 해주는 다툼을 벌이세."

훈장이 솔직담백한 자기 고백을 섞어 설법을 쉽게 설명하자 학동
들은 감동하여 오늘 하루 만에 몇 살이나 더 먹게 된 것 같은 기분
이었다.

제 7 화

보통학교에서 신교육을 받게 되다

규동이 서당에서 한학을 배우기 시작한 지 어느덧 만 5년이 지나 6년째 접어들게 되었다. 그동안에 소년으로서 학문에 대한 소양이 어지간히 길러졌다고 판단되어 이제 청년선비로서 본격적인 경전읽기과정에 들어갈 단계에 있었다. 규동이 열한 살이 되는 해인 1915년 정초에 음력설을 맞이하러 귀향한 승종은 훈장 북실 어른을 찾아뵙고 아들의 교육문제에 대해 심각한 대화를 나누기로 했다. 차마 입을 떼기가 어려운 말인 듯 한참 머뭇거리다가 승종이 말문을 열었다.

"어르신, 규동의 서당공부를 좀 쉬어야 될 것 같습니다."

"아니, 갑자기 왜 그러는가? 규동이 나의 가르침에 무슨 불만이라도 있다고 하던가?"

"아닙니다. 전혀 그런 일은 없었습니다."

"그럼, 부모님들에게 무슨 사정이 생겼는가?"

"그렇습니다."

"경제사정 때문이라면 그건 걱정 말게나. 지금까지 자네가 너무 과한 부담을 하여 나도 마음의 부담이 되었는데, 이제부터는 사례금 없이 가르치면 오히려 내가 더 떳떳하게 잘 가르칠 수 있을 것 같네."

"경제사정 때문이 아닙니다."

승종의 이 말에 훈장은 흠칫 놀라는 기색을 나타내면서 말뜻을 음미하는 듯한 표정을 짓다가 무겁게 입을 떼었다.

"그동안 내가 너무 체면 없이 자네한테 신세를 많이 진 것 같네. 준다고 그냥 넙적넙적 다 받았으니……"

"아닙니다. 그렇게 받아드리셨다면 제가 말을 잘못한 것 같습니다. 자꾸 둘러 얘기하면 오해가 깊어질 것 같아 솔직히 말씀 드리지요. 지금 바깥 세상에 나가보면 해가 다르게 변해가고 있습니다. 한양에서는 30년 전 갑신정변 무렵부터 불기 시작한 개화의 바람이 이제 경향각지로 파급되어 세상을 변화시키고 있습니다. 이제 좋든 싫든, 개화는 거스를 수 없는 대세가 되었습니다."

"그럼, 자네는 개화의 바람이 대세이니 우리의 전통적인 교육기관인 서당은 폐쇄해야 한다는 말인가? 나는 자네가 집을 비우고 객지로 다니기에, 외세에 맞서 우리의 전통을 지키기 위한 '위정척사운동(衛正斥邪運動)'을 하러 다니는 줄 알았는데, 그 반대였군."

북실 어른의 비위가 크게 상한 것 같다고 느낀 승종은 그의 노기를 가라앉히려 애쓰며 이렇게 말을 이었다.

"제가 지금까지 하고 다닌 일은 말하자면 '위정척사운동'의 일환이라 할 수 있습니다. 그런데 그런 운동이 계속되려면 상황에 따른 변신이 필요하다고 느꼈습니다. 위정척사운동은 외세와 맞서 싸우는 운동인데, 싸움은 상대가 있습니다. 상대의 전술과 전략에 따라 이쪽에서도 다른 전술과 전략을 구사해야 됩니다. 강압적으로 우리의 국권을 빼앗은 왜놈들은 이제 고도로 지능적인 수법으로 우리나라를 수탈하기 위해 전략을 크게 바꾸었습니다. 그중 한 가지 방법은 경제적으로 우리 국토를 그들 손아귀에 넣는 것이고, 다른 하나는 교육으로 일제의 손발을 길러내는 것입니다. 그놈들의 교묘한 수법에 속아 저는 까딱 잘못했으면 저의 토지를 몽땅 다 뺏길 뻔했습니다."

"무슨 소린지 모르겠군."

"경술년(1910) 한일 합방 후에 일제가 취한 조치 중에 농업 진흥정책을 편다는 구실로 농민들에게 토지신고제를 선포했습니다. 그때 몰라서 신고 못한 사람과 토지가 너무 많아 일부만 신고한 부농들은 토지를 몽땅 다 뺏겼습니다. 총독부에서 그렇게 빼앗아 저희 동족 왜놈들에게 헐값으로 불하한 토지가 조선 땅의 4할에 가깝습니다. 저도 그때 미련대고 그냥 두었더라면 조상이 물려주신 많은 토지를 몽땅 다 잃을 뻔했습니다. 하늘이 도왔는지, 조상이 도왔는지 신고마감 이틀 전에 문중에서 그런 공기에 밝은 종친 한 사람이 귀띔해주어 아슬아슬하게 재산을 건졌습니다."

"정말 천만다행이네. 전주 이씨 문중에 어찌 그런 사람이 있었지?"

"제가 아까 전술과 전략이라는 말을 하지 않았습니까? 일본과 우리는 이제 장기전으로 돌입했습니다. 처음 나라를 뺏길 때처럼 비분강개하여 자폭적인 저항이나 할 단계는 지났습니다. 적의 속셈과 동태를 파악하여 버티다가 결정적인 기회가 오면 결사 항전하는 전술로 대응해야 됩니다. 저들이 우리민족을 지배하기 위해 앞잡이를 두어 정보를 수집하듯이 우리 쪽 정보수집원이 그쪽에도 침투되어 있습니다."

"아까 자네가 규동의 서당공부를 중단해야 할 이유 중에 경제사정도 들어있다고 한 말은 방금 얘기한 토지신고와 관계가 있는가?"

"예, 그렇습니다. 일제가 토지 신고제를 공포한 속셈은 첫째로 무지한 조선백성들이 관의 행정에 따르지 않은 것을 빌미로 하여 미신고 토지를 빼앗을 수 있음을 보여주었어요. 그런 강경조치로 식민지 백성들이 행정기관에 무조건 따르도록 길들인다는 것을 확실하게 보여준 것이지요. 그 다음으로 그들이 노린 것은 토지소유가 많은 지주들의 재산을 정확히 파악하여 독립운동자금이나 기타 민족자본으로 흘러들어가는 것을 막는 것이지요. 토지 신고를 한 이후부터 경제적인 방법으로 저 같은 사람을 교묘하게 올가미를 씌우고 조여 드는 바람에 바깥출입을 전처럼 하기 어렵게 되었어요.”

“그렇겠네. 참 지독한 놈들이군. 그런 사정이면 나도 충분히 이해할 만한데, 그러나 그것이 규동의 공부를 그만두게 할 이유는 못 된다 싶네. 이럴 때 나도 봉사 좀 하면 어때? 규동이도 서당공부를 그만 두게 된다면 크게 충격을 받을 텐데…….”

“그냥 놀릴 수는 없으니 신식교육기관에라도 넣어봐야지요.”

“신식교육기관이라면 보통학교 말인가?”

“그렇습니다.”

“그럼 보통학교에 보내어 일본사람한테 교육을 받게 하겠다고?”

“그렇지요. 그럴 작정으로 있습니다.”

“그래? 아까 자네가 개화바람은 거스를 수 없는 대세가 되었다고 한 말이 바로 그 말이었군. 자네가 변해도 참 많이 변했네.”

“저는 변해야 된다고 생각합니다. 세계가 다 변하는데 우리만 변하지 않으려고 나라의 빗장을 잠그고 버티다가 나라가 이 꼴이 되지 않았습니까? 지금까지는 세상이야 어찌 돌아가든 우리는 우리민속의 시간에 맞추어 살아왔지만 앞으로는 세계의 시간에 맞추어 살아가야 됩니다. 그러려면 마음자세부터 바꾸어야 된다고 봅니다. 제가 돌아

다니며 만주, 중국에도 가봤습니다. 여기저기를 둘러보면서 저는 많은 생각을 하게 되었습니다. 그 큰 중국이 왜 조그만 나라 일본한테 굴복했습니까? 한문도 우리나라를 거쳐 일본으로 건너갔고, 과거제도 같은 제도나 도요기술 같은 문화도 우리나라에서 일본으로 전해져 갔어요. 그런데 그 섬나라 일본이 이제 강대국이 되어 대륙을 통째 삼키려 하는 것은 그들이 배워 간 것을 그대로 답습한 것이 아니고 더 낫게 만든 때문이라 봅니다. 일본이 강대국이 된 저력은 앞서간 나라에게 접근하여 한 수 배우려는 자세 때문이지요. 동양에서 배울 것 다 배우고는 서양에 눈을 돌려 앞선 나라이면 어느 나라든 접근하여 문물을 받아들였다는 점 말고는 일본이 우리보다 나은 점이 아무 것도 없어요. 우리가 일본에게 이기려면 먼저 일본인들의 그런 자세를 배워야 한다고 봅니다. 그런 자세를 본받는다고 친일행위로 몰아 손가락질한다면 우리 민족은 일본에 완전히 흡수되고 말 것입니다. 중국에 가보고 느낀 바로는 우리나라는 유교종주국인 중국본토보다 유교전통을 더 철저히 고수하고 있다는 것입니다. 일본은 중국문화를 받아들여도 그대로 고수하는 것은 하나도 없다고 합니다. 유교의 선비우대 정신에서 비롯된 과거제도만 해도 일본은 중세 이후부터 벗어던지고 실용주의적인 제도를 채택한 때문에 서양의 선진국과 힘을 겨루게 되었다고 생각하거든요.”

“자네 말대로라면 이제껏 내가 서당에서 가르친 동양사상은 쓸모없는 낡은 지식이라 더 이상 가르칠 가치가 없다는 뜻인 것 같은데…….”

“그렇게 단적으로 잘라 말할 수는 없어도 이제 동양사상은 인격수양의 바탕으로 존재가치를 인정하는 선에서 만족해야 된다고 봅니다. 앞으로 세계의 시간에 발맞추어 가려면 좋으나 싫으나 일본처럼 서양의 실용주의 노선을 본받아 앞선 기술을 배워야 합니다. 요즘 진보적인 식자들 입에 자주 오르내리는 ‘동도서기(東道西器)’란 말이 그런 취지에서 생긴 것이라 봅니다.”

“그건 무슨 뜻이지?”

“동양문화에서 본받을 점은 인간이 살아갈 도리를 중시한다는 점이고 서양문화는 기술이 배울 점이라는 뜻이지요. 그러니 앞으로 우리나라가 살길은 교육을 통해 서양의 실용적인 기술을 도입하는 길이라 생각합니다. 지금 일본에 유학 가는 사람들이 나날이 늘어 가는데 그런 현상을 나쁘게만 볼 것이 아니라 봅니다.”

“그래서 규동에게 서당공부를 그만 시키고 일본식교육을 시키려하는 것이구먼.”

“아까도 말씀드렸듯이 여러 가지 이유가 겹쳐서 그런 결단을 내리게 된 것입니다. ‘동도서기’라는 말에 비추어 보면 규동이 이제껏 서당에서 참된 스승님 밑에서 배운 인간의 도리는 그 아이의 일생에 영향을 미칠 인격적 바탕을 이루게 되리라 확신합니다.”

“그나저나 갑자기 나의 낙을 빼앗겨 서운하기 그지없네그려. 나는 규동이를 정성껏 길러 나의 후계자로 삼으려 했는데…….”

“그렇다고 당장 멀리 데려가는 것도 아니고 가까이 있으니 어떤 식으로든 스승님으로부터 배움의 끈을 놓지는 않을 것입니다. 평생의 제자로 여기고 지켜봐 주십시오.”

“그야 자네가 부탁 안 해도 그럴 걸세. 규동은 내 자식이나 다름없이 생각하네. 실제로 그 애가 친부인 자네보다 나와 같이 지낸 시간이 더 많았으니 부자나 다름없는 심적 교감이 이루어져 온 것이 사실이네. 그나저나 앞으로 자네는 귀향하여 눌러 앉을 모양인데, 처신이 쉽지 않을 것으로 짐작하네. 어떻게 살아갈 작정인가?”

“장육지계를 써야지요.”

“장육지계라니, 무슨 말인가? 몸을 숨긴다는 뜻인가?”

“비슷한 뜻인데, 육자가 ‘고기 육’자가 아니고 ‘여섯 육’자이지요.”

“‘여섯을 숨긴다.’니 무슨 뜻인가?”

“어르신이 모르는 문자도 있군요. 수신에 관한 글은 안 읽은 것이 없으신 어른이 그런 문자를 모르시니 말이지요. 손자병법에 나오는 말이 아닌가 싶어요. ‘감출 장(藏)’ ‘여섯 육(六)’ ‘갈 지(之)’ ‘계략 계(計)’자로 된 성어이지요. 자라가 위기에 몰리면 머리, 꼬리, 네 발을 집어넣고 죽은 체하고 있는 술책을 두고 지은 말이지요. 앞으로 저는 고향에서 죽은 듯이 들어 엎드려 지낼 것입니다.”

“하기야 지금 자네 형편으로는 그게 상책이겠네. 그런데, 그렇게 장육지계를 쓰고 기다리면 언젠가 때가 올까?”

“막연하긴 하지만 저는 희망을 버리지 않고 있습니다.”

“무슨 근거로 그런 기대를 갖고 있는가?”

“우리 민족은 끝없는 수난을 겪으며 살아 온 백성입니다. 외침으로 인한 수난에서도 장육지계로 위기를 넘겼고, 선비들이 정쟁에 희생되어 수난을 당할 때도 유배지에서 긴긴 세월 동안 장육지계를 쓰며 권토중래를 꿈꾸며 지냈습니다. 앞이 캄캄하게 느껴질 때 저는 과거 우리 민족이 수난을 견디고 이겨낸 역사를 되돌아봅니다. 그러면 언젠가는 새로운 빛이 비치리라는 희망이 생깁니다. 앞으로 저의 처세가 어르신 보시기에 못마땅해 보이더라도 이해해 주시기 바랍니다. 겉으로는 변해도 속까지 변하지는 않을 것입니다.”

북실 어른은 밝은 표정으로 미소를 보내어 알았다는 표시를 하였다. 승종은 북실 어른에게 입을 떼기가 어려운 말을 꺼내어 하마터면 서로 간의 신뢰감이 산산조각이 날 위기까지 갔는데 용케 잘 넘기고 서로 좋은 낯으로 헤어지게 된 것이 무엇보다 기뻤다.

그 다음 날 아침 서당은 울음바다가 되었다. 규동은 눈물을 쏟으며 들어와서 훈장에게 큰절을 하기 위해 엎드린 채 일어날 줄을 모르고 대성통곡을 했다. 뒤따라 들어온 다른 학동들이 영문을 모르고 바라보고 있자 훈장이 자초지종을 얘기했다. 듣고 난 학동들도 일제히 울음을 터뜨렸다. 기덕이 제일 큰 소리로 울면서 규동을 끌어안고 이렇게 말했다.

"규동아, 내가 싫어서 그만 두는 것이지? 앞으로는 내가 정말 잘 할 테니 제발 같이 배우자, 응? 그것도 싫다면 차라리 내가 그만 두는 것이 낫지. 네 같이 아까운 인재가 떠나면 이 서당이 뭐가 되겠나?"

규동은 울음을 그치고

"형, 그게 아니야. 나도 여기 그만 두는 것이 싫단 말이야. 나도 형이랑 다른 친구들과 같이 여기서 계속 배우고 싶단 말이야."
라고 답했다. 이때 훈장이 크게 헛기침을 하며 조용히 하게 하고는 규동이 영동보통학교에 입학하기 위해 서당공부를 그만두게 된 사정을 좀 더 자세히 설명했다. 사정을 다 듣고 난 학동들은 그게 돌이킬 수 없는 결정임을 알고 다시 울음보를 터뜨렸다. 드디어 훈장도 더 이상 참지 못하겠다는 듯 눈시울을 적셨다. 그리하여 그날은 공부할 분위기가 못되어 멍하게 앉아 지내는데 규동의 집에서 음식을 잔뜩 장만해 와 송별 잔치를 벌였다. 이렇게 하여 규동이 다섯 살에 시삭되어 열한 살까지 6년간 계속한 서당공부는 끝이 나게 되었다.

제 8 화

보통학교교육의 이모저모

1915년 3월 말, 아버지를 따라 영동보통학교에 면접을 보러 가는 규동의 차림은 서당에 다닐 때처럼 핫바지에 한복 윗저고리, 그 위에 조끼를 입은 복장이었다. 그러나 일단 마을을 벗어나 타지로 출타하게 되니 두루마기를 입어야 한다는 아버지의 주장에 따라 어머니가 열한 살짜리 아이에게 맞는 두루마기를 지어 입혔다. 영동읍에까지 나가는 일이 별로 없던 규동은 관청과 상점이 줄지어 있는 읍 소재지를 지날 때부터 시장에 내놓은 촌닭처럼 위축감이 들었다. 학교 운동장에 들어서니 제법 많은 아이들이 아버지와 함께 와 있었다. 아이들은 사내아이들뿐이었고 그 아이들을 데리고 온 어른도 대부분 아버지이고 어머니나 할머니가 데리고 온 경우는 몇뿐이었다.

면접이 시작되기 전에 어른들이 주고받는 말을 들어 보니 이 학교에 입학을 희망하는 아동이 바로 그 전해부터 부쩍 늘었기 때문에 면접을 잘 못 보면 떨어질 수도 있다고 했다. 어떤 양복 입은 어른의 말에 의하면, 근년에 들어 영동보통학교에 입학 희망자가 몰리게 된 데는 그럴 만한 이유가 있다는 것이었다. 1914년에 영동보통학교에서 1회 졸업생이 배출되자 성적이 좋은 사람은 관공서나 일인들이 경영하는 상회 같은 데 취직이 되었다는 소문이 파다하게 퍼지게 되었다. 영동에는 1904년에 생긴 영동전보사, 1905년에 생긴 영동역과 심천역, 1910년에 생긴 영동우편소 등이 보통학교에서 신식교육을 받은 사람을 채용했다. 그 외에 군사무소, 면사무소, 주재소(경찰서), 금융조합 같은 데서 하급직에는 조선사람을 채용했다. 보통학교에도 서무실 직원은 그 학교 재학 중에 착실하고 성적이 우수한 졸업생을 고용했다. 이런 소문이 퍼지자 처음 개교 때는 거들떠보지도 않아 학생모집에 어려움을 겪었던 보통학교가 초기와는 달리 이제 시험을 쳐서 선발해야 할 만큼 콧대가 세어졌다. 이런 결과는 일본이 교육을 통해 조선을 속국으로 만들겠다는 장기포석이 성공을 거두고 있다는 증거라며 일제당국자들은 쾌재를 부르고 있었다. 이런 결과를 앞당겨 가져오게 하기 위해 첫 졸업생들의 취업알선에 학교가 발 벗고 나섰고, 그렇게 하여 올린 취업률을 적극적으로 알리기도 했다.

농사 외엔 먹고 살길이 없는 줄 알고 있던 시골 사람들에게 관공서 취업은 횡재나 다름없었다. 당시 자작농 외에 고용살이로 벌어먹고 사는 직업으로 가장 흔한 것이 머슴살이였는데, 최고 상머슴의 1년 새경이 벼 6섬이니 한 달에 반섬 즉 5말이었다. 그런데, 학교 교유(교사)의 한 달 월급이 벼 2섬이 넘었으니 상머슴의 6배나 되는 거액이었다. 다른 관공서의 말단직이라도 최소한 벼 한 섬은 넘을 정도였다. 금전으로만 따져도 그런데 하인 취급받는 머슴과는 달리 관공서의 하위직이라도 백성들 위에 군림하는 관리로 대접을 받으니 이래저래 땡잡은 셈이다. 당시 우리나라 인구의 95%가 농사에 의존해 살았는데 일제가 들어와 농사 외에 다른 살길이 있음을 보여주고, 그런 살길을 잡으려면 일제의 정책에 순응하는 것이 상책이라는 생각이 들게 했다. 그 깊은 산골 오지 영동에 철로가 뚫리고 관공서가 생기고 상점이 생기게 되면서 사람들의 인식이 나날이 변화를 겪게 되었다. 이런 변화를 보면서 한때 철로가 들어오면 선비고을이 세속화된다고 철로부설을 결사반대했던 유림들을 속으로 욕하기까지 했다. 시간 개념이 없고 실제 시계를 갖고 있지도 않은 조선사람들에게 시간 생활을 하도록 낮 열두시가 되면 주재소에서 오포를 쏘았다. 해가 뜨고 지고 기우는 것을 보고 시간을 가늠하던 농촌사람들이 흐린 낮이나 밤에는 기차 경적소리를 듣고 시간 추정을 하기도 했다. 이런 변화에 따라가는 속도는 새로운 교통로와의 근접거리에 따라 엄청난 차이가 났다. 같은 영동읍 경내라도 읍에서 3km 정도 떨어진 화신리 사람들은 읍 소재지 사람들에 비해 개화에 몇 년의 시차가 있는 듯 보였다.

면접이 시작될 시간이 되었다며 아이들 앞에 나서서 설명을 하는 사람은 조선인 선생이었다. 그 뒤에서 좀 거만한 자세로 지켜보고 있는 사람은 허리에 칼을 차고 있는 것으로 보아 일본인 선생인 듯했다. 규동의 면접차례가 되어 들어가자 두 사람의 일본인 선생이 지켜보고 있는 가운데 면접이 시작되었다. 손을 위로 올렸다 내리게 하고, 손가락을 펴보라 하는 등 신체 이상 유무를 먼저 검사했다. 그 다음에는 몇 가지 질문을 했는데, 그리 어려운 것이 아니었다. 닭은 다리가 몇이냐, 해는 어느 쪽에서 떠서 어느 쪽으로 지느냐와 같은 기본상식적인 것을 물었다. 하기야 만 여섯 살이면 입학할 수 있는 보통학교에 열한 살이나 된 아이가 와서 면접을 받았으니 유치하기 짝이 없는 질문일 수밖에 없었다. 합격자발표는 면접 즉석에서 하였는데 떨어진 아이가 있는지는 몰라도 규동은 합격이 되어 그 다음 주부터 등교하라는 지시를 받고 돌아왔다.

그 다음 주부터 등교를 시작했는데 이제부터 규동은 혼자 다녀야 했다. 마을에서 보통학교에 입학한 아동은 그 혼자뿐이었기 때문이었다. 1학년 학생이 모두 42명이었는데 한 학급으로 편성되었다. 전부 남학생인데 제일 어린 나이는 일곱 살이고 제일 나이 많은 아이는 규동보다 네 살이나 많은 열다섯 살이었다. 나이가 많은 아이들은 대개 마을 서당에서 한문공부를 하다 온 듯 이름이나 주소를 적어내라 하면 한문을 붓글씨체로 멋지게 써내곤 했다. 반장으로는 나이가 제일 많은 주영택이 지명되었다. 처음 며칠간은 줄서기, 행진하기, 교실에 들어갈 때 신을 벗어 신장에 넣기, 복도를 걸을 때 발뒤꿈치를 들고 조용조용히 걷기 등 단체생활에서 적응하는 훈련을 주로 시켰다. 그리고 매일 아침 전교생이 운동장 조례를 하는데 그때 학년별로 정돈해 섰다. 각 학급 대열의 맨 앞에 반장이 서고 학급담임 교유(교사)는 학급 앞에서 자기 학급을 바라보고 섰다. 교유 중에도 서열이 높은 사람은 교장과 교감 양 옆에 가까이 섰다. 교유들은 모두 칼을 차고 군인처럼 절도 있는 동작과 말로 위엄을 보여주었다. 서당에서 훈장이 학동들에게 보여준 위엄과는 전혀 다른 위엄을 보이는 보통학교가 규동에게는 거부감이 들었다. 그래도 어떻게든 적응해야지 생각하고 노력하여 한 달이 지나고부터 차츰 신교육에 익숙해지게 되었다.

하루는 학교에서 귀가하는 길에 골목에서 서당 훈장을 만났다. 보통학교에 입학한 후 한 번도 훈장께 찾아오는 일이 없어 서운한 듯한 말투로 훈장은 규동에게 이렇게 말했다.

“보통학교에 들어가서 잘 하는지 궁금해서 얘기를 듣고 싶었는데 당최 얼굴을 볼 수 있어야지. 어지간히 힘들게 시키는 모양이지……”

“제가 지금 집에 가서 부모님께 알리고 바로 스승님께 가겠습니다.”
이렇게 말하고 규동은 자기 집으로 들어갔다. 잠시 후에 규동이 학교에서 메고 오던 책보를 그대로 맨 채 훈장 집으로 왔다. 혼자 온 것이 아니고 그의 아버지도 이내 뒤따라 들어왔다. 훈장은 이들을 반겨 들이며 말했다.

“어서들 오게나. 한 달째 소식이 없더니 오늘은 웬일로 갑자기 부자가 한꺼번에 나타나는고?”

“죄송합니다. 진작 찾아뵙고 그간 소식을 전하고 싶었는데 규동이 학교생활이 본궤도에 오르는 것을 보고 나서 말씀을 드릴 작정으로 미루었습니다.”

“뭐 죄송하다고 할 것까지야 있나? 내 마음이 젖먹이 어미 소가 송아지를 멀리 떠나 보내놓고 허전한 심정과 같아 그랬을 뿐이네. 그건 그렇고 규동이 보통학교교육이 마음에 들더냐?”

“처음에는 서당과 너무나 달라 싫었는데 차츰 익숙해갑니다. 그런데 보통학교 선생들은 왜 서당의 훈장님처럼 선비기질로 권위를 세우지 않고 무사기질로 권위를 세우는지 모르겠어요.”

“그놈들 조선아이들에게 겁주어 반항 못하게 하려고 그러는 모양이지.”

“그 말씀도 일리는 있습니다. 그러나 일본사람들은 자기나라에서도 그런 교육을 시킨다고 알고 있습니다. 제가 자식교육을 위해 일본의 교육정책과 실태에 대해 여러모로 알아보았습니다.”
라며 승종이 거들었다.

“그놈들은 왜 자식들을 정신적으로 순화시키지 않고 더 거칠게 만드는고?”

“일본은 우리나라처럼 선비가 지배하는 사회가 아니고 무사가 지배하는 사회이기 때문에 사내자식이 나면 용감한 무사로 키우는 것이 부모의 희망사항입니다.”

“일본도 우리나라를 통해서 중국의 유교전통을 이어받아 선비문화가 계승되었으리라 생각되는데 왜 그렇지?”

“일본이 고대에는 중국과 한반도로부터 유교전통을 전달받아 선비가 지배하는 사회였어요. 한때는 과거시험을 통해 인재를 등용하는 사회였으나 차츰 무사가 지배하는 사회로 바뀌게 되었어요. 그때부터 일본전역에 무력으로 세력을 확장하는 경쟁을 벌여 최강자가 일본전체를 통일하게 되었지요. 그 정복자가 일본을 통일한 힘을 모아 한반도를 침공한 것이 임진왜란이고 정유재란이었지요. 그때부터 270년 동안 일본은 무사문화가 확고하게 뿌리를 내리게 되었어요. 무려 270년 동안이나 계속된 무사문화로 국력이 더욱 강해진 일본이 그 힘을 모아 세계로 뻗어가려는 야심을 채우기 위해 강한 중앙집권정부를 선언한 것이 소위 명치유신이지요. 1868년에 선포한 명치유신은 일본이 세계강국들과 힘을 겨루는 데 걸림돌이 되는 문화전통을 모조리 타파했어요. 그때 타파한 문화전통 중에 대표적인 것이 형식을 중시하는 유교문화의 허례허식이었어요. 그 대신 일상생활에 도움이 되는 실용적인 기술을 도입하는 데 혈안이 되어 서양의 선진국과 활발히 교류했어요. 야심만만한 명치 천황이 교육을 통해 세계제패의 꿈을 이루고자 선언한 것이 소위 ‘교육칙어’이지요. 1890년에 명치천황이 선포한 그 교육칙어에 따라 일본교육이 실시되고 있어요. 그 교육칙어를 식민지인 우리나라 교육에도 적용시키고 있어요.”

“그게 타당하다고 보는가, 자네는?”

“타당하다고 보는 것은 아닙니다. 부당하긴 하지만 우리는 그 교육을 받지 않을 수 없는 입장에 있습니다. 그러니 그들은 그들 속셈대로 교육을 시키고 우리는 우리 속셈을 갖고 우리가 필요한 것만 배우자는 것이지요.”

“그건 자네가 일전에 했던 말일세.”

“그때는 규동이 보통학교에 대해 전혀 모를 때였고, 지금은 학교에 들어가서 한 달간 실태파악을 어느 정도 했기에 구체적인 예를 들면서 일본교육의 특징을 얘기하는 것이지요. 기왕 시작한 신교육이니 그 교육의 특징을 제대로 이해시켜 거기서도 서당에서처럼 두각을 나타내게 해야지요.”

규동은 아버지를 따라 집으로 돌아오면서 아버지가 왜 서당에까지 따라와서 훈장과의 대화를 통해 자신의 뜻을 전달하는지 의아했다. 그러나 곰곰이 생각해 볼수록 아버지가 참 현명한 분이라는 생각이 들었다. 아버지가 어린 아들에게 일방적으로 일본교육의 장점을 방금처럼 얘기했다면 지금처럼 납득이 가지는 않았을 것이라 생각되었다. 이래저래 규동은 아버지의 자식에 대한 애정의 깊이와 세상사에 대한 속 깊은 판단에 감복하여 부자간의 신뢰가 더욱 두터워졌다.

서당교육을 그만두고 보통학교에 입학한 규동이 매일 혼자 책보를 둘러메고 영동읍까지 다니자니 처음에는 자기만 마을에서 외톨이가 된 느낌이었다. 그러나 차츰 마을에서 자기만 신식 교육을 받아 마을 사람들이 모르는 것을 배우고 있다는 뿌듯한 긍지가 생기게 되었다. 서당에 같이 다니던 아이들은 전과 다름없는 촌스런 복장에 나이에 어울리지 않게 어른스런 말과 행동을 하려는 경향이 점점 심해 가는데 규동은 자기도 모르는 사이에 동작이 기민하고 절도 있는 말과 행동을 하려는 모습이 두드러지게 나타났다. 이런 차이를 감지하면서 서당 아이들은 규동을 부러워하는 기색이 역력했다. 서당에 다닐 때 길게 길러 뒤로 늘어뜨리고 다녔던 두발을 말끔히 깎고 맨머리로 다니는 규동을 보고 처음에는 '중대가리'라며 놀렸다. 그러나 눈에 익을수록 단정해 보여 나중에는 '깎은 알밤' 같다고 했다.

규동의 머리를 깎아준 곳이 학교 앞에 있는 영동이발소라고 하자 서당학동들이 이발소가 어떻게 생겼는지 구경삼아 영동읍에 집단 나들이를 나갔다. 생전 처음 본 이발소에 구경삼아 들어갔는데 주인인 일본사람은 그냥 반기는 표정만 짓고 바라볼 뿐인데, 그 밑에서 이발 기술을 배우는 조선사람이 머리를 깎으러 왔느냐고 물었다. 아이들 머리를 깎는 데는 그리 많은 돈이 들지 않는다는 말을 듣고는 깎아보고 싶은 충동이 이는지 서로 얼굴을 쳐다보았다. 이때 간 큰 기덕이 나서서 "내일 삼수갑산을 가는 일이 있어도 내사(나는) 한번 깎아 볼 것이여."라고 했다. 그러자 너도나도 깎겠다고 하여 모두 주머니를 몽땅 털어 머리를 깎고 마을에 들어서자 온 동네가 발칵 뒤집혔다. 집집마다 부모들이 자식들 다 버렸다고 야단이었다. 그중에서도 제일 큰 충격을 받고 노발대발한 사람은 훈장 북실 어른이었다. 북실 어른은 이리저리 탐문해보고 그 주동자가 기덕임을 알아내었다. 훈장은 서당학동들을 모두 불러 모아 놓고 눈물을 줄줄 흘리면서 말했다.

"내가 안 그래도 서당 문을 오늘 닫을까, 내일 닫을까 결단을 내리지 못해 이제껏 미루어 왔는데 이제는 더 이상 생각할 여지가 없게 되었다. 이제 오늘로 너희들을 그만 가르치고 싶다. 너희들은 이

제 내 손 밖에 나갔으니 너희들 좋을 대로 살아라.”

모두 숨을 죽이고 꿇어앉아 있는데 기덕이 잔기침을 몇 번 하더니 입을 열었다.

“스승님, 죽을죄를 지었습니다. 모든 죄를 제 탓으로 돌려주십시오.”

“큰 죄를 지은 줄을 알기는 아는군. 자고로 ‘신체발부수지부모(身體髮膚受之父母)’라 했다. 부모한테 받은 몸이니 털끝 하나도 부모 허락 없이 잘라낼 수 없다는 뜻 아니냐?”

“알고 있습니다.”

“이놈, 어디 자꾸 말대꾸를 하느냐? 알면서 저지른 죄는 더 큰 벌을 받아야 한다는 것을 모르느냐?”

“알고 있기에 제가 죽을죄를 지었다고 하지 않습니까?”

“이놈 봐라, 잘못한 것을 진정으로 뉘우친다면 잠자코 있지, 어디 자꾸 말대꾸를 해! 선생한테 항명하는 것도 용서받기 어려운 죄이지만 너희들이 부모의 가슴에 박은 못을 어떻게 뺄 건가? 부모 허락 없이 머리를 빡빡 깎고 부모 앞에 나타나는 것은 부모와 세속의 인연을 끊고 절로 들어가겠다는 출가승이나 하는 짓이야. 너희들이 하나도 아니고 집단으로 머리를 깎고 내 앞에 나타났으니 나를 선생으로 본다면 어찌 그럴 수 있느냐? 너희들 이제 꼴도 보기 싫다. 물러가서 절로 들어가든지 왜놈들 앞잡이가 되든지 마음대로 해라!”

훈장은 화가 나서 나가버렸다.

제 9 화

일제 식민지교육에 대한 이중심리

규동이 보통학교에서 교육을 받게 되면서 여러모로 갈등을 겪게 되었다. 마을 아이들의 집단삭발사건은 자기 때문에 생긴 것이라는 죄책감이 들었다. 그로 인해 훈장님을 뵈올 면목이 없게 되었다. 아버지 승종은 그런 눈치를 알고 심약한 아들이 그 일로 고민에 빠질까 걱정하는 눈치였다. 그래서 아들더러 그건 고의로 부추겨 생긴 일이 아니니 대범하게 생각하여 잊으라고 했다. 그의 아버지는 실제로 개화의 물결이 밀려드는 데 대해 별로 거부감이 없는 편이라 삭발 자체를 큰일 낸 일로 보지 않는 것 같았다. 그러나 훈장은 이런 변화가 모두 일본인들이 조선을 오염시키기 위해 일부러 일으킨 바람이라고 보고 치를 떨었다. 규동은 유달리 생각이 많은 성격인데다 보통학교에 입학하기 전에 6년 동안 수신에 대한 교육을 워낙 철저히 받은 탓으로 어떤 상황에서 취할 행동에 대해 심사숙고하는 편이고 이미 취한 행동에 대해서도 깊이 성찰하는 태도가 몸에 배였다.

규동이 보통학교에서 배운 새로운 지식이 그가 가졌던 기존의 사고방식을 크게 변하게 했다. 첫째로 보통학교에서 배운 산수과목이 세상을 보는 눈을 크게 바꾸게 했다. 서당에 다닐 때 수를 나타내는 한자를 몇 자 익혔지만 실제 생활에서 세는 수는 많아야 백 단위 정도였다. 보통 40석 정도의 농가가 논을 몇 마지기를 더 사 보태면 실제로는 50석 꾼이 되는 데 그냥 한 단위를 껑충 뛰어 백석 꾼이라 불렀다. 백석 꾼이 두어 배로 농토가 불어나면 천석꾼이 되고, 또 거기에서 얼마 더 불으면 만석꾼이 되었다. 열 손가락으로 꼽아 계산하다가 손가락이 모자라 계산하기 어려우면 십진법으로 열배를 올려 추상적으로 그냥 많다는 것을 표현하는 식이었다. 고을마다 백석꾼, 천석꾼, 만석꾼이 많이 있었는데 일본사람들이 정밀한 수학적 계산법에 따라 조사를 해보니 조선에는 실제 만석꾼은 없었고, 천석꾼도 실제 소문난 만큼 많지 않다는 것을 알게 되었다. 규동이 3학년 때 일본인 선생이 산수 시간에 수의 개념을 가르치면서 조선인과 일본인의 사고방식의 차이를 설명하기 위해 이런 구체적인 예를 들어 알게 된 것이었다. 그 일본인 선생은 조선인들은 농사를 비롯해 모든 일에서 그런 추상적이고 막연한 수 개념을 갖고 살아 왔기 때문에 그 조상들이 일본에 벼 재배법을 가르쳐 줄 만큼 고대에는 앞섰음에도 불구하고 지금은 더 후진국이 되었다고 설명했다. 어떤 의도에서 그가 그런 말을 했건 간에 그 선생의 말은 조선의 그 당시 상황을 잘 파악하고 한 말이라 생각되었다.

이런 깨달음으로 보통학교교육에 열성적으로 임한 규동이 당장 배워 요긴하게 써먹은 것이 99단, 수판셈, 암산기술이었다. 2학년 때 배운 구구단과 수판셈법을 마을에 돌아와 실생활에 요긴하게 써먹어 보았더니 보통학교에 공부시킨 보람이 있다는 말을 듣게 되었다. 며칠만 외우면 당장 써먹을 수 있는 구구단과 수판셈은 조선의 어떤 선비한테서도 배울 수 없는 실용지식이었다. 규동은 이런 쓸모 있는 지식을 혼자만 알고 있기는 아깝다며 마을 사람들에게 가르쳐 주기 위한 야학을 열었다. 규동은 서당에서 '새끼접장'이란 별명을 들으며 가르치는 즐거움을 맛본 기억이 야학에서 되살아나 신나게 가르쳤다. 잘 가르치기 위해 보통학교에서는 더 열심히 들었고, 더 잘 전하기 위해 학교 선생님들의 교수법을 본받아 실천하기도 하였다.

조선인의 의식구조에서 변화해야 한다고 그 일본인 선생이 지적한 것 중에 규동의 가슴에 와 닿은 또 다른 것은 조선인은 과학적 사고가 부족하다는 것이었다. 과학적인 사고의 개념을 설명하기 위해 그 일본인 선생은 4학년 학생들에게 이렇게 애기를 시작했다.

"작년 일본 사람의 평균수명은 45세이다. 그러면 조선사람의 평균수명은 얼마나 되는지 누가 짐작해보겠나? 대강이라도 짐작해서 누가 말해봐."

아무도 답을 않자, "그럼 내가 대강 숫자를 말할 터이니, 자기가 짐작한 수에 손을 들어 보렴. 스물다섯 정도?" 아무도 손들지 않았다. "서른 살 정도?" 한 사람이 손을 들었다. "서른다섯 살 정도?" 일곱 사람이 손들었다. "마흔 정도?" 나머지 대부분의 사람이 손을 들었다. 그 선생은 그럴 줄 알았다는 듯 야릇한 미소를 지으며 말했다. "조선사람의 작년 평균수명은 스물여섯이다. 그럼 옛날부터 일본사람은 조선사람보다 거의 두 배만큼 오래 살았느냐? 그게 아니었다. 2백 년 전까지만 해도 일본의 인구에 비하면 한반도의 인구는 약간 더 적을성노었고 평균 수명도 비슷했다. 그런데 지금은 일본사람의 평균 수명은 조선사람의 평균 수명에 두 배 가까이로 늘어났다. 그 결과 인구도 거의 두 배나 늘었다. 그것이 무엇 때문이겠느냐? 그것은 다름 아니라 일본은 지난 3백 년 동안 서양에서 과학을 배워서 사람이 건강하게 사는 방법을 개발했기 때문이다. 사람이 건강하게 오래 사는데 도움을 주는 과학은 의술이다. 일본은 3백 년 전에 유럽의 화란이라는 나라에서 의술을 배워 와서 보급시킨 결과 전보다 두 배나 더 오래 살게 되었다. 그런데 조선사람들은 아직 과학을 받아드릴 생각을 않고 있다. 예를 들어 얘기해 볼까? 너희들이 어릴 때 다 앓은 홍역이라는 병이 있지? 그런 류의 세균성 질병으로 죽은 어린아이의 수가 조선에서는 전체 아이들의 반에 가까운데 일본은 거의 없어졌어. 그로 인해 평균수명의 차이가 그만큼 벌어지게 된 거야. 그런데 조선사람들은 그런 의술을 배울 생각도 않고 그런 의술의 혜택을 주려해도 미신에 빠져 거부한다. 그런 미신의 예를 하나 들어볼까? 조선말로 '마마'라는 병이 있다. 그 병은 예방주사만 맞으면 간단히 예방할 수 있는데 그 예방 주사를 맞게 하는 데 얼마나 힘들었는지 모르지? 조선사람들은 무서운 병은 임금처럼 극진히 모셔 대접해서 보내야 한다며 임금을 부를 때 붙이는 '마마'라는 존칭을 붙여 저절로 병이 물러가도록 기다리다가 얼마나 많은 어린 자식을 죽였는지 몰라. 그런데 내가 방금 예를 든 것은 수백 가지 예 중에 하나에 불과한 거야. 그럼 너희들이 평소에 보아 온 다른 비과학적 사고의 예를 수집해서 적어 내도록 숙제를 낸다. 각자 내일까지 이런 예를 하나씩 적어 내도록 한다."

규동은 그 숙제로 써낼 얘깃거리가 머리에 떠올랐다. 이웃에 사는 어떤 할머니 말에 의하면 그분은 스물여섯에 남편을 잃고 혼자 몸이 되었는데 남편을 죽게 한 병은 소위 '주당에 걸린' 때문이었단다. 주당이 어떤 병인지 요모조모 따져 물어서 알고 본즉 '식중독'이라는

것이었다. 조선사람들은 주당에 걸리는 것은 잔치집이나 초상집에
가서 귀신이 붙어서 생긴 병이므로 귀신을 쫓는 의식을 치러야 낫는
다고 생각했다. 이런 의식을 주당 다스린다고 했다. 규동이 이웃에서
주당 다스리는 것을 한 번 본적이 있어 숙제로 이렇게 적었다.

"이웃집 박 노인은 윗마을 김 첨지 댁의 장례식에 갔다. 그 날 날
씨가 더워 음식이 더러 상한 것이 있었다. 그러나 춘궁기에 워낙 주
린 나머지라 가릴 여유 없이 이것저것 주는 대로 먹고 배탈이 난 사
람이 여럿 생겼다. 여러 사람이 배앓이 하다가 체력이 좋은 사람은
그냥 속을 훑어내는 설사 몇 번으로 회복이 되었는데 노쇠한 박 노
인은 쉽게 회복이 안 되고 고열이 오래 계속되더니 마침내 혼수상태
에 빠지게 되었다. 할 수 없이 마을에서 주당 잘 다스리기로 이름난
추동 어른을 불렀다. 헐레벌떡 달려온 추동 어른은 부엌에서 부엌칼
을 가져 오게 하고 바가지에 먹을 것을 수북이 담아 환자 앞에 놓고
주문을 외기 시작했다. '훠이 이 귀신아, 멋모르고 남의 집에 따라
들어온 이 귀신아, 썩 물라가라! 자식한테 제사 못 얻어먹어 배고파
황천을 떠돌다가 남의 초상집에 들어와 생사람 속으로 따라 들어온
이 귀신아, 여기 한 상 차려주는 이 음식 먹고 썩 물러가거라! 이것
먹고 안 물러가다가는 이 칼로 배를 갈라놓을 거다. 썩 물러가거라!'
라고 기합을 넣어 고래 같은 고함을 지르며 칼을 높이 쳐들어 대문
쪽을 향해 힘껏 던지는 것이었다. 그리고는 바가지에 침을 세 번 뱉
게 하여 그 바가지를 마당에 꽂힌 부엌칼 위에 엎어 놓고 '이제 귀신
이 물러갔으니 곧 나을 것이다.'라고 밀하며 식구들을 안심시켰다."

다음 날 수업에서 규동이 적어낸 '주당 다스리는 이야기'를 듣고
일본인 선생은 관찰력이 뛰어나다고 극구 칭찬하며 과학적 사고의

중요성을 재차 강조했다.

또 한 학생은 '학질 쫓는 이야기'를 써 냈는데 이렇게 적혀있었다.

"우리 친척 집에서는 여름에 모기가 하도 많아 학질모기에게 물린 그 집 할머니가 학질에 걸렸다. 학질에 걸리면 고열이 나고 한기가 심하게 들 때는 전신이 귀신 들린 것처럼 떨린다. 그러다가 열이 너무 오르게 되면 기절하기도 한다. 보통 이 병에 한번 걸리면 체력으로 한 달은 버티어야 살아남는다. 그런데 체력이 약해 기절해서 못 깨어나면 죽을 수도 있다. 그래서 기절하게 될 때 정신을 들게 하는 방법이란 것이 가관이다. 변소에서 똥바가지를 들고 와서 기절한 사람 코앞에 갖다 대고 '당장 깨어나라! 당장 안 깨나면 이똥 먹일 거다. 똥 먹어라, 어서 똥 먹어라!'라고 소리 지른다. 그렇게 해도 안 깨어나면 걸레에 물을 묻혀 기절한 환자의 목에 걸치며 '뱀이다, 뱀!'이라고 소리쳐서 깨운다. 환자가 이렇게 체력으로 버티어 가다가 어지간히 기한이 차도 병이 안 떨어지면 '학질 귀신 쫓기' 의식을 치른다. 이런 의식을 잘 아는 노파 학산 댁이 불려 왔다. 그녀는 마구간에서 소에게 입혔던 소삼정을 벗겨 마당에 펴놓고 그 위에 환자를 눕게 하고는 둘둘 말아 짚동처럼 만들었다. 그리고 쇠스랑을 들고 환자 머리맡 땅을 치며 '소한테 들릴 학질귀신아! 소를 두고 사람한테 잘 못 들어 왔으니 이 쇠스랑으로 찍어 죽일 것이다. 죽기 싫거든 어서 나가라. 당장 안 나가면 찍는다!'라고 소리 지르면서 환자에게 침을 세 번 뱉으라고 했다."

이런 숙제를 하면서 학생들은 조선사람들이 얼마나 비과학적인 사고에 빠져 있는지 스스로 깨닫고 과학적인 사고의 틀을 조금씩 갖추게 되었다. 규동은 무엇보다 조선사람들의 그릇된 위생개념을 고쳐

주고 새로운 의술을 받아들여 생활의 질을 높이는 것이 시급하다고 느끼고 마을 야학에서도 그런 상식을 전해주려 노력했다. 그 당시 우두가 보급되어 그 효능이 기적적이라는 것을 듣고 규동은 앞으로 의학을 배워 조선인의 평균수명을 높이는 데 기여해 볼 생각도 해보았다. 규동이 이런 쪽으로 생각을 많이 하게 되고부터 일본인과 조선인 간에 생기는 마찰에 대해 전보다 더 객관적으로 판단하게 되었다. 이를테면 전에 마을을 발칵 뒤집어 놓은 집단 삭발사건 같은 것에 대해서 규동의 아버지가 취하는 태도와 훈장님이 취하는 태도가 상반되어 어느 쪽을 따라야 할 지 판단이 확실히 서지 않았다. 그러나 지금은 아버지 생각이 옳다는 쪽으로 기울어졌다. 이제까지 조선 사람들은 '신체발부수지부모'라는 정의적 도덕관에 따라 남아들에게 머리를 길게 길러 댕기처럼 뒤로 늘어뜨리게 하고, 너무 길어 주체 못하면 상투를 쫓게 하였다. 그것은 아무리 생각해봐도 비합리적이고 비위생적인 관습이다. 비록 일본이 조선을 개발하여 자기들이 이용하려는 심산에서 이런 교육을 시킨다 해도 머리를 짧게 깎게 하는 등의 생활개조에 대해 민족감정만 앞세워 저항하는 것은 옳지 않다고 생각하기에 이르렀다. 유림들이 벌이는 단발령에 대한 결사반대도 정서적으로는 공감이 가지만 실리적으로 따져보면 하루 빨리 퇴치해야 할 악습이다 싶었다.

조선사람들이 흰옷만 입는 의생활습관을 고치려고 일제 당국이 계몽을 벌인 것도 이와 같은 맥락에서 이해해야 될 것이라 생각되었다. 영동 장날 일본관헌들이 동원이 되어 흰옷 입고 다니는 사람들에게 검은 물감을 물총에 넣어 쏘아대었다가 크게 원성을 산 일이 발생했다. 한번은 훈장 북실 어른과 이런저런 얘기를 나누던 중에 북실 어른이 무심코 한 말인지는 몰라도 평소와는 달리 이런 말을 했다.

"적과의 싸움에서 지피지기백전백승(知彼知己百戰百勝)이란 말 알지? 일본한테 이기려면 일본을 잘 알아야 하니 보통학교에서 열심히 해야 해!"

규동은 훈장님이 일본사람에 관한 것이면 무조건 이를 가는 성미인데 오늘은 무슨 심경의 변화가 온 것인가 생각하며 이렇게 물어보았다.

"'지피'라고 하시는 말씀 속에는 적의 약점만 말씀하시는 것입니까, 장점도 포함되는 것입니까?"

훈장은 멈칫하며 잠시 생각하더니,

"물론 장점도 알아야 되지."

"그건 적이 장점을 발휘하지 못하게 손을 쓰기 위해서 입니까?"

"그렇지."

"적의 장점을 그냥 알기만 하고 배울 필요는 없다고 생각하십니까?"

"그것도 배워야 이길 수 있지."

"그럼 우리가 일본사람들로부터 배울 장점은 어떤 것입니까?"

"질서 잘 지키고 절도 있다는 점에서 우리는 그놈들을 턱도 없이 못 따라 간다니까. 동학란 때 우리는 욱하는 감정과 혈기로 수만 의 병이 떼 지어 밀고 나갔어. 그런데 그놈들은 십분의 일도 안 되는 소수 병력이 질서정연하게 움직이면서 사정거리에 들어올 때까지 차분하게 기다렸다가 사격명령을 받고 일제히 공격을 개시하여 우리 전위대를 무력화시켜버리더군. 우리는 가슴으로 싸우고 저 놈들은 머리로 싸우는 거야."

훈장님이 동학란에 관한 얘기만 나오면 깊은 얘기를 피하려는 경향이 있는데 이날은 웬일인지 동학란에 자기가 직접 참전하여 겪은 일을 숨김없이 실토하는 것이 이상했다. 그리고 방금 훈장님이 하신 말씀 중에 '조선사람들은 가슴으로 싸우고 일본사람들은 머리로 싸운다.'고 한 그 말이 두 민족의 특징을 가장 단적으로 표현한 말이라 생각되었다. 규동은 훈장님의 감정을 잘못 건드렸다가는 큰 코 다칠까 두려워 둘러서 물어보기로 했다.

"스승님, 아까 말씀 중에 일본은 소수병력으로 차분하게 응전하여 우리의 대군을 물리쳤다고 하셨는데, 그렇게 할 수 있는 배경에는 무기성능이 우수한 이점이 있지 않습니까?"

"당연하지."

"그런 좋은 성능의 무기를 만드는 기술은 일본이 어디에서 배워왔다고 생각하십니까?"

"서양에서 배워왔겠지."

"그래서 우리가 궁극적으로 일본을 이기려면 일본이 서양에서 배워온 그 기술을 우리도 배우지 않으면 안 된다고 생각합니다."

"그 말은 자네 부친으로부터 늘 듣던 소리네. '동도서기'라는 이론으로 그런 주장을 하더군. 나도 이제 그 말에 대해서는 납득하게 되었네. 그런데 서양기술을 일본을 거치지 않고 바로 배워올 수는 없을까?"

"지금 그럴 형편이 못 됩니다. 첫째로 서양에서 직접 기술을 배워오려면 서양 말을 알아야 하는데 조선에는 서양 말을 배운 사람이 없다고 합니다."

"그럼 일본 사람들은 서양언어를 어떻게 배웠는가?"

"그 사람들은 300년 전부터 서양 여러 나라와 교역하면서 서양언어를 배워 서양문물을 학문으로 정리해두고 있습니다. 그래서 왜놈들이 우리나라에서 실시하는 교육내용의 대부분은 서양지식과 기술입니다. 지금 우리는 일본을 통해서 서양기술을 간접적으로 전수받는 것입니다. 그러니 일본사람들이 우리나라에 세운 학교를 통해서 배우는 것이 때로는 아니꼬워도 우선은 그게 제일 손쉬운 방법이고 유일의 방법입니다."

"그렇겠군. 그런데 역시 자네는 청기가 센 사람이군. 배우는 사람이 가르치는 사람의 마음까지 꿰뚫어 보면서 논리적으로 설득시키니 말이야."

"별 말씀 다 하십니다. 그것이 다 스승님께서 일찍이 제가 강한 청기를 타고 났다고 인정해주시고 북돋워주신 덕택입니다. 그런데 얘기 나온 김에 한 가지 스승님 의견을 듣고 싶은 것이 있습니다. 일전에 영동장날 검은 물감을 넣은 물총으로 흰옷 입고 다니는 사람들을 쏘아 검은 물을 들이도록 한 사건이 있습니다. 그 사건을 어떻게 보십니까?"

"일본사람들이 한 짓은 나쁘다고밖에 볼 수 없지. 식민지 백성이라고 남의 옷에 제멋대로 채색했으니 비난 받아 마땅하지."

"그건 저도 동감입니다. 그런데 우리 민족이 흰옷을 주로 입고 사는 의생활 습관을 고수하는 것이 좋다고 보십니까?"

"내 개인 생각으로 그건 고치는 것이 좋겠다고 생각한 적이 있네."

"어떤 때 그런 생각을 하시게 되었습니까?"

"맨 그때, 동학란 때 전투를 하면서 그걸 절실히 느꼈네. 백의의 동학군은 어딜 가도 노출되어 적에게 공격의 밥이 되기 쉬웠지. 흰옷을 입은 대군이 산야를 가득 매우고 몰려 갈 때는 실제보다 훨씬 수가 많아 보여 우군은 사기충천하고 적군은 간담이 서늘해지지. 그러나 이런 군대와 접전을 벌여 본 일본군은 노출이 잘 되는 흰옷을 향해 정조준하여 총을 쏘아대니 소수 병력으로 대군을 궤멸시킬 수 있게 되었지. 조선군이 몰려갈 때의 위세는 대단해도 전투력은 취약한 허세병력임을 간파하고 종횡무진으로 우리 국토를 누비고 다닌 거야. 일본 놈들은 위장하기 좋은 군복 색깔, 기민한 동작이 가능하게 만든 복장과 장비에 우수한 무기까지 갖추었으니 이길 수밖에. 그래서 그놈들은 머리로 싸우고 우리는 가슴으로 싸운다고 했지.”

“스승님께서 하신 바로 그 말씀이야말로 조선민족과 일본민족 특징의 정곡을 찌른 말씀이라 봅니다. 우리가 백의민족이라고 자랑스럽게 얘기하지만 저는 흰옷이 전투에서뿐만 아니라 농사짓는 작업복으로도 가장 안 좋다고 생각해왔어요. 잠시만 입어도 흙투성이가 되는 흰옷을 빠느라 아낙들은 죽을 노릇이었지요. 실리보다 정서를 더 중시하는 우리민족의 약점이 의식주 생활의 도처에 있다고 생각합니다.”

모처럼 훈장님과 마음이 통하는 얘기를 나누고 나니 기분이 개운하여 집에 돌아와 아버지께 그 얘기를 전했다. 승종도 그 얘기를 듣고 기분이 좋은 듯했다. 그는 아들에게 북실 어른은 마음이 올곧고 사리판단이 분명한 분인데 일본에 대해서만은 그렇게 안 되는 속사정을 좀 더 자세하게 얘기해주었다.

훈장은 한창 혈기 왕성한 나이인 열여덟 살 때 동학란이 일어나 의분에 넘쳐 출전했단다. 첫 접전지인 공주 우금치에서 관군이 일본원군과 합세하여 공격해 올 때 크게 패하고 철수하여 보은에서 재집결하여 항전을 꾀하려다가 일본 원병의 추격을 받아 북실에서 2,600명이 전멸

되는 참패를 당했다. 북실 어른도 총을 맞고 스러져 전사자 속에 끼어 의식을 잃었다. 다음 날 새벽에 정신이 들었을 때, 총상은 치명상이 아니라 출혈이 멎었음을 알고 엉금엉금 기어서 인근 외딴집으로 숨어들어 도움을 청했다. 공교롭게도 그 집 아들도 동학군에 가담하여 우금치 전투에서 전사한 사연이 있어 아들처럼 숨기고 돌보아주어 살아나게 되었단다. 그 인연으로 그 집 딸과 혼인하여 처가 동네 이름을 따서 북실 어른이라는 택호를 붙이게 되었다. 그때 일본군이 전투에서 총의 실탄을 다 소모한 때문에 서둘러 물러갔기에 다행이지 그러지 않았다면 날이 밝았을 때 틀림없이 확인사살을 했을 것이다. 그는 그 사실을 뒤에 알고 하늘이 자기의 목숨을 구해주었다고 여기며 여분의 인생을 사는 기분으로 평생을 살기로 했다.

제10화

보통학교 학생 인텔리로 성장하다

규동이 보통학교 상급학년에 오를 때쯤에는 주위로부터 상당한 지식인으로 인정받았을 뿐 아니라 스스로도 그런 자부심을 가졌다. 그 당시 우리나라 교육상황을 모르고 지금의 교육수준에 따라 생각하는 세대들에게는 그 말이 도저히 이해가 안 될지 모르나 그건 사실이었다. 그 당시 식신교육을 받는 인구가 1%에도 못 미치는 소수에 불과했으므로 그만큼 희소가치가 있었다. 그처럼 희소가치가 있을 만큼 교육인구가 적었던 것은 경제력이 없었던 탓도 있었지만 신식교육에 대한 거부감이 컸던 것도 큰 원인이었다. 그런 신식교육에 대한 거부감은 쇄국정책으로 일관해온 나라에서 길러낸 국민들의 은둔기질 때문이었다.

신식교육에 대한 우리국민들의 거부감이 어느 정도였는지 실감나게 해줄 얘기 한 토막이 있다. 1880년대에 미국선교사가 설립한 이화학당에서 무상교육을 내세우고 입학생 모집을 했다. 그러나 입학희망자가 없어 명동성당 앞에 밤중에 내버리고 간 여자 기아를 주어다가 길러서 초기교육생으로 삼았단다. 그것이 우리나라 여성교육기관의 효시가 되었고 그렇게 배출한 인재가 우리나라 여성계의 거목으로 활동하게 되었다. 서울의 배제, 평양의 숭실, 대구의 계성 등 당시 미션계교육기관에서 배출된 소수인원이 일제치하에서 나라를 지켜온 거목이 되었다. 그 후 한일 합방 후에 조선 총독부의 허가를 받아 설립된 관립 학교가 주요거점도시에 설립되었는데 그마저 모집인원이 소수여서 희소가치만으로도 엘리트의식을 갖기에 충분했다. 각 지방의 보통학교에 취학한 학생도 지방에서는 희소가치가 있어 나름대로 엘리트의식을 가졌다. 규동과 같은 연배에 속하는 유관순이 이화학당의 보통과 졸업생으로 16세의 소녀였는데 고향 천안에서 독립만세운동을 이끈 것은 당시 그 지방에서는 최고 엘리트로 인정받은 것이 행동심리의 저변에 깔려 있었다. 당시 우리나라 평균 결혼연령이 15~6세였으니 10대 중반이 되면 애비가 되기도 하니 어른행세를 하는 것이 정상이었다.

규동은 보통학교교육 이전에 6년 동안 서당교육을 받은 덕택에 보통학교에서 배운 신식교육내용을 주체적으로 소화할 능력을 갖추었다. 거기다가 그가 가르치기를 특히 즐겨 학교에서 배운 것을 바로 마을 야학에서 응용할 수 있게 된 것도 그의 자긍심을 더욱 부풀려주었다. 그는 어느덧 고향 마을에서 개화의 최첨단을 걷는 젊은 엘리트로 통했다. 동양고전에 대한 상당한 지식과 신교육에서 배운 실용적인 지식을 겸비한 보기 드문 엘리트로 손색이 없었다. 규동이 15세가 되는 1919년 정초에 일제당국은 양력과세를 적극 권장하고, 조선사람들은 일제가 시키는 일은 무조건 반대하여 마찰이 생기게 되었다. 규동이 이런 현실적인 문제를 거론하며 야학에서 무지한 사람들을 깨우치려 했다.

"여러분, 일본이 우리한테 양력과세를 권장하는 데 그 이유가 무엇이라고 생각합니까?"

"조선의 전통을 말살시키려고 그러지요."

"그런 속셈도 있겠지만 나는 좋은 의도로 볼 수도 있다고 봅니다."

"그 일에 무슨 좋은 의도가 있다고 보십니까?"

"일본도 한때는 동양전통에 따라 음력을 따랐습니다. 그러다가 서양과 활발한 교역을 하면서 서양의 선진국들이 공통적으로 쓰는 양력을 써야 세계시간에 맞춰 살아갈 수 있겠다고 판단하여 양력을 쓰기로 결정했어요. 우리에게 양력을 쓰도록 권장하는 것은 일본과 같이 세계시간에 맞춰 살도록 하자는 의도도 있어요."

"우리는 우리 식대로 살면 되지, 왜 일본처럼 세계시간에 맞춰야 됩니까?"

"세계와 교역을 하고 문화교류를 하려면 세계시간에 맞춰야 되지요. 일본이 서양에서 쓰는 양력을 택하게 된 데는 음력보다 양력이 훨씬 정확하다는 것을 깨달았기 때문이지요. 일본사람들은 실질적인 이익을 중시하기 때문에 실용적인 면에서 양력이 음력보다 월등하다는 것을 알았기 때문이지요."

"양력이 음력보다 훨씬 더 정확하다는 말은 무슨 뜻입니까?"

"그럼 먼저 음력이 어떻게 하여 생긴 것인지 알아봅시다. 음력은 달의 움직임을 보고 만든 것이지요. 보름달 모양이 변하여 다시 보름달로 돌아오는 날 수를 헤아려 한 달이라 합니다. 그런데 그 한 달이 정확하게 30일이 되는 것이 아니고 29일하고도 몇 시간이 남아요. 그런데 그 몇 시간이 매월 모여서 1년이면 열흘 정도가 남아요. 그래서 3년마다 한 달을 두어 윤달이라 하지요. 그런데 양력은 해가 움직이는 시간으로 측정하여 만든 것으로 1년에 6시간 정도가 남아요. 그래서 4년마다 2월 말에 하루를 더 넣어 윤년이라 하지요. 이렇게 볼 때 정확성을 두고 말하자면 양력은 음력보다 40배 이상 더 정확하다는 계산이 나옵니다. 그러니 과학적인 사고를 가진 일본사람들이 그걸 따르는 데 주저하지 않았지요.”

“농사짓는 데는 음력이 더 필요하다고 하던데요?”

“농사짓는 데 음력이 필요하다는 말은 뭘 몰라서 하는 말입니다. 예를 들어 모내기를 하는 적기가 양력으로 5월 20일이라 합시다. 그러면 양력으로는 어느 해든지 5월 20일에 모내기를 하면 틀림없지요. 그러나 음력으로는 어떤 해는 절기가 늦느니 당겼느니 하면서 음력 4월 초순에 모내기를 하기도 하고, 4월 하순에 하기도 하여 몇 십일이 왔다 갔다 해요. 그게 바로 양력에 비해 정확성이 훨씬 뒤떨어지기 때문이지요. 그러니 농사짓는 데 음력이 필요하다고 하는 말은 옛날 음력절기에 따라 평생 농사를 지어오던 노인네들이 새 문화에 적응하기 힘들어서 하는 소리에 불과하다고 보면 됩니다.”

“어업에 종사하는 사람들에게는 음력이 꼭 필요하다고 하던데요?”

“그건 일리가 있어요. 왜냐하면 음력은 달의 움직임에 따라 만든 달력이라고 했지요? 그런데 달의 움직임이 바다의 조수에 미치는 영향이 크다고 해요. 보름달 때는 달이 끄는 인력이 강하게 작용하고 초승이나 그믐달은 약하게 작용한다고 하지요. 그러니 고기잡이 나가는 어부가 참고로 해야 할 달력이지요. 이런 달의 인력 때문에 바다의 게들은 보름 근처에 먹이가 제일 풍부하므로 살이 많다고 하지요.”

“서양 사람들은 해의 움직임을 관찰하여 양력을 만들었다고 하셨지요? 그런데 해는 달처럼 모양이 커졌다가 작아졌다가 하지 않고 늘 똑같은데 어떻게 관찰하여 측정을 했지요?”

“정말 좋은 질문을 했어요. 동양 사람들은 사람의 맨눈으로 볼 수 있는 것만 갖고 판단하여 이론을 정리하는 데 그쳤어요. 그랬기에 누구나 맨눈으로 쉽게 볼 수 있는 달 모양으로 달력을 만들었지요. 그 정도는 서양에서도 진작 했을 것이라 짐작 할 수 있어요. 그러나 서양인들은 그걸로 만족하지 않고 맨눈으로 볼 수 없는 것을 보는 방법을 찾은 것이지요. 그래서 하늘 멀리에 있는 천체를 관찰하는 망원경을 발명하고 눈에 보이지 않는 작은 것을 관찰하는 현미경을 발명하게 되었지요. 그게 바로 과학적인 태도 아닙니까? 서양 여러 나라에서 과학적인 태도로 경쟁적으로 밝혀낸 과학의 발견과 발명 덕택에 그들이 선진국이 되어 동양을 넘보게 된 것이지요. 그러니 우리도 그들을 따라가려면 좋으나 싫으나 세계시간에 맞춰야 합니다.”

규동이 이런 식으로 접근하여 무지한 마을 사람들을 계몽하게 된 것은 일본인 선생이 현실적인 문제를 갖고 식민지 피교육자에게 접근하여 궁극적으로 도움이 되는 지식을 전해주고자 하는 진지한 태도를 본받은 탓도 있었다.

원암은 보통학교교육을 받으면서 언어에 대해 특히 많은 생각을 하게 되었다. 그가 서당교육을 통해 배운 한문은 대개 박제화된 중국의 고대문어였다. 따라서 그것은 현대중국어로 의사소통하는 데 거의 도움이 안 된다. 그런데도 박제화된 한문을 배우느라 한평생을 바쳐도 다 못 배울 만큼 많은 한자를 배우는 것을 조선인들은 시상의 목표로 삼아왔다. 어려운 것을 잘 하는 것이 지식인의 척도라는 굳은 사고방식을 고수하는 것이 과연 옳은가라는 근본적인 의문을

규동이 갖게 된 것은 보통학교에서 실시하는 일본어교육을 받으면서
였다. 일본인들은 조선을 식민지속국으로 만들기 위해 일본어를 국어
라는 과목으로 이름 붙여 집중적으로 가르쳤다. 그 의도는 악랄하기
짝이 없었고 그 방법은 강압적이면서도 실용적이었다. 처음부터 실생
활언어를 상용하도록 함으로써 효과의 극대화를 노려 교내에서 조선
말을 쓰면 처벌하는 무지막지한 방법을 쓴 것이다. 그런 언어교육에
대해 울분을 삼키면서도 한편으로는 자기가 접해본 한자와 일본 글과
비교하여 우리글의 우수성을 제대로 깨닫게 된 것이 큰 수확이었다.

규동이 마을 야학에서 우리말을 가르치는 데 쓴 방법은 보통학교
에서 일본어를 배우면서 영향을 받은 점이 많았다. 먼저 우리글에
대한 경시사상에서 벗어나도록 하는 데서 동기유발을 하기로 하고
이렇게 접근했다.

"여러분, 일본 글이 어떻게 생겼는지 본적이 있지요? 신문이나 관
청에서 보내는 통지문 같은 데서 일본 글을 보았지요? 내용은 제쳐
놓고 대충 글 모양을 살펴보면 한자가 듬성듬성 끼어 있는 사이에
한글 받침처럼 단순하게 생긴 일본 글자가 들어가 있지요? 또 그들
이 쓴 한자도 자세히 살펴보면 중국의 고전 원서에서처럼 쓰기 복잡
한 한자가 그리 많지 않고 쉽게 만든 한자가 주로 쓰여 있어요. 이걸
보고 일본말이 어떻게 변화해 왔다는 것을 알 수 있어요?"

"쉽고 실용적으로 고쳐왔다 싶어요."

"바로 그거지요. 그게 일본인들의 특기 아닙니까? 그런데, 우리나
라 사람들은 2천 수백 년 전에 만든 그 많은 한자를 다 고수하며 쓰
려고 할 만큼 미련한 사람들이었어요. 한자를 많이 아는 것 자체만
갖고서도 높이 평가받았지요. 어느 쪽이 더 현명하다고 봅니까?"

한참을 기다려도 대답이 없자, 규동이 이렇게 말했다.

"내가 이 말을 한 것은 일본이 우리민족보다 우수하다고 말하기 위해서가 아닙니다. 오히려 우리글이 세계에서 가장 우수한 글이라는 것을 이해시키기 위해 꺼낸 말입니다. 내가 묻는 것은 글에 대한 인식 면에서 볼 때 일본이 옳은지 우리가 옳은지에 대한 질문입니다."

"일본이 옳다고 봅니다."

"어떤 점에서 그렇지요?"

"글은 배우기 쉽고 쓰기 쉬워야 한다고 봅니다. 그래야 쓸모가 있습니다."

"대답 정말 잘했어요. 그럼 우리글은 배우기 쉽고 쓰기 쉽습니까, 그렇지 않습니까?"

"배우기 쉽고 쓰기 쉽습니다."

"그런데, 그런 우리글이 소중히 여겨집니까, 천대받습니까?"

"천대받고 있습니다."

"왜 그렇지요?"

"너무 쉽기 때문에 그렇다고 봅니다."

"그렇지요. 너무 쉽다고 천시하는 표현으로 '언문' 혹은 '통시 글'이라고 했지요? 일본사람들은 글이란 지식을 전하고 생각을 전달하는 데 쓰는 도구에 불과하니 쉬울수록 쓸모가 있다고 보는데 우리는 너무 쉬워서 쓸모가 없다 하니 그게 잘못 된 생각이죠. 제가 네 살 때 어머니로부터 우리글을 배워 써먹어 보려고 읽을거리를 찾았는데 우리글이 도통 없어요. 세종대왕이 우리글을 만들어 반포한 지 5백 년이 가까워오는데도 백성들이 쓰지를 않으니 안타깝지요. 우리 학교의 일본인 선생이 일본 글의 우수성을 얘기하는 중에 조선글의 우

수한 점을 인정하더군요. 일본인이라 해서 다 조선을 깔보는 것만은
아니고 때로는 제자 앞에서 진실 되어야 한다는 사도정신을 발휘하
는 순수성도 있더군요."

이런 말을 듣고 있던 야학생도 중에 규동보다 나이가 많은 한 무
학자가 이렇게 말했다.

"선생님은 어려서부터 서당에서 한문을 많이 배운 것으로 알고 있
습니다. 그리고 서당에 가기 전에 어머니로부터 우리글을 배워 깨쳤
다고 했습니다. 쉬운 글만 알면 되는데 서당에는 왜 다녔는지 궁금
합니다."

규동은 순간적으로 말문이 막혀 얼른 대답을 못해 대충 웃음으로
받아넘기고 나서 곧 정색을 하고 이렇게 답했다.

"솔직히 저도 보통학교에 들어가서 그런 생각을 한 적이 있습니다.
일본말과 글을 배우면서 가만히 보니 일본사람들은 일상생활에 필요
한 말과 글부터 가르치는데 서당에서 배운 한문은 그런 것이 아니었
거든요. 특히 보통학교 초기단계에서 가르치는 일본말은 쉽고 재미있
게 가르치기 때문에 보통학교 1학년에서 배운 일본말 지식만으로도
사회생활에서 요긴한 일본어는 다 할 수 있어요. 그걸 보고 내가 서
당에 6년이나 다니며 배운 한문공부는 그 쓸모가 뭔지 곰곰이 생각해
보았어요. 당장 생활에서 생각할 수 있는 한문의 쓸모로는 제사 때
지방과 축문을 쓰는 정도밖에 생각나지 않더군요. 조선사람들이 한평
생 매달려 배우는 그 어려운 한문의 교육목적은 고대 중국의 선현들
이 남겨놓은 경전을 읽는 것이 주된 것이라 봐요. 일본의 언어교육은
생활에서의 쓸모에 중점을 두는 데 반해 조선의 한문교육은 높은 수
준의 학문을 하는 데 중점을 두고 있다는 점에서 차이가 크지요."

"그럼 일본에서는 높은 학문을 위한 언어교육은 시키지 않습니까?"

"일본에서도 중국의 고대경전을 읽는 높은 수준의 언어교육이 없는 것은 아니라 합니다. 그러나 그런 높은 수준의 언어교육은 극소수 전문가양성기관에서만 시키고 대다수 백성들은 생활에 쓸모 있는 언어교육으로 그친다고 해요. 일본에서는 중국고전뿐 아니라 서양 선진국의 중요서적을 일본어로 번역하여 일반 백성들이 외국문물을 자기나라 글로 쉽게 배울 수 있게 한다고 해요. 일본은 명치유신 때부터 보통교육을 확대하고 그런 언어정책을 쓴 덕택으로 문맹자가 계속 줄어 지금은 전체인구의 2할 이하로 내려갔다고 해요. 그런데 우리나라의 문맹률은 얼마나 되는지 알아요?"

"약 5할이 안될까요?"

"아닙니다. 8할 정도 된다고 해요. 지금 5할이라고 말한 이유는 여자는 제쳐두고 한 말이라 봅니다. 지금 우리나라에서는 여자 100명 중에 글을 깨친 사람이 한둘 있을까 말까 합니다. 그럼 중국에는 문맹이 얼마나 된다고 생각해요?"

"약 1할 정도?"

"아닙니다. 글을 아는 사람이 1할이고 문맹이 9할이라고 해요."

"한문이 중국 글인데 어떻게 그럴 수가 있습니까?"

"우리 보통학교 일본선생한테 들은 얘기를 전하지요. 서양 선진국들이 19세기 말에 중국에 진출하려고 염탐해보니 문맹자가 아프리카의 영국식민지보다 높은 9할이나 되는 데 놀랐다고 해요. 특히 여자는 글을 아는 사람이 거의 없고 남자들도 10만 자가 넘는 그 어려운 한자를 배우지 않아 나라행정이 안 된다고 해요. 그래서 중국은 어려운 한자에 눌려 좀체 후진국에서 벗어나기 어려울 것이라 판단하고 영국이 중국을 지배할 수 있겠다는 자신감을 갖게 되었다고 해요. 조선의 문맹자 비율이 중국의 반에 불과한 8할 정도밖에 안 되는 이유로는 그나마 조선 고유의 쉬운 글이 있어 공식적인 교육을 안 받고도 스스로 깨쳐 문맹에서 벗어나는 사람이 상당수 있기 때문이라고 하더군요. 그 일본 선생은 조선사람들이 자기 고유의 글을 소중히 여겨 배우면 문맹퇴치는 일도 아닐 터인데 그걸 방해하는 식자석두(識者石頭)가 많은 것이 문제라 말하더군요."

"식자석두가 무엇입니까?"

"한문공부를 많이 해서 유식하지만 머리가 화석같이 굳어있어 생각이 유연하지 못한 사람을 두고 하는 말이지요. 어려운 한문만 많이 알면 대학자인양 뻐기며 무위도식하는 고등한량들이 조선의 발전에 걸림돌이 된다는 주장이지요. 글은 사람의 생활을 편하게 하기 위한 도구인데, 글 자체를 인생의 목표인양 생각하니 돌머리란 표현이 지나치지 않아요. 우리글로 쉽게 풀이해 써도 될 족보나 조상의 비문을 어려운 한문으로만 기록하여 자손들도 못 알아보게 만든 그런 그릇된 사고방식을 못 버리는 석두선비가 우리 주변에 좀 많아요? 진정한 성군이나 성현은 백성을 수월하게 해주는 방법을 개발하지요. 그런 뜻에서 세종대왕만한 성군이 없어요. 우리글은 일본 글보다 더 쉽고 과학적으로 만들어졌으니 우리가 자꾸 씀으로써 더욱 쓸모 있도록 해야 되요. 그래서 제가 보통학교에서 일본 글을 배우면서 터득한 그런 방법으로 우리글을 쓸모 있게 만들어 보려고 합니다."

"보통학교에서 어떤 식으로 일본어를 가르칩니까?"

"처음부터 너무 엄숙하고 깊은 뜻이 담긴 글로 시작하지 않고 생활주변에서 정서가 담긴 글로 친근감을 느끼며 배우게 하지요. 제가 보통학교에 들어가서 배운 일본 동요와 노래가 참 많아요. 그런 동요와 노래로 일본어를 배우기 시작했기에 한문처럼 어려움을 느끼지 않고 배웠어요. 그런 노래와 동요를 부르는 가운데 일본사람들의 느낌을 닮아 가는 것을 느끼고 이러다가 내가 일본사람처럼 되어버리겠다 싶어 걱정도 되더군요. 저의 아버지께서 일본은 고도로 지능적인 방법으로 조선사람들을 그들과 동화시키려 한다는 말씀을 하셨는데, 그 말씀이 맞구나 싶더군요. 그나저나 그 일본선생이 일본 글을 가르치는 데 쓴 그 방법을 우리글 가르치는 데 적용하면 좋겠다고 느꼈어요. 우리도 우리민족의 감정과 정서가 담긴 노래와 동요가 있을 테니 그런 것을 우리글로 적어서 돌려가며 읽으면 읽기공부도 되고 쓰기공부도 저절로 된다 싶어요. 그럼, 우리 모두 다음 시간부터 우리 동요, 민요, 시조 같은 것을 적어 와서 돌려가며 읽도록 해요.”

그 다음 시간에 야학생도들이 적어낸 글에는 아리랑, 도라지, 창부타령 등 여러 편이 되었다. 규동은 그중에서 당시에 가장 많이 유행하던 ‘녹두장군’을 흑판에 옮겨 적었다.

새야 새야 파랑새야
녹두밭에 앉지 마라
녹두꽃이 떨어지면
청포장수 울고 간다.
아랫녘 새야 웃녘 새야
전주고부 녹두새야
녹두밭에 앉지 마라
두류박 딱딱 우여.

규동은 이 글을 한 줄씩 짚으며 읽기연습을 시켰다. 그리고는 다음 단계로는 평소에 들어서 귀에 익은 가락을 넣어 노래를 같이 불러보자고 했다. 규동이 시작하자 모두 목청을 높여 따라 불렀다. 애절하고 구슬픈 가락이 이어지면서 하나씩 목멘 소리가 나오기 시작하더니 이내 울음바다가 되었다. 동학란에서 아버지를 잃은 사람이 몇이나 되니 그럴 수밖에 없었다.

모두의 감정이 가라앉기를 기다렸다가 규동은 이렇게 말했다.

"자, 이글 내용을 한문으로 옮겨 쓴다고 생각해 봅시다. 그 감정을 그대로 살려 표현할 수 있겠어요? 여간한 한문 실력으로 이런 내용을 옮겨 쓰기도 어렵겠지만 우리말이 아니고는 표현할 수 없는 미묘한 정서가 이 노래 속에 가득 담겨 있어요. 또 이글을 일본 글로 옮긴다 해도 우리민족 고유의 한과 울분의 정서가 사라져 버릴 것은 마찬가지지요. 그러기에 말은 민족의 얼과 혼이 스며있다고 하지요. 우리의 소중한 글도 쓸모 있게 만들고 우리민족의 얼을 살리기 위해서라도 이런 글을 계속 찾아 적어서 보급시키도록 합시다."

제11화

보통학교 학생으로 장가들다

규동이 보통학교 5학년이 되는 1919년은 우리나라로 봐서 엄청난 일이 벌어진 한해였다. 뿐만 아니라 규동에게도 일생에 가장 중대사가 이 해에 있었다. 규동에게는 그야말로 다사다난한 한 해였는데 먼저 나라 차원에서 일어난 사건의 개요부터 소개한다.

한일 합방 이후 덕수궁에서 유폐생활을 하던 고종황제가 갑자기 세상을 떠나자 항간에는 잔악한 일본인들이 독살했을 것 같다는 소문이 파다하여 조선인들의 민족감정에 불을 붙이게 되었다. 동경에서 일어난 2·8 독립선언으로 해외망명동포들이 국내독립운동조직과 연계하여 일원화된 거족적 민족자결주의운동으로 확대되었다. 이렇게 결집된 힘을 모아 그해 3월 1일 고종황제의 장례식을 이용하여 대대적인 독립만세운동을 전개하게 되었다. 일단 서울에서 촉발된 독립만세운동은 지방으로 확산되기 시작하여 전국에서 동시다발 혹은 산발적으로 전개되어 그해 봄은 삼천리강산이 독립만세운동으로 인한 함성과 유혈사태로 점철되었다. 영동지방의 독립만세운동은 3월 하순에 학산면에서부터 시작하여 4월 상순 영동읍에 이르기까지 약 보름간 꾸준히 이어졌다. 영동에서 최초의 만세운동을 촉발시킨 직접원인은 농민들에게 뽕나무, 밤나무 등 경제성 있는 나무를 심도록 강권하는 경제수탈정책과 국도와 지방도 등 신작로를 건설하기 위해 농민들을 강제로 부역시키는 데 대한 반발이었다. 영동군에서 제일 먼저 독립만세를 부른 군중은 학산면 서산리 영동-무주 간 도로공사 강제부역에 동원된 농부들이었다. 바로 인근 양산면에서는 인천 이씨 집성촌에서 집단적으로 동조하여 당시 보통학교 학생이었던 이흥연, 이성주가 주동이 되어 거사를 도모하고 이에 가세한 이헌주, 이관연, 이기주 등이 면민을 부추겨 학산면 시위대를 지원하러 몰려갔다. 그리하여 인구가 적은 시골 면부치고는 상당히 큰 규모의 독립만세운동을 전개한 셈이었다.

영동의 학산면과 양산면에서 일어난 독립만세운동에서 주모자가 보통학교 학생이었다는 정보가 전해지자 군청소재지인 영동읍에서는 바짝 긴장하여 행정력을 총동원하여 시위의 확산을 미연에 방지하려 했다. 우선 보통학교에서는 담임선생 책임하에 특별감시를 하게 했다. 학산면과 양산면 거사사건이 터진 지 이틀 후인 3월 26일 저녁 무렵에 규동의 4학년 담임선생이었던 다나까 선생이 화신리까지 자전거를 타고 규동의 집을 찾아왔다. 시골 동네에 양복 입은 사람만 나타나면 관에서 나오는 사람으로 여기고 온 동네가 바짝 긴장하는 분위기가 감돌던 시대였다. 규동이 며칠 전에 4학년 과정을 수료하였고 4월부터 시작되는 신학년도에는 새로운 담임선생으로 바뀌게 되어있었다. 따라서 이때는 사실상 규동의 담임선생은 아직 미정인데 전 담임선생이 갑자기 가정방문을 오니 더욱 수상하게 여겨졌다.

그러나 그 선생은 자기가 아끼는 모범생이었던 규동을 마지막으로 한 번 더 만나보고 싶어서 찾아왔다고 말했다. 돌아가면서 마지막으로 남긴 말은 잘하던 모범생이 까딱 잘못하면 상급학교 진학을 못하게 된다며 몸조심하라는 것이었다.

그 다음 날에도 양복쟁이가 한꺼번에 둘이나 마을로 접근했다. 멀리서 거동을 보니 '술 조사' 같았다. 당시 일제는 조선의 식량부족상황을 악화시키는 제일 요인이 각 농가에서 쌀로 농주를 담아먹는 관습 때문이라며 가정에서 밀주 담그는 행위를 당국에서 적발하여 고액의 벌금을 부과하도록 했다. 그러나 실제로는 명절 음식으로, 제사용 술로, 잔칫집 접대용으로, 농사철의 농주로 거의 모든 가정에서 밀주를 담고 있었다. 더구나 제사가 잦은 종가 집에는 밀주가 1년 내내 이어졌다. 그런 것을 관에서도 다 알고 있었다. 그러나 관이 마음만 먹으면 언제든지 밀주단속요원을 내보내어 대량 적발이 가능했다. 관이 백성들을 올가미 씌울 필요가 있을 때는 으레 밀주단속반을 내보낸다는 것도 이미 다 아는 일이었다. 밀주단속에 걸리면 벌금액을 매기는 것도 관의 임의대로라 마음먹기에 따라 어떤 집은 죽이고 어떤 집은 살릴 수도 있었다.

밀주단속반이 마을 앞에 나타나면 제일 먼저 본 사람이 "술 조사 떴다!"라고 신호를 보내게 되어 있고 그 신호에 따라 온 동네 사람이 바쁘게 움직인다. 마을사람들과 단속요원 간에 숨기고, 뒤지고, 위장전술로 따돌리고 하느라 한두 시간 동안 작전을 방불케 하는 게임이 벌어진다. 보통 그런 소동이 끝나게 될 때쯤은 마을에서 한두 집 직발로 끝나기가 일쑤였다. 그런데 이날은 이들 단속반이 마을전체를 들쑤시고 집집마다 샅샅이 뒤져 무려 아홉 집에서 밀주가 발각되었다. 그런데 이상하게도 발각된 집은 알고 보니 거의가 규동이 가르치는 야학에 다니는 사람들 집이었다. 밀주가 발각된 집의 가장은 밀주 단지를 지게에 짊어지고 단속요원을 따라가야 했다. 그 아홉 사람이 술 단지를 짊어지고 영동읍으로 줄지어 가는 모습은 가관이었다.

이 광경을 멀리서 바라보게 되거나 소문으로 전해들은 주민들은 요주의 인물이 사는 마을은 이렇게 단체기합을 받게 된다는 것을 저절로 알게 된다. 관에서도 그걸 노리고 용의주도한 계획하에 행한 일이었다. 실제로 이런 악랄한 방법이 겁 많은 농민들을 위축시키는 데 상당한 효과를 거두게 된 것도 부인할 수 없다. 규동이 야학에서 마을 청소년들을 계몽시킨 결과 화신리 사람들이 전처럼 호락호락하지 않게 되었다는 것을 알게 된 관에서 손을 쓴 것이다. 올빼미처럼 밤에 모이는 야학생들이 선생의 주도하에 배운 글을 써먹을 겸 독립운동을 선동하는 삐라를 만들고 태극기를 그려 배포하면 큰일 난다고 판단한 관에서 행정수단을 총동원하여 당장 터질 것 같은 독립만세운동을 봉쇄하려 한 것이다. 그런데 그 계산이 주효하여 그날부터 야학에 나오는 사람이 저절로 없어졌다. 이 마을에 대한 압박은 그것으로 그치지 않고 집집마다 땔나무 더미에서 청솔가지를 뒤져내어 무단벌목죄목으로 올가미를 씌우는 등 여러모로 족쇄를 채웠다.

이런 삼엄한 경계에도 불구하고 드디어 영동읍에서도 독립만세운동 거사모의가 이루어졌다. 영동읍에서는 여타 면부에서처럼 자연발생적으로 폭발한 것이 아니고 관의 삼엄한 경계를 의식하고 감시의 눈을 피하기 위해 폭풍전야처럼 조용한 가운데 진행되었다. 다른 면부에서의 거사가 일어난 지 열흘이나 지나자 이 지역 독립운동은 겉으로는 소상상태에 빠진 듯 보였다. 그러다가 드디어 4월 4일 영동읍 장날에 그동안에 모아둔 힘을 한꺼번에 폭발시킨 듯 크게 터졌다. 대형 태극기가 시장 한복판에 내걸리고 태극기 수백 장이 배포되자 삽시간에 2천 명의 군중이 운집하여 독립만세를 외치며 경찰서를 습격하는 큰 사건으로 번지게 되었다. 이날 만세운동의 주도자는 박성하, 한의교, 정성백, 장인덕, 김태규, 정우문, 한광교 등 7인이었다. 이날 거사에서 경찰과 무력충돌을 일으켜 6명의 사망자와 8명의 중상자가 생겼다. 먼 훗날 1991년에 영동읍 주곡리에다 이날 독립만세운동에 앞장선 7지사의 기념비를 세운 바 있다.

규동은 이 험난한 국가위기에서 큰 바람을 맞지 않고 넘길 수 있었다. 그러나 그런 험난한 국가 위기를 그렇게 넘긴 것이 본인에게 다행이라 여겼는지 본의 아니게나마 팔 걷고 나설 수 없게 된 데 대해 체면이 깎였다고 생각했는지는 알 길이 없다. 다만 규동이 올곧은 생각과 행동을 하는 점에서는 어느 누구에게도 못지않으나 투사기질은 타고 나지 않았기에 본의 아니게나마 타고난 기질대로 조용히 살도록 주위 사람들이 배려한 면도 없지 않았다 싶다.

한 차례 거국적 국권회복 운동의 소용돌이가 가라앉을 무렵에 규동은 그와 전혀 별개의 개인적 난제에 부딪치게 되었다. 그에게 느닷없이 혼담이 오가기 시작한 것이다. 당시로서는 15세가 되면 혼담이 시작되는 것이 이상한 일은 아니었다. 그러나 규동은 펄쩍 뛰며 학생이 무슨 장가를 가느냐며 일단 보통학교 졸업 후까지 미루어 달라고 했다. 실제 보통학교에 재학 중인 학생 중에는 나이가 많이 는 만학도가 있어 이런 사람들은 진작 결혼하여 자식을 둔 경우도 있었다. 이런 사람들은 행동 면에서 어딘지 모르게 어른 티가 났다. 그러나 규동은 지적인 면에서는 정신연령이 높아도 어떤 면에서는 너무 순진하여 동급생들이 그를 꽁생원으로 취급했다. 동급생 중에 일찍 결혼하여 살림을 차리고 사는 친구의 집에 가면 으레 술상이 차려지는데 규동은 술을 입에도 대지 않으려 했다. 그는 '술을 먹어 보고 혼이 난 적이 있다.'고 하며 한사코 거절하는데 체질에 안 맞아 혼이 났는지, 부모님한테 혼이 났는지는 말해주지 않고 무조건 고개를 절래절래 흔들어 물리쳤다. 어떤 친구가 술이 거나하여 정담을 늘어놓으면 마지못해 참고 들어주지만 내심으로 싫어하는 기색이 역력했다. 담배도 마찬가지였다. 당시 시골에서는 담배를 계약재배하여 일제에 공출했는데 밭에서 주은 마른 담배 곁잎을 신문지 종이에 말아 피우는 아이들이 많았다. 대개 열서너 살이 되면 담배 피우고 술 마시는 등 어른들이 하는 행동을 장난삼아서라도 시도해보는데 규동은 몸에 해롭고 안 좋은 일은 아예 거들떠보지도 않았다. 그런 점에서 그는 친구들로부터 '숙맥' '애송이' '꼴 샌님' '공부벌레'라는 별칭을 들어도 아랑곳 않고 자기 식대로 살았다.

규동의 아버지가 드디어 나서서 혼사를 성사시키려고 서둘렀다. 신부감은 영동의 월곡 마을 용인 이씨 집안의 규수인데 윗대에서 청백리 벼슬을 한 후광으로 이 대감 댁으로 통하는 이훈상의 둘째 딸 이갑희였다. 나이는 신랑보다 두 살 위인 열일곱 살의 규수로 인물과 심성이 좋다며 그리로 결정하겠다고 했다. 당시는 신랑이 신부감을 직접 선을 보는 경우는 거의 없었고 부모가 알아서 배필을 정해주면 따르는 것이 자식의 도리였다. 아들이 즉답을 주지 않자 규동의 모친이 거들었다. 규수가 여자로서 그만하면 더 바랄 것이 없는데다 규수의 아버지가 조선 유학회 학사로 경성에 있는 휘문학숙,

향교 등에서 한문을 가르치는 분이라 혼반은 그만하면 됐다고 했다. 규동은 무엇보다 그 말에 귀가 솔깃하여 마침내 결혼승낙을 하게 되었다. 규동이 장가든다는 것을 알게 된 동급생들은 제각기 한마디씩 했다.

"저런 숙맥 같은 꼴 샌님이 장가가서 신부를 감당해 내겠나?"

"술은 입에도 못 대는 저 순진한 공부벌레가 처가 친척들이 신랑 다루는 걸 견뎌 내겠나?"

"누구든지 붙들고 가르치기 좋아하는 사람이니 첫날밤에 부인 붙들고 앉아 글 가르친다며 숙제 내주지나 않을까 싶어."

이렇게 동급생들의 화제에 오른 규동의 결혼식이 많은 친척과 다수 동급생들이 참석한 가운데 신부네 집 마당에서 전통혼례식대로 치러졌다. 신랑 측 우인들은 일부러 큰 소리로 신부를 웃기는 헛소리를 해놓고는 신부가 웃음기를 머금으면 '신부가 결혼식장에서 웃으면 딸 낳는다던데.'라며 놀리기도 했다. 그날 저녁 신랑신부가 신방에 들게 하여 단둘이 들도록 차려주는 술상인 '야물상'을 들여 넣어 주고는 처가 친척들은 문종이에 침을 발라 구멍을 내고 방안을 드려다 보는 등 장난이 한참 계속되었다. 이윽고 나이가 지긋한 어른이 근엄한 목소리로 '이제 장난들 그만하고 모두 불 끄고 자도록 하라!'는 명령이 떨어지니 그 시끌벅적하던 잔치집이 이내 고요해졌다.

그런데 둘째 날이 문제였다. 이웃에 사는 처가 친척들이 다음 날에도 다 몰려들어 잔치가 계속되었다. 전날 신방 앞에서 짓궂은 장난을 치던 젊은 패들이 다 모이더니 슬슬 장난을 시작하는 것이었다. 소위 '신랑다루기' 요식절차가 시작되었다. 제일 좌장이 지시를 하고 그 아래 젊은 층이 집행을 하는 식이었다. 좌장이 첫째로 새신랑에게 예절 가르치기 순서라며 이렇게 말했다.

"이 서방, 이제 어른이 되었으니 처가 식구들을 부르는 것부터 배워야 하느니라. 먼저 신부의 어머니를 어떻게 부르는지 아는가 보자. 크게 불러 보거라!"

"장모님!"이라고 신랑이 불렀다. 누군가 장모에게 가서 사위가 부른다면서 데리고 왔다.

좌장이 신랑더러 이렇게 말했다.

"자, 새신랑! 자네가 장모를 불렀으면 할 말이 있어야 될 것 아니야. 이렇게 말해봐! '장모님, 이 귀한 손님들에게 술 한상 잘 차려주십시오.'라고 말하란 말이야."

이 패들은 이런 식으로 잔칫집으로부터 계속 술을 베껴먹으면서 술이 거나해지면 한바탕 춤과 노래판이 벌어졌다. 한 차례 집단가무가 끝나면 신랑이 음치가 아닌지 시험해보자며 노래를 시켰다. 신랑이 부른다는 노래가 야학에서 부르던 '녹두장군' '아리랑' '도라지' 같은 유에서 맴돌자 누군가 보통학교에서 배운 일본 노래를 불러보라 했다. 그러나 규동은 정색을 하며 '그건 절대 안 된다.'며 단호하게 거절했다. 그런 후에는 또 신부를 불러보라 하여 전과 같은 방법으로 술상을 차려오라 시킨다. 하루 종일 이러는 가운데 처가 친척들 면면을 익히고 촌수를 알게 되고 성격도 파악하게 된다. 저녁 무렵이 되면 취기가 들어 장난의 농도가 짙어지게 된다. 좌장이 '신랑이 여자같이 곱상하기만 하고 도대체 숫기가 없는데, 남자가 맞긴 맞나?'라며 같이 확인할 필요가 있다며 하의를 벗기는 등 무지막지한 장난으로 번졌다. 그러자 신랑은 그 이상 못 참겠다는 듯 인상을 잔뜩 찌푸리며 싫어하는 표시를 분명히 했다. 사람들은 신랑이 술을 안 먹어 맨 정신이라 그렇다며 양 팔을 붙들고 술 한 사발을 신랑 입에 대고 코를 쥐어 숨을 못 쉬게 하면서 어린애에게 약 먹이듯 억지로 부어넣었다. 신랑은 이러다가는 죽겠다 싶었는지 얼굴이 새파랗게 질려 소리를 지르며 밖으로 달려 나가다가 마루에 다 토해내고 말았다. 그제야 장난이 심했다고 느꼈는지 모두 신랑의 눈치를 슬금슬금 살피며 조심스럽게 대했다.

이렇게 곤욕을 치르며 3일을 처가에서 보내고 집으로 돌아온 신랑 규동은 아직 뭐가 뭔지 정신이 멍했다. 아내의 얼굴을 떠올려 보려 해도 저녁마다 희미한 호롱불 밑에서 단장한 모습만 보았기에 실제 모습이 어떻게 생겼는지 똑똑히 기억에 담아두지도 못했다. 대낮에 밝은 데서 한번 봤으면 좋으련만 부모의 명이 없이는 처가에 마음대로 가면 절대로 안 된다고 엄명을 내리셨으니 부모님들도 너무하다 싶었다. 그러다가 다시 학교 공부에 되돌아가게 되면서 결혼은 일장춘몽이었던 것처럼 느껴지기도 했다. 그렇게 하여 일상으로 돌아가 공부에 본격적으로 빠져들려 하면 처가에 한번 다녀와야 한다며 준비를 시켜 보내곤 했다. 부모 명에 따라 처가로 가면서 규동은 이렇게 중얼거렸다.

'잊으려 하면 또 가서 정들게 하고, 정들려 하면 또 떼놓고 하니, 무슨 재미로 이러시지? 정말 알다가도 모를 일이란 말이야.'

제12화

신부는 고향에 두고 서울 유학길에 오르다

원암이 결혼한 후에도 상당한 기간 동안 아내는 친정에 머물러 살았다. 처음 장가가는 것을 초행이라 하고, 그 후 얼마 후에 재행, 또 얼마 후에 삼행, 이렇게 신랑이 신부 집에 가끔씩 가도록 허용하면서 1년가량 신부를 친정에 두게 했다. 이런 결혼풍속은 조혼관습에 따라 결혼적령을 넘기지 않으려는 부모들이 일찌감치 혼처가 나왔을 때 정혼하여 서로 묶어두려는 심산에서 생긴 관습이었다. 그러면서 자식들이 어른 노릇을 제대로 할 수 있을 때까지 부모들이 붙들고 더 키우려 했다. 원암은 장가갔다 온 후에 학교에 다니느라 바쁘게 지나다 보니 '내가 언제 장가갔던가?' 싶은 느낌이 들 때도 있었다. 어떤 때는 처가에 한 번 가볼까 싶은 마음이 생겨 학교에서 집으로 오다가 무심코 처가 쪽으로 발걸음이 옮겨져 처가에 예고 없이 들리면 처가에서는 반가워하면서도 부모님들 허락받아 왔는지부터 물어보고 허락 없이 왔다 하면 얼른 가라고 했다. 이럴 때마다 원암은 '이럴 바에야 내가 말한 대로 학교 졸업하고 나서 결혼시키지, 왜 서둘러 결혼시켜 놓고는 서로 떼놓지?'라며 속으로 어른들을 원망스러워했다.

　어느덧 그렇게 하여 1년을 보내고 보통학교 졸업을 앞두게 되었다. 보통학교 졸업 후의 진로에 대해서는 아버지 외에도 관심을 기울여주는 사람이 있었다. 장인께서 한성의 여러 교육기관에 출강하시므로 신식교육에는 귀가 밝은 편이라 사위의 교육을 위해 여러모로 생각하고 조언을 주었다. 대다수 보통학교 졸업생들은 보통학교를 마지막 학력으로 여기고 그에 맞는 취업을 하는 편이었다. 잘하면 관공서의 하급직이라도 얻어걸릴 수 있었다. 그 외의 취업 길은 주로 일인들이 경영하는 상회에 점원으로 들어가는 길이나 가내 공장의 견습공이 있었다. 일인들의 상회에 견습공으로 들어가 주인 눈에만 들면 독립할 수 있게 도와준다는 말이 퍼져 있어 어정쩡한 졸업생들은 그쪽을 선호했다. 나머지 소수가 진학을 꿈꾸는데 그 당시 진학의 길이 너무나 한정되어 아무나 꿈꿀 수 없는 형편이었다. 당시 우리나라의 경제사정으로는 중등교육을 시킬 여유를 가진 집이 드물었다. 보통학교교육도 학비조달이 버거워 입학시키기를 주저하는 판이었으니 도시에 유학 보낸다는 것은 여간한 갑부가 아니면 엄두도 못 낼 형편이었다.

　이런 여러 가지 조건으로 봐서는 당시 영동보통학교 졸업생 치고 원암만큼 고루 조건을 갖춘 사람도 드물었다. 학업에서 뛰어났기 때문에 담임선생을 비롯하여 교장까지 그의 진학을 강력히 권했다. 신식교육의 필요성을 강조해온 아버지와 교육계에 계시는 장인 등 모두가 원암의 진학을 당연한 일로 여겼다. 다만 어디 학교로 보내느냐가 문제일 뿐이었다. 고민 끝에 원암은 중앙 무대의 교육계에 밝은 장인의 권유를 받아들여 경성제이고보로 결정했다. 나중에 경복중학교가 된 경성제이고보는 원암이 보통학교를 졸업하던 바로 그 해에 설립된 신설학교였다.

서울에 경성제이고보를 1921년에 신설하게 된 배경은 대략 이렇다. 한일 합방 후 처음 들어선 조선 총독부에 초대 총독으로 부임한 사내 정의(寺內正毅)는 무사 출신으로 강압적인 정책으로 조선을 통치하는 방법을 택했다. 그 여파로 조선인의 반발심이 커져 끝내는 3·1 운동 같은 거국적인 독립운동을 유발시켰다. 누를수록 더 강하게 반발하는 조선민족을 통치하기에는 무단정치가가 부적절하다는 천황의 판단에 따라 다음 총독으로 비교적 온건파인 제등실(齊藤實)을 임명하였다. 그는 총독으로 부임하자마자 문화정책으로 전환하여 유화적인 교육정책을 썼다. 전에는 일본천황이 선포한 교육칙어에 따라 조선인에게도 일본과 똑같은 황국신민교육을 실시한다고 하면서 실질적으로는 차별적인 교육을 실시했다. 조선에는 학교 수가 극히 제한되어 교육받을 기회가 일본인에 비해 턱없이 적었다. 이런 교육기회의 불평등에 반발하여 민족자본으로 사학을 설립하려는 움직임이 활발히 일어났다. 다른 교육차별은 일본의 중학교는 5년제인데 조선의 중학교는 4년제로 제한하여 조선인 학생은 상위학교로 진학하는 자격이 미달되게 했다. 교육과정에서도 조선인학생들은 실업과목 중심으로 편성함으로써 지도자 양성보다 기술자로 기르려는 속셈을 숨기고 있었다. 이런 불평등교육정책을 시정하여 조선인들을 달래기 위해 1921년을 전후하여 조선에 학교설립허가 제한을 크게 완화했다. 조선에 대한 교육차별을 철폐하는 정책을 쓴 이후에도 조선의 중등교육인구가 얼마나 적었는가는 1925년의 통계를 보면 잘 알 수 있다. 1925년에 조선인 남자 중등학교 재학생 총인원이 5,443명이고 여자는 705명이었다. 이를 인구비례로 따져 일본의 중등학교 학생에 비교해보면 남자는 일본의 35분의 1이고 여자는 337분의 1에 불과한 것이었다. 그 당시 보통학교에 다니는 것만으로도 엘리트 의식을 가졌는데 중등교육을 받는 비율은 인구 5000명에 한 사람 꼴이었으니 희소가치만으로도 특권의식을 가지기에 충분했다. 경성제이고보가 생기기 전까지 서울에 하나뿐이었던 관립고보 경성제일고보(경기고보)의 학생들은 교모와 교복 양 팔목에 백선 한 줄을 두르고, 평양고보는 백선 두 개, 대구고보는 백선 세 개를 두르게 하여 학교등급을 표시했다. 경성제이고보가 개교하면서 그 백선 때문에 한 동안 시비가 있었다고 한다. 경성제이고보가 다른 학교의 신학년도보다 한 달이 늦은 5월 초에 입학식을 거행한 것은 총독부의 허가가 그해 4월 18일 부로 좀 늦게 났기 때문이었다.

원암은 입학식에 맞춰 4월 말에 고향을 떠나 경성으로 향했다. 막상 고향 영동을 떠나 객지로 공부하러 가자니 두렵기도 하고 서운하기도 했다. 집으로 데려다 놓은 지 얼마 되지도 않은 아내를 또 떼놓고 더 멀리 혼자 떠나려니 마음이 무거웠다. 속으로는 아내를 데리고 가도록 어른들이 배려해줄지도 모른다는 기대도 가졌었는데 친가, 처가 어느 쪽 부모도 그건 안 된다는 눈치이다. 이럴 때 원암은 '이렇게 늘 따로 떼놓을 바에야 결혼은 도대체 왜 시켰지?'라는 항변이 솟아올랐다. 친가 부모님들에게는 감히 불만을 내비칠 수 없어 처가에 가서 은근히 그런 내색을 보였다. 그러나 처가에서도 전혀 동조하지 않는 분위기였다. 그래도 장모님은 내심으로 동조하겠지 싶었는데, 기대와는 전혀 달리 장모 진주 강씨는 이렇게 말했다. '이 서방, 여자는 요물이라 곁에 있으면 남자 눈에 글이 안 보이네. 서울까지 공부하러 가서 성공하려면 독하게 마음먹고 공부에 전념해야지. 자네 장인어른 보게나. 이 양반 서울 가서 여기저기 한문 가르치면서 보낸 세월이 십년이 넘었는데 나더러 같이 가자는 말 한번 안했어. 또 나도 따라 가겠다고 한 적 없네.'

원암이 서울 유학을 위해 고향마을을 떠나는 날, 가족들은 물론이고 이웃사람들이 마을 앞 큰길까지 배웅하며 눈시울을 적셨다. 부인은 부엌 앞에 서 있다가 남편이 마당에 내려서는 모습을 보고는 얼굴을 행주치마에 감싸고 방으로 들어가 버려 작별인사도 제대로 못했다. 여동생 규임은 오빠 규동을 붙들고 대성통곡을 했다. 사내로서 눈물을 보여서는 안 된다는 생각으로 이를 악물고 마을을 벗어난 원암은 뒤도 안 돌아보고 영동읍으로 급히 걸었다. 영동역에서 원암을 태우고 떠나는 기차의 기적소리가 그날따라 더욱 애절하게 들려 원암은 차창 밖을 내다보며 고향 쪽으로 향해 흐느끼기 시작했다. 그리고는 두 주먹을 불끈 쥐며 '반드시 성공해서 돌아 와야지!'라고 마음속으로 다짐했다. 경성역에 도착하니 장인어른께서 마중 나와 계셨다. 시험을 치러 갈 때도 장인이 학교를 안내하고 뒷일을 돌봐주었다. 이번에는 친가 아버지께서 오기로 했는데 봄 환절기에 걸린 감기가 도져 못 오게 되었다. 처가부모들은 아들 둘을 두었으나 젊어서 병사하고 위의 딸은 멀리 당진으로 시집가 있어 호젓하게 지내던 참에 막내딸을 시집보내어 원암을 사위로 맞았으니 뭐든 해주고 싶었다.

그러나 처가부모들은 사랑스런 사위에게 뭘 베푸는 데도 친가의 눈치를 살펴야 했다. 원암의 아버지 승종은 그런 일에 대범한 편이라 자식을 나누고 있는 사돈끼리 그렇게 주도권 다툼을 할 것 없이 자식에게 도움을 줄 수 있으면 같이 힘이 되도록 하자고 했다. 그러나 원암의 어머니 해주 정씨는 그럴 수 없다는 태도였다. 원암을 서울로 유학 보내는 결정을 할 때, 학교선택을 하는 데 있어서나 시험 보는 데 따라가 돌봐주는 일 등을 처가에서 도맡아 하게 된 데 대해 사돈에게 겉으로는 고맙다고 하면서도 속으로는 못마땅하게 여기는 듯 했다. 이번 입학식 때는 친가에서 주도하여 참석하고 하숙집 구하는 일도 친가부모가 해야 된다고 주장했다. 그런데 남편 승종의 와병으로 그렇게 할 수 없게 되자 부인 정씨는 안달하여 이렇게 말했다.

"당신이 정 못 가신다면, 내라도 가서 애 하숙을 정해주고 와야겠어요."

"서울 가서 어디가 어딘지 모르면서 어떻게 하숙을 정해요? 더구나 여자가 서울까지 출입한다는 것이 어디 상식에나 맞는 일이라 생각해요? 영동 장에 여자가 장보러 나가기만 해도 말이 많은 세상인데 서울이 어디라고 간단 말이요? 애 하숙이야 제 처가에 좀 맡기면 되잖아요. 세상에 장인보다 더 든든한 후원자가 어디 있어요? 게다가 서울에 사시던 분이라 그런 일에 환하니 얼마나 다행이요?"

"자식 낳아서 처가에 줄려고 공들여 키웠어요?"

"아니, 처가에 주다니 그게 무슨 말이지요?"

"처가에서 친부모보다 더 잘 해주면 처부모를 더 좋아할 것은 정한 이치 아니요? 그 집은 우리보다 부자이겠다, 정줄 아들도 없겠다, 얼마든지 베풀 수 있지요. 더구나 장인이 서울에 계시니 살가운 사위한테 얼마나 잘 해주겠어요? 내가 우리 규동이 서울 보내기로 해놓고 밤에 잠이 안 온다니까요."

"별걱정을 다 만들어서 하고 있네. 우리 규동이가 그렇게 중심이 없는 아이가 아니니 걱정 붙들어 매어요."

"아무튼, 앞으로 규동이는 될 수 있는 대로 처가에 의지하는 일이 없도록 해야 해요. 우리가 뭐, 하나뿐인 아들 공부시킬 형편이 못 되는 것도 아닌데 왜 처가에 맡겨 자존심 상해야 해요? 난 그런 꼴 절대 못 봐요."

승종은 '참, 여자들은 왜 걱정을 사서 하는지 모를 일이야.'라고 생각하며 그 이상 대꾸를 하지 않기로 했다.

한편, 원암은 서울에 도착하던 길로 바로 장인이 출강하는 원서동 휘문고보 부근에 있는 장인의 하숙집으로 따라가서 거기서 잤다. 다음날 원암은 장인을 따라 그의 하숙집을 구하러 이리저리 돌아다녔다. 먼저 원암이 다닐 경성제이고보 근처부터 다녀보기로 하고 그리로 향해 걸어갔다. 가는 도중 장인은 경복궁을 지나면서 명성왕후가 시해당한 곳이 저기라고 말하면서 많은 얘기를 들려주었다. 학교 근처 청운동 일대를 돌아다니며 하숙집을 찾아도 마땅한 집이 없자 장인은 거기서 다시 자기 하숙집 부근에 가보면 있을 것이라며 가보자고 하였다. 그러나 원암은 학교부근이라야 된다면서 청운동에서 북악산으로 오르는 언덕길 골목 쪽으로 가보자고 했다. 원암이 그런 고집을 부리게 된 것은 영동을 떠나기 전날 밤에 어머니가 신신당부한 말이 떠올랐기 때문이었다.

원암은 서울 유학길에 오르기 전날 밤에 어머니를 위로하러 잠시 안방을 들렸다. 마침 혼자 계시다가 아들이 들어오는 것을 보고 반기며 손을 꼭 잡고 이렇게 말씀하셨다.

"규동아, 네 없이 내가 어떻게 살까? 너의 아버지는 네가 태어난 지 반년 후부터 온 세상을 떠돌다가 가끔씩 집에 오면 오는가보다, 가면 가는가보다 여기며 내가 살아 온 것은 규동이 네가 내 곁에 있었기 때문이다. 그런 네가 멀리 떠나면 내가 어떻게 살까?”

“어머니, 이제 아버지께서 늘 집에 계시잖아요?”

“모르는 소리 그만 해라. 네 아버지는 지금도 어딜 간다하면 가는 가보다 싶을 뿐이지, 너를 떠나보내는 심정처럼 가슴이 텅 비는 느낌은 없다. 네가 잘되도록 보내긴 한다마는 이 텅 빈 가슴을 누가 채워줄까?”

“어머니, 걱정 마시지요. 저 대신에 며느리가 있지 않습니까?”

“그런 소리 하지 마라! 아기 저도 남편 멀리 보내놓고 나보다 더 가슴이 텅 빌 텐데 어떻게 시어머니 텅 빈 가슴을 채워줄까?”

“제가 서울 가서도 자주 어머니께 안부편지 드리겠습니다. 걱정 마시지요.”

“알았다. 그런데 내가 너에게 꼭 일러둘 말이 있다.”

“뭡니까, 어머니?”

“서울 가서도 처가에 의존하는 일은 없어야 한다. 장인이 기거하는 집에 얹혀산다든가, 학비보조를 받는다든가 그런 일은 절대로 있어서는 안 된다.”

“왜 그래야 됩니까, 어머니?”

“자고로, 처가와 통시는 멀수록 좋다고 했다.”

“그런 말을 하는 사람이 있긴 해도 왜 그런 말이 생겼는지는 모르겠던데요.”

“통시는 냄새가 나는 곳이니 멀어야 하듯이, 처가도 가까우면 이런 저런 들어서 기분 안 좋을 말이 들리기 마련이라는 뜻이지. 우리가 네 처가만큼 부자는 못 되어도 네 하나 공부시킬 형편은 된다. 내 말 알아들었나?”

원암은 알아들었다고 말하며 물러났지만 '왜 안부모들은 괜한 잔신경을 쓰시는지 알다가도 모를 일이야.'라고 속으로 중얼거렸다. 그러면서도 안부모의 말을 무시할 수도 없어 한편으로 걱정이 되었다. 그런데 그 걱정이 지금 되살아나 하숙집 구하는 데 장인 말을 따라야 할지, 어머님 말을 따라야 할지 마음이 왔다 갔다 하고 있었다.

그러다가 결국 자기 고집을 고수하여 청운동 언덕바지 골목 안집에 있는 하숙집으로 정했다. 매월 쌀 세말 다섯 되를 주고 방 하나에 학생 둘이 기거하는 조건으로 입주하게 되었다. 쌀 세말 다섯 되면 당시로서는 상당히 비싼 하숙비인 셈이다. 시골에 상일꾼의 1년 새경보다 더 많은 액수이다. 하숙집에서 산정하는 계산방법에 의하면 중학생 한 사람이 먹는 쌀이 적어도 한말 서 되는 되고, 방값으로 한말, 반찬값으로 한말, 두 되는 전기요금, 혹은 호롱불 기름 값이라 했다. 그 당시는 밥 굶지 않고 사는 것이 일차적인 과제였는데, 이집으로서는 방 두 개에 하숙을 치는 것으로 호구지책은 되니, 그 당시 서울 사람들은 자기 집만 있으면 먹고 사는 걱정은 없다는 말이 맞는 것 같았다.

제13화

충청도 시골뜨기가 서울에서 배포를 키우다

1921년 5월 초에 경성제이고보에 입학한 원암은 처음부터 어리둥절했다. 막 개교를 한 학교라 처음부터 전통을 세워야 한다며 교직원, 학부모들이 부산을 떨었다. 교훈을 '지성(至誠), 활달(闊達), 강건(剛健), 협동(協同)'으로 정해 교문 입구 돌에 새겨 두었는데 그 교훈이 조선의 선비정신보다는 일본의 무사정신을 다분히 풍겼다. 실제로 관립학교이므로 조선 총독부의 발령을 받은 엘리트 교장과 교유(교사)들이 주축을 이루고, 한문, 조선어 등 극히 일부 과목 담당교유만 조선인이었다. 그러나 이 시기에 총독부가 조선인들을 회유하기 위해 문화교육정책으로 전환한 덕택에 교유들이 교내에서 칼을 차고 제복을 입는 규정은 폐지되었다. 또 그동안 일절 금지되었던 조선어 간행물도 검열을 거치게 한다는 단서를 붙여 허용되었다. 새로 창설된 학교인 만큼 다부진 결의로 교육을 알차게 하자는 데는 교육담당자나 학부모, 학생들이 같은 마음이었다.

충청도 산골 영동에서 수재로 인정받아 뽑혀온 원암이 경성제이고보에 입학하여 동급생들의 면면을 살펴보니 어느 한 사람도 만만해 보이지 않았다. 1기생 156명이 입학했는데 서울 출신이 절반 가까이 되고 나머지는 전국 팔도에서 뽑혀온 유학생들이었다. 동급생이라도 나이가 들쑥날쑥하여 최고령자와 최연소자의 차이가 여덟 살이나 되었다. 어떤 학생은 황해도에서 할아버지 밑에서 한의학을 전수받다가 열네 살에 보통학교에 들어가서 늦재주가 터진 수재로 인정받아 서울유학을 오게 되었다며 동급생들의 주치의 노릇을 하려 들기도 했다. 또 다른 학생은 경북 안동에서 열세 살까지 서당에 다니며 논어, 중용까지 배웠다고 자랑삼아 중요 구절을 줄줄 외며 한문 선생이 생땀을 흘리도록 질문을 해대다가 동급생들에게 제지당하곤 했다.

학기가 시작되어 본격적으로 학과진도가 나감에 따라 과목별로 두각을 나타내는 학생이 드러나고 학업석차가 정해지기 시작했다. 원암은 한문, 조선어, 국어(일본어), 영어에서 전반적으로 우수한 편이었다. 영어에서는 최재서가 단연 선두를 달리고 일본어와 조선어에는 이숭녕이 훨씬 앞서 가고 있었다. 원암은 어느 한 과목에서도 최선두를 차지하지는 못해도 언어 네 과목을 통산하면 제일 우수한 편이었다. 언어 과목에서 뛰어난 재능을 보이는 최재서, 이숭녕, 이규동 세 사람은 서로 경쟁상대로 여기면서도 대화상대로 서로 죽이 맞아 가까이 지내게 되었다. 이숭녕과 최재서는 똑같이 1908년생으로 원암보다 3년 아래였다. 원암이 워낙 예절 바르게 처신하니 이들이 두렵게 여겨 원암을 '충청도 양반형님'이라 부르며 높임말을 썼다. 원암은 이들에게 '최 공' '이 공'이라고 불렀고 같은 높임말을 쓰지는 않아도 충청도 특유의 어중간한 높임말투인 '그래여' '해여' 같은 말로 응대했다.

이숭녕은 서울 출신이라 원암이 서울 생활에 적응하는 데 도움을 주어 곧 친해졌다. 그는 황당한 상상의 세계보다 논리적이고 실용적인 사고를 좋아하는 스타일이란 점에서 원암과 통하는 면이 많았다. 이숭녕은 원암에게 우리나라 현대사에서 누구를 제일 존경하느냐고 묻기에 얼른 답을 못하자, 자기는 주시경 선생을 제일 존경한다고 말하면서 그분의 뒤를 따르고 싶다고 했다. 원암은 주시경 선생에 대해 그냥 이름만 들었을 뿐, 어떤 일을 한 사람인지 잘 모른다고 했다. 그러자 이숭녕은 서울에서 자란 학생은 주시경 선생을 모르는 사람이 없다고 하면서 그의 행적에 대해 대충 이렇게 소개했다.

"주시경 선생은 배제학당에서 우리글을 배우면서 훈민정음의 우수성에 감탄하여 과학적으로 연구하기 시작했대요. 그 후 우리민족 지도자 서재필 선생이 독립신문을 발간하면서 주시경 선생을 독립신문의 교정원으로 발탁했어요. 그 신문의 한글판에 식자를 하는데 한글 표기가 혼란스럽게 되어있어 표기방법을 통일할 필요성을 느끼고 '국문동식회'를 조직하여 한글인쇄에서 통일된 식자를 하도록 했어요. 그 후 '조선어강습원'을 열어 밤낮으로 한글 보급에 전력을 바치셨어요. 제가 요새 학교에서 국어를 좀 잘하는 듯 보이는 것도 실은 주시경 선생이 우리말과 글에 대해 연구하여둔 자료를 참고하여 준비하기 때문이지요."

"서울 사람은 과연 다르군. 눈과 귀가 그렇게 일찍 띄었으니 말이여. 그러기에 '말은 나면 제주도로 보내고 사람은 나면 서울로 보내라.'고 하는 가비여. 그런데 그 훌륭하신 분이 그 후에 어떻게 되셨어?"

"아깝게도 38세에 일찍 돌아가셨어요. 그러나 그분의 선구자적 입적을 계승하자는 뜻에서 제자들이 만든 <한글맞춤법통일안>이 얼마 전에 나왔어요."

"그래여? 그런 것을 이 공이 어떻게 다 알아여, 학생이면서?"

"신문에서 읽었지요. 우리는 보통학교 시절부터 신문을 봤는데요."

"그랬구먼. 우리 고향 영동에는 읍 소재지에 있는 관청이나 소수 지식인들 집에서나 신문을 받아 볼 뿐이고 읍에서 뚝 떨어진 시골 마을까지는 신문이 들어오지도 않는단 말이여."

이숭녕으로부터 이런 이야기를 듣고 원암은 이제껏 자기는 우물 안 개구리처럼 살았다는 생각이 들었다. 자기보다 세 살이나 아래인 학생이 그처럼 눈과 귀가 뜨인 것도 부럽거니와 벌써부터 뜻을 세우기 위해 본받을 인물을 선정해두고 있다는 것이 정말 대단하다 싶었다. 주시경 선생 같은 분도 중등교육단계인 배제학당에서 스스로 뜻을 세워 외길로 매진했기에 길지 않은 생애에서도 큰 공적을 남겼다는 생각이 들었다. 원암은 그 다음 날부터 학생 잡지인 「학생계」를 받아보기로 했다.

서울 출신인 이숭녕으로부터 긍정적인 영향을 받은 데 고무된 원암은 황해도 출신인 최재서와 가까이 지내보려고 애썼다. 황해도 해주 출신인 그가 나이는 원암보다 세 살 아래지만 매사에 적극적이고 학업에서도 단연 선두를 달리고 있었기에 좀 버겁게 느껴졌다. 최재서는 이숭녕이나 원암처럼 콩 심은 데 콩 나고 팥 심은 데 팥 나는 그런 사고 스타일이 아니었다. 논리를 뛰어넘는 상상력이 번뜩이고 유연한 사고로 임기응변에도 능했다. 원암이 최재서를 유심히 관찰해보면 이숭녕에게서 느낀 부러움과는 전혀 다른 느낌, 즉 열등의식 비슷한 느낌이 든 것이 사실이다. 같은 시골 출신인데도 서울 토박이들에게 기죽지 않고 오히려 선도해가는 점이 부러웠다. 세상에 천재가 있다더니 이런 사람이 천재인가 싶었다. 최재서가 영어에서 워낙 뛰어나기에 원암이 한번은 최재서에게 다가가서 영어공부를 어떻게 하기에 그렇게 앞서가느냐고 말하자, 그는 "이제 막 배우기 시작한 영어를 갖고 무슨 실력 비교를 해요?"라고 응수했다. 그러자 원암이 "혹시 최 공 천재 아니여? 늘 노는 것 같으면서 다 잘하니 말이여."라고 했다. 그 말에 최재서는 손사래를 치며 "아니에요, 충청도 양반 형님. 정말 천재는 따로 있습니다."라고 말했다.

"정말 천재는 따로 있다니, 누구를 말하는 것이여?"

"꼭 알고 싶다면, 나중에 그분을 직접 소개드리겠습니다. 기다려 보시지요."라고 말했다.

그러다가 화창한 6월 하순 어느 날 하교 길에 같이 걷게 된 최재서가 모처럼 장마가 소강상태이고 날이 좋으니 산책을 좀 즐기자고 했다. 둘은 북한산 아래 자락으로 나 있는 고개 길을 따라 평창동 쪽으로 걸었다. 평창동에 들어서니 개구리소리가 요란하고 시골냄새가 물씬 풍겨 갑자기 고향 영동이 그리워졌다. 최재서도 고향생각이 나는지 자기 고향 해주에 대한 얘기를 했다. 그러다가 갑자기 이렇게 물었다.

"형, 장가 가셨겠지요?"

원암이 대답 대신 그냥 고개만 끄떡이자 그가 더 캐물었다.

"부인, 나이가 얼마지요? 혹시 형보다 더 많은 건 아닌가요?"

아무 말을 않자, 최재서는 혼자 넘겨짚으며 계속 캐물었다.

"부인이 나이가 더 많은가 보죠? 부모님이 정해주신 배필이고? 맞죠?"

"부인이 뒷바라지 해주러 오겠네요?"

"아니야. 그건 어림도 없어."

"누가 반대를 하기에 어림도 없다는 것이지요?"

"모두 다. 친가 부모, 처가 부모 다 같이 반대해."

"부인은요?"

"오고 싶어도 입 밖에 못 내지."

"그럼, 차라리 잘 됐네요. 뭐."

"잘 되다니, 무슨 뜻인데?"

"그런 조건을 이용하여 자유연애 좀 하지요, 뭐."

"자유연애라니, 아내를 두고 딴 여자를 봐?"

"못 할 것 뭐 있어요? 부모님들도 너무 하잖아요? 서로 마음에도 없는 남녀를 억지로 갖다 붙여놓고는 사랑도 못하도록 떼놓고, 일시키고, 공부시키고 해서 뭣하겠다는 겁니까?"

"그게 우리의 전통 아닌가? 예부터 조강지처는 불하당이라 했는데……."

"형님, 그런 말 마십시오. 조강지처라는 말은 남존여비사상을 당연시하는 유교문화권에만 있습니다. 그것도 이젠 조선에만 남아있는 말입니다."

"왜 그렇지?"

"조강지처라는 말 속에는 남자의 출세를 위해 여자는 희생하는 것을 당연시하는 뜻이 들어 있습니다. 그런데 만약 남편이 출세하지 못하면, 여자의 희생은 누가 보상해줍니까? 또 남편이 출세하기 전에 여자가 죽어버리면 그 억울함은 누가 알아줍니까? 또 남자가 출세한 후에 마음이 변해버리면 누가 공정한 심판을 내려줍니까?"

"그러기에 '조강지처 불하당(不下堂)'이란 말이 있지 않은가?"

"남자들이 그 말을 금과옥조로 지킨다고 칩시다. 여자가 젊을 적에 희생해서 남편을 출세시키고, 남편이 그 공을 알고 아내를 사랑하며 끝까지 정답게 살았다는 이야기가 세상에서 흔하게 들립디까? 그런 예는 순애보소설 감이나 될 정도로 희귀하고 대부분은 그저 구습에 억매여 황금같이 아까운 인생 다 허비하고 만다니까요.”

“이 사람 지금 나한테 무슨 말 하려고 그런 소리를 계속하지?”

“아까운 청춘을 허비하지 말고 사랑을 즐기자는 말이지요.”

“이 사람아, 서울 공부하러 와서 연애나 하며 놀자는 말인가?”

“놀기는 왜 놀아요. 연애한다고 공부 못 하라는 법이 있어요?”

“어른들이 나를 서울에 혼자 보낸 것은 여자가 곁에 있으면 공부가 안 된다고 그런 거야. 심지어 나의 장모님까지 여자는 요물이라 곁에 있으면 남자가 공부를 못한다며 나 혼자 가라고 하던걸.”

“그게 바로 구습이란 것입니다. 그런 낡은 사고방식을 벗어던지지 않으면 조선사람은 늘 불행 속에서 살다 맙니다. 요새 『개벽』에서 한창 주장하는 ‘사회개조’ ‘남여 평등’ 사상이 지식인들에게 확산되고 있는 것은 그런 각성의 결과이지요.”

“『개벽』이 뭐여?”

“『개벽』이라는 잡지를 모른다고요? 작년 6월에 창간되었다가 조선총독부의 검열에 걸려 발행이 중단되었는데 올해부터 다시 나오고 있어요. 나는 요새 매월 그 잡지 나오는 날만 기다리며 사는데요. 올봄 입학하기 전 두어 달 쉴 때, 그 잡지 끌어안고 읽으며 세월을 보냈지요. 어떤 글은 수십 번을 되풀이 읽어 외울 정도가 되었어요.”

“무슨 글인데 외울 정도로 자꾸 읽어?”

“스웨덴의 알렌 케이라는 사람의 ‘신남성’ ‘신여성’이라는 글이 『개벽』 2월, 3월호에 연재되었는데, 그걸 읽고 나니 우리 사회가 개량,

개조되어야 한다는 생각이 절실하게 들더군요."

"그럼 그 글이 영어로 쓰인 걸 읽었다고, 최 공이?"

"아니요. 그건 우리글로 번역되어 실렸거든요. 우리글 읽을거리가 없어서 갈증을 느끼던 참이었는데 그 잡지 나오고부터 매월 읽을거리가 쏟아져 나오니 부자가 된 기분이었어요. 김소월, 김동인, 이상화, 염상섭 같은 문인들이 발표하는 보석 같은 우리글 작품을 바로 읽을 수 있으니 조선어공부에 그 이상 더 좋은 자료가 어디 있어요. 말만 잘하면 그 잡지 지난 호들을 빌려줄 수 있어요. 충청도 양반형님이 듣기에는 거북할지 모르지만 그런 책을 좀 읽고 그 케케묵은 봉건사상에서 깨어나야 됩니다. 총독부에서 그 책을 통제하는 것은 그 책에서 조선사람들에게 서양의 자유와 평등주의사상을 고취하고 있기 때문이지요. 일본군국주의에 위협이 되니까요. 그러니 옛날 우리 전통만 고수하도록 가르치는 서당교육이나 일제 식민교육에서 권하는 교조적 서적이나 교과서만 읽는 학생은 꽁생원밖에 못 됩니다."

최재서에게서 이런 말을 듣고 하숙집에 와서 원암이 곰곰이 생각해보니 최재서는 분명히 자기와는 다른 데가 있다고 느껴졌다. 또 그가 오늘 한 말들이 하나하나 그의 가슴을 파고들었다. 마지막에 그가 내뱉은 '꽁생원'이란 말은 바로 자기를 두고 한 말이라 생각되어 계속 귓전을 맴돌았다. 다음 날 최재서가 빌려준 『개벽』에서 엘렌 케이 여사의 '신여성', '신남성'에 대한 글을 읽고 원암은 세상이 정말 개벽하는 듯 느껴졌다. 그러나 원암은 그런 주장이 서양에서는 먹혀들어도 2천여 년간 뿌리내려 온 유교사상으로 속속들이 물든 조선에서는 쉽게 번지지 못할 것이라 생각했다. 그러나 원암은 어릴 적부터 우리글에 대한 갈증을 느껴온지라 우리글 읽을거리를 위해서라도 『개벽』을 구독하기로 했다.

한편 입학한 후 몇 달이 지나도록 고향에 한 번도 다녀오지 못한 원암은 수시로 아내 생각이 나고 그리움에 사무쳤다. 최재서 말마따나 신여성 개념에 따라 아내의 처지를 생각해보면 불쌍하고 미안할 뿐이다. 결혼한 지 3년째가 되어도 부부로서 정답게 얘기 한번 못 나누어 보았고, 좋아한다, 사랑한다는 말 한번 못하고 사는 이 처지가 과연 잘 하는 일인지 회의가 들 때도 있었다. 그렇게 생각하다보면 또 부모에 대한 불만, 낡은 풍습에 대한 항변이 솟아올랐다. 아내에 대한 그리움이 사무쳐 편지를 써 보내려니 부모님이 어떻게 생각할까 마음에 걸려 부모님에게 드리는 만리장성 같은 긴 사연을 쓰고 맨 끝에다 '며느리는 말썽 없이 부모님 잘 모시는지 소자는 그저 걱정스러울 따름입니다.'라는 짤막한 한 문장으로 관심을 표현하곤 했다.

그러다가 여름 방학을 맞아 드디어 고향 영동으로 가는 기차에 올랐다. 넉 달 만에 가는 고향이건만 십 년도 더 된 것 같은 느낌이었다. 설레는 가슴으로 영동역에 내려 단숨에 달려간 고향의 그 집은 조금도 변함없이 그대로였다. 아들이 오는 줄 미리 알고 부모님들은 이제나 저제나 하며 마을 앞 신작로를 내다보고 있었다. 원암은 집에 들어가서 부모님에게 큰절로 인사를 드리고 나서야 마침내 아내에게 눈길을 보낼 수 있었다. 아내는 오랜만에 남편을 맞이한다고 시집올 때 입었던 고운 비단옷을 꺼내 말끔히 다려 입고 좀 봐달라는 듯 남편의 눈치를 살폈다. 원암은 무슨 말인가 하긴 해야겠는데 마땅한 말을 찾지 못하고 이렇게 말했다.

"여보, 나라 잃은 백성이 비단 옷을 입어서 쓰겠어요?"

아내는 오랜만에 귀향한 중학생 신랑이 내뱉은 이 말에 응답은 않고 살포시 미소를 지을 뿐이었다. 그리고 그 다음 날부터 비단 옷은 집어넣고 평상복을 입고 다녔다. 아내가 남편의 잔재미 없는 말투에 거부감을 안 나타낸 데는 나름대로 이유가 있었다. 남자들이 객지 생활을 하면 마음이 변해 별짓을 다 한다는데 이번에 와서 하는 거동을 보면 알 수 있겠다고 여기고 있었다. 그런데 오늘 자기가 비단 옷 차려입은 걸 보고 나무라듯 말하는 투를 보니 이 사람은 서울에서나 어디서나 늘 그대로구나 싶어 오히려 마음이 놓였다.

원암이 이런 식으로 방학 때는 고향 집에서 보내고 학기 중에는 서울에서 혼자 하숙생활을 하며 몇 해를 보내는 동안에 아내가 첫 아기를 가졌다는 소식이 전해져왔다. 아비가 된다는 기쁨보다 학생신분으로 어깨가 더 무거워지는 느낌이 먼저 들었다. 원암은 교우 관계에 있어서 그리 폭넓게 교제를 하는 편은 아니었다. 모난 성격이라서 그런 것이 아니라 친구들이 만났다하면 술 마시고 담배 피우고, 유성기 틀어놓고 고성방가로 유행가를 부르다가 지치면 난잡한 신여성들의 행각에 대한 얘기로 꽃을 피우는 등 자기가 별로 좋아하지 않는 식으로 놀기 때문이었다. 그래서 그런 집단모임은 피하고 책을 통해서 세상이 돌아가는 데 뒤처지지 않을 정도의 상식을 얻는 것을 취미로 삼았다.

그런데 하루는 최재서가 원암의 하숙집으로 놀러왔다. 방에 들어오더니 다짜고짜로 가녀린 여자 목소리로 이렇게 읊어댔다.

"나의 사랑하는 화복 씨! 나는 이제 아무 말도 할 수 없어요. 나는 당신을 위하여 살았어요! 그리고 당신을 위하여 죽어요! 애인을 위하여 살고 애인을 위하여 죽는다는 것은 얼마나 즐거운 일일까요!"

최재서는 멋진 제스처와 실감나는 목소리로 이런 대사를 외우다가 연인 앞에서 자결하는 극적인 장면을 연출하더니 원암에게,

“어때요? 멋있지요?”

라고 물었다. 원암은 어리둥절하여 이렇게 물었다.

“그게 뭐여?”

“아니, 이걸 모르다니요? 요새 장안의 화제가 되고 있는 「사랑의 불꽃」을 모른다면 신여성, 신남성이 못되지요.”

“「사랑의 불꽃」이 뭐여?”

“연애편지를 모은 책인데, 날개 돋친 듯 팔린대요. 여학생들과 기생들이 이 책 읽고 자살 연습을 하다가 정말 죽는 일이 매일같이 생긴다고 신문에도 났어요. 며칠 전 신문을 보니, 조선에서 작년에 자살자 수가 10년 전에 비해 5배나 증가한 1500명 선에 이르렀는데, 대부분이 사랑의 열병으로 인한 자살이래요. 또 작년 한 해에 우편국을 통해 전달된 편지가 7000만 통에 이르렀는데, 이것은 10년 전에 비해 무려 80배나 증가한 셈이라 해요.”

“그럼 그게 다 연애편지 때문에 자살이 그렇게 늘었단 말이여?”

“주로 연애편지 때문이래요. 총독부가 재작년부터 문화정책을 편다며 학교신설을 대폭 허용한 덕택에 교육인구가 갑자기 늘었다는 것이 첫째 이유래요. 또 근년에 우리글 신문과 잡지가 줄줄이 나오면서 서양의 자유평등주의 사조가 여성들에게까지 확산된 것이 그 다음 이유라고 신문 논평에서 그랬어요. 그런데, 충청도 양반 형님은 연애편지 안 써봤지요? 나는 요새 연애편지 답장 기다리는 재미로 사는 걸요.”

“답장 보내주는 여학생이 생겼다는 말이지?”

“아직 받지는 못했어요. 여섯 사람한테 보냈는데 아직 하나도 안 오네요. 비록 짝사랑일망정 어떤 여자를 사랑하는 감정에 빠져들어

밤새워 편지를 써보면 얼마나 행복한 지 몰라요. 내가 「사랑의 불꽃」
이란 책을 산 것도 연애편지 쓸 때 좋은 표현을 모방해 쓰기 위해서
지요. 충청도 양반 형님도 그런 문장 공부하겠다면 그 책 빌려줄 수
있어요."

원암이 그 책을 빌려달라고 딱히 부탁하지도 않았는데 최재서가
그로부터 2~3주가 지난 늦가을 어느 토요일에 그 책을 가져왔다며
집에 돌아갈 때 주겠다고 하여 같이 걸어갔다. 교문을 나서더니 그
는 삼청동 북한산언덕으로 올라가 낙엽을 밟으며 산책을 하자 했다.
산마루에 이르러 단풍이 곱게 물든 나무 사이로 낙엽을 밟으며 걷던
최재서가 흥얼거리며 '학도가'를 부르기 시작했다.

　　　학도야 학도야 청년학도야
　　　역사의 태동을 들어보아라.
　　　소년은 이로에 학난성이니
　　　일촌 광음도 불가경일세

1절을 다 부른 최재서가 막 2절을 시작하려는데 원암이 가로막으
며 이렇게 말했다.
"자네 이 노래 가사 어디서 따온 건지 알아여?"
"공자 아니면 맹자겠지요, 뭐."
"아니여, 주자의 '우성(偶成)'이라는 시에 나오는 것이여."
"그래요? 역시 충청도 양반 형님은 다르네요. 성현들의 좌우명을
다 외고 있으니 말이지요. 그건 그렇고 내가 전해주려고 갖고 온 책
여기 있어요."

주는 책을 받아들고 보니 책의 표지는 찢어버리고 한지로 꺼풀을 입혀 앞표지에 모범서간문집(模範書簡文集)이라고 제목을 붙여놓았다. 원암은 이상하게 생각되어 책의 안팎을 살펴보고 최재서가 위장술을 썼다는 것을 알아차렸다. 누가 봐도 모범 학생들이 읽음직한 책제목인데 안 내용은 누가 볼까 겁났던 모양이었다. 원암이 최재서에게 이렇게 물었다.

"나를 위해서 이렇게 한 것이여, 최 공을 위해서 한 것이여?"

"둘 다를 위해서 한 것입니다. 이런 책 보다가 학교에서 발각되면 불량학생 취급받을 것이 뻔하고, 하숙집 책꽂이에 꽂아두었다가 부모님들에게 들키면 당장 보따리 싸서 고향으로 가자고 할 것 아닙니까?"

"그런 책은 안 보면 될 텐데, 왜 숨어서 보는 거여? 아까 최 공이 '학도가'를 부를 때는 형설의 공을 쌓기 위해 결심을 다지자고 부르는 노래로구나 생각했는데, 이건 뭐여?"

"허허, 참! 충청도 양반 형님, 어디 세상 사는 길이 한 길밖에 없습니까? 중국에 공자, 맹자, 주자만 있고, 이태백, 도연명, 강태공은 없습니까? 그리고 아까 내가 부른 '학도가'를 두고 얘기해 봅시다. 가사는 분명히 밝은 미래를 위해 힘껏 정진하자는 내용입니다. 그런데 그 곡조가 학도들에게 힘이 넘치게 들립니까, 힘 빠지게 합니까? 힘이 넘치게 한다면 입학식이나 전교생 아침 조례시간에 그런 노래를 제창해야겠지요. 그런데 그 노래는 젊은이들이 어울려 술 마시며 부르거나 하숙집에서 실의에 빠져 드러누워서 흔히 불러요. 형님, '희망가' 부를 줄 알아요?"

"모르는데."

"내가 불러 볼 테니 들어보세요."

이 풍진 세상을 만났으니

너의 희망이 무엇이냐

부귀와 영화를 누렸으면

희망이 족할까

푸른 하늘 밝은 달 아래

곰곰이 생각하니 세상만사가

춘몽 중에 또다시 꿈같도다.

"이 노래 들으니, 희망의 노래 같이 들려요, 절망의 노래처럼 들려요?"

"절망의 노래 같네."

"그렇지요? 제목은 희망가인데 들어보면 절망의 감정을 절절히 표현하는 노래이지요. 그게 지금 우리 민족의 현 상황입니다."

"그 말은 알아듣겠는데, 표지 다르고 내용 다른 이 책은 나한테 소용이 없을 것 같아 그냥 돌려줄까 하네. 내가 문장력을 길러서 연애편지 쓸 일은 없을 터이니 말이여."

"문장력을 길러서 부인한테 보내는 편지라도 좀 정겨운 표현을 쓰면 좋을 텐데요."

"'교언영색이 선의인(巧言令色 鮮矣仁)'이라 했어. 번지르르한 말솜씨와 매끈한 외모를 가진 사람 치고 어진 사람 드물다는 뜻이지. 부부간에 무슨 영롱한 말이 필요하겠는가? 그리고 나는 말이여, 공자, 맹자, 주자는 먼발치에서나마 흉내 내며 따라 갈 수 있어도 이태백, 도연명은 죽어도 흉내 못 낼 것 같아. 그분들은 술만 마시면 시가 나오는데 나는 술만 마시면 온 세상이 뱅뱅 도는 것 같이 현기증이 난

단 말이여. 사람은 제각기 생긴 대로 사는 거여. 우리 아버님 우국지
사로 십여 년을 타향으로 떠도셨는데 한결같은 마음으로 살아오셨기
에 두루 존경받고 사신단 말이여. 행동을 바로 하면 말이 필요 없어.
그리고 나더러 '콩 심은 데 콩 나고, 팥 심은 데 팥 나는 것만 아는
꽁생원'이라고 하던데, 콩 심은 데는 콩이 나야 하고 팥 심은 데는
팥만 나야 순리가 아닌가 싶어."

좀체 다른 사람에게 정면으로 맞서는 일이 없는 원암이 최재서에
게 이렇게 강한 어조로 반박하고 나선 것은 자기보다 세 살이나 아
래인 그에게 평소에 느꼈던 열등의식 비슷한 감정이 오늘 폭발한 때
문이었다. 최재서는 다방면에 관심이 있어 공부에만 목숨을 거는 공
부벌레가 아닌데도 계속 학업에서 선두를 달려왔다. 그래서 공부에
대한 특별한 비법이 있는가 싶어서 '천재'라고 추켜주면서 영어공부
방법을 물은 적이 있다. 그때 그는 '정말 천재는 따로 있다.'며 직접
대면시켜주겠다고 약속한 바가 있었다. 그게 몇 년 전의 일인데 그
약속은 잊었는지 한 번도 언급이 없고, 오히려 공부보다 자기 마음을
혼란시키는 데로 끌고 간다는 생각이 들었다. 그래서 원암은 내친 김
에 최재서의 본심을 확인하고야 말겠다고 작심하고 이렇게 말했다.

"최 공! 우리 입학 후 첫 학기에 내가 '최 공! 그대 천재지?'라고
말한 것 기억하는가?"

"예, 기억해요. 그때 내가 정말 천재는 따로 있다고 말하며 나중에
직접 만나게 해주겠다고 했지요."

"다 기억하고 있군. 난 잊은 줄 알았지. 그런데 그런 약속은 안 지키
고 나한테 공부와 멀어지게 하는 것만 자꾸 소개해주는 의도는 뭐여?"

최재서는 원암의 이 말에 충격을 받은 듯, 한참 동안 상기된 얼굴

로 숨을 고르려고 애쓰며 앉아 있었다. 그러다가 다시 입을 열었다.

"형님, 뭔가 나를 크게 오해하시는 것 같아 제가 멍하네요. 그렇다고 지금 당장 말로 그게 아니라고 해봤자 안 믿을 터이니 앞으로 행동으로 보이지요. 제가 '정말 천재'라고 한 그분이 일본 유학을 가 있어 진작 그 약속을 실천하지 못했어요. 그러나 그분이 방학 때 조선에 나오면 꼭 만나주겠다는 약속을 받아두고 있어요. 그리고 제가 형님께 이런 저런 잡된 것을 소개한 것도 악의에서는 아니었어요. 아까 형님 말씀 듣고 이제 깨달았어요. 타고난 바탕이 다른데 그걸 모르고 내가 좋아하면 다른 사람도 좋아하겠지 생각하고 이것저것 마구 권해서 동호인을 만들려 한 내가 잘못이었다 싶어요."

원암은 좀 미안한 기색으로 이렇게 말했다.

"미안해여. 내 말이 심했던 가비여."

제14화

내로라하는 천재들의 세계를 기웃거리다

1924년도 겨울 방학을 앞두고 있던 어느 날 최재서가 원암에게 다가와서, "충청도 양반형님, 전에 말한 천재 만나보고 싶으면 이번 주 토요일에 같이 갑시다."라고 말했다. 원암이 반기며 그러자고 했다. 최재서는 집으로 가는 길에 원암을 자기 하숙집으로 데려가더니 귓속말로 이렇게 말했다.

"이번 토요일에 거기 간다는 말 아무에게도 하면 안 됩니다. 만약 학교에서 알면 정학 감입니다."

담이 적은 원암은 눈이 동그래져서 물었다.

"어떤 곳인데, 가면 정학을 당해? 그럼 안가면 될 것 아니여?"

"그렇게 큰 걱정은 안 해도 됩니다. 제가 시키는 대로만 하면 아무 일 없습니다."

"시키는 대로라니, 어떻게 해야 하는데?"

"고보 학생복을 벗고 대학생 복장으로 가든가 성인 복장으로 가야 합니다."

"대학생 제복이 갑자기 어디 있어? 그럼 나는 못 가겠는데."

"그건 제가 빌려 줄 수 있습니다. 고향 선배 대학생들 아는 사람이 많거든요. 형님은 실제 나이가 대학생 나이니까 들킬 염려가 없어요. 제가 오히려 걱정이지."

"나 때문에 남 다치는 게 싫어. 하지 말라는 것은 안 하는 것이 옳지."

"부모 하라는 대로만 하는 자식, 학교 시키는 대로만 하는 학생은 큰 인물이 못 됩니다. 저는 이런 짓 자주 합니다. 실제로 나쁜 짓은 아니거든요. 인생공부하러 가는 건데 뭐."

"도대체 무슨 공부이기에 학교에서 처벌하는 공부가 다 있어?"

"별것 아니고 영화 보러 가는 겁니다."

쿵덕거리는 가슴을 주저앉히려 애쓰며 집으로 가면서 원암은 속으로 이렇게 중얼거렸다. '저런 간 큰 짓 하고 다니고도 늘 수석을 하니, 저 사람 과연 천재 인가봐.'

그 주 토요일에 원암은 최재서가 빌려준 대학생 제복을 입고 종로에 있는 우미관 앞에서 만났다. 이윽고 그들은 어떤 일본 대학생교복을 입은 청년을 만나, 그 대학생 청년이 주는 입장권을 갖고 우미관에 들어갔다. 거기서 세 사람이 <장한몽>이라는 활동사진을 보았다. 원암은 이수일 심순애 노래는 귀에 익어 있었지만 영화는 처음 보는 것이라 정말 신기했다. 영화를 보면서 손수건을 꺼내어 눈물을 닦는 사람이 많았다. 어떤 여자관객들은 계속 흐느끼며 울었다. 원암은 혼잣말로, '서울에는 이런 별세계가 있구나. 그런데 최재서는 이런 데를 어떻게 알고 상습적으로 드나들지?'라고 중얼거렸다. 영화관에서 나온 후에 그 대학생을 따라 갔다. 그는 어떤 뒷골목 술집으로 데리고 들어가더니 이쪽 의사를 타진해보지도 않고 빈대떡과 막걸리를 시켰다. 최재서가 그 대학생을 소개했다.

"이분은 양주동이란 분입니다. 일본 와세다대학 영문학과에 다니는데 방학 중이라 귀국해 계십니다. 그리고 이분은 저의 동급생인데 충청도 영동 출신입니다."

"그럼 이 대학생분이 자네가 정말 천재라고 한 바로 그분인가비여?"

"헤헤, 맞습니다. 양 선배님, 실은 이 충청도 양반형님이 저를 잡고 영어를 어떻게 하면 잘할 수 있느냐며 물으며 저보고 '천재냐?'라고 하기에 정말 천재인 선배님을 소개시켜주겠다고 했어요. 용서하십시오."

이 말에 양주동은 기분이 좋은 듯 호쾌하게 웃더니 원암에게 나이가 몇인지 물었다. 자기보다 두 살 아래라는 것을 알고는, 말을 놓겠다고 하면서 일사천리로 얘기를 이끌어갔다. 이야기 중간에 가끔씩 듣는 이의 의사를 타진하는 체 하기도 했다. 그러나 그건 상대의 얘기를 유도하여 자유방담으로 이끌기 위해서가 아니고 자기 얘기를 안 듣고 딴전 피울까 싶어 주의집중을 시키기 위한 수작에 불과했다. 먼저 자기가 일본 와세다대학에 입학하기 전인 1923년에 펴낸 <금성>이란 시 동인지가 조선 문단의 효시라고 자랑하더니 오늘 본 영화에 대한 얘기로 화제를 돌렸다. 오늘 본 영화 '장한몽'은 원래 일본 작가 오자키 고요가 1913년에 발표한 「곤지키야샤」가 원작인데, 조중환이란 사람이 조선사람 정서에 맞게 번안하여 인기소설이 된 것이라 했다. 그런데 그 영화에서 이수일로 나온 배우가 누군지 아느냐고 양주동이 물었다. 최재서가 심훈이라고 말하자, 그를 어떻게 아느냐며 놀라는 눈치로 쳐다보더니 양주동은 또 심훈에 대해서 길게 얘기했다. 심훈은 1901년생으로 서울 출신인데, 경성고보 재학 중에 3·1 독립운동에 가담했다가 체포되어 옥고를 치렀다. 그 후 중국으로 가서 공부를 하고 1923년에 돌아와 신극연구단체 '극문회'를 조직했는데 그때 자기한테 여러모로 자문을 구한 일도 있었단다. 이번에 심훈이 영화배우로 변신하여 출연한다고 알려왔기에 자기가 그 역량을 보고 평가를 해주기 위해 귀국했다고 자랑스럽게 얘기했다. 그런데 얘기를 하면서 연도, 날짜, 고유명사 등에 세심하게 신경을 쓰며 자세히 설명하는 점으로 보아 기억력이 비상함을 과시하려는 게 아닌가 싶은 생각이 들게 했다.

원암은 뭐가 뭔지 이해가 안가는 내용이 많아 끼어들지도 못하고 가만히 듣고 있었다. 그러나 최재서는 양주동의 얘기를 흥미 있는 듯 열심히 듣다가 어떤 때는 얘기의 맥을 끊으며 질문을 던지기도 하여 일사천리로 얘기를 쏟아내는 양주동에게 제동을 걸며 내용을 재확인하거나 부연설명을 요구하기도 했다. 그래도 양주동은 청자의 요구는 대충 들어주는 척하고 일방적으로 문학과 문화에 대한 얘기를 종횡무진으로 끌고 나갔다. 아는 것이 무진장인데 들어줄 마땅한 사람이 없어 오래 모아두었다가 마침 청중을 만난 김에 다 쏟아내고 말 작정인 듯 연신 술로 목을 축이며 얘기를 이어갔다. 그러다가 관리에 소홀하여 청중을 놓칠까 걱정되는지 '자네들도 마셔. 얼마든지 사줄 테니.'라며 술을 계속 권했다. 술은 입에도 못 대는 원암은 주리가 틀려 죽을 지경이었으나 내색을 하지 않으려 애쓰며 앉아 버티었다. 그러다가 마침 양주동이 잠시 화장실에 간 틈을 타서 원암이 최재서의 귀에 대고, "천재 얘기는 언제 하려는가 물어보렴."이라고 나지막하게 속삭였다.

양주동이 다시 자리에 앉자 최재서가 이렇게 말했다.

“선배님, 이 충청도 양반형님이 선배님은 과연 천재답다고 하십니다.”

“그래? 천재는 천재라야 알아보는데, 그럼 오늘 3천재가 모였네, 하하!”

“그럼, 저도 끼워 주시는 겁니까, 선배님?”

“그럼, 내가 자네를 천재로 인정하지 않는다면 명색 일본의 명문 와세다대학 영문학도가 조선의 코흘리개 고보학생을 불러내어 활동사진 구경시켜주고 술 사주고 하겠나, 조선의 국보인 내가 말일세?”

“선배님은 와세다대학에 입학하기 전에 이미 영어 콘사이스 한 권을 한 장씩 외우고 나서는 찢어서 불살라 물에 타 마셨고, 또 영어명시 수십 수를 줄줄 암송하신다고 들었습니다. 그런데, 저는 지금 대학입학을 목전에 두고도 그 흉내조차 못 내거든요. 정말 그 정도로 많이 외워야 합니까?”

“그건 다 헛소문일세. 누가 그런 소리를 하던가?”

“그럼, 그게 모두 거짓말이란 말씀입니까?”

“모두는 아니지. 실제 얘기에 지어낸 얘기도 좀 들어 있고, 지어낸 얘기에 진실이 담겨 있기도 하지.”

“지어낸 얘기에 진실이 담겨 있다는 말씀은 이해가 안 되는데요.”

“오늘 본 ‘장한몽’은 지어낸 이야기잖아? 그런데, 그 영화 보고 모두 왜 울지?”

“…….”

“세상실이에서 실제 그런 일이 있을 수 있다고 느끼기에 울잖아? 지어낸 얘기 속에 인생의 진실을 담아냈다는 말이 그런 뜻이야. 그게 예술이고 문학이지. 그럼 내가 하나 물어볼게. 우리 주변에 우리

가슴을 아프게 하는 일들이 많이 벌어지고 있어. 우리가 오늘 극장에 가서 본 것보다 더 비극적인 사건이 실제 많이 발생하고 있단 말이야. 그런데 그런 실화를 듣고 그 현장에 가서 울어주고 동정해주면 정이 많다는 소리라도 듣겠지. 그런데 그런 짓은 잘 안 하면서 왜 돈 써가며 극장에 가서 지어낸 얘기를 듣고 눈물 흘리는 거야?”

“…….”

“그럼 내가 얘기하지. 세상살이 현장에서 일어난 실제사건은 자초지종을 듣고 보면 뒤죽박죽이라 머리만 아파지지. 예를 들어 돌연사한 친지의 집에 위로방문을 간 사람이 막상 그 집에서는 오래 앉아 있고 싶지 않아 얼른 그 비극의 현장을 벗어나는 거야. 그리고는 대포 집에 가서 술로 그 비극적인 사건을 잊으려 하지. 그런데, 영화관에 가서 본 비극은 지어낸 이야기인 줄 알면서 계속 기억에 떠올리며 생각을 한단 말이야. 예술의 묘미와 효용성이 바로 이런 데 있는 것이지. 또…….”

“잠깐, 선배님. 예술론은 감명 깊게 잘 들었습니다. 그런데, 선배님께서 아까 하신 말씀 중에 선배님에 대한 신화적인 얘기가 사실이 아니라고 하셨는데, 신상에 관해 지어낸 그런 얘기도 예술론과 관계가 있습니까?”

이때 양주동은 예상외의 질문에 약간 당황한 듯, 잠시 멈칫하더니 말을 이었다.

“자네들, 미국소설의 원조 워싱턴 어빙이라는 작가를 아는가?”

“처음 듣는데요.”

“그 작가가 19세기 초에 소설가로 데뷔하기 전에 뉴욕 신문에다 사람 찾는 광고를 냈어. 미국이 건국하기 전 초기개척역사에 정통한

'미스터 니커보커(Mr. Knickerbocker)'라는 사람을 찾아야 개척 초기 100년에 대한 글을 쓸 수 있겠다며 한 달 내내 그 광고를 실었어. 그러고 나서 몇 달 후 드디어 그 사람을 찾았다며, 자기 소설 서문에다 그에게서 입수한 자료를 근거로 소설을 썼다는 설명을 붙였어. 뉴욕 시민들은 어빙의 소설에 대해 관심이 커질 대로 커진 나머지라 너도 나도 사 본거야. 그런데 실은 '니커보커'라는 사람은 실제 인물이 아니고 어빙이 지어낸 허구의 인물이었고, 또 어빙이 미국 초기 개척자들의 실화라고 소개한 그의 소설도 그 자신이 지어낸 이야기임이 밝혀진 거야. 그런데 아무도 그를 사기꾼으로 몰아 욕하지 않았어. 역시 미국소설의 원조답게 작가로 데뷔한 사건자체를 소설화하고, 미국초기역사를 소설화함으로써 대중들이 정감을 느끼며 읽게 한 때문이지."

"워싱턴 어빙이 허구적인 인물과 허구적인 얘기로 세상의 이목을 집중시켜놓고 등단하였듯이 선배님에 대한 신화적인 얘기들도 세상의 이목을 집중시켜 놓고 한국문단에 화려하게 등단하기 위해 지어낸 이야기란 뜻입니까?"

"허허, 이 사람, 천재의 심중을 꿰뚫어 보다니 정말 천재 맞네. 그런데, 문학을 하다보면 실제 삶을 극의 한 토막처럼 만들고 싶은 충동이 생기거든. 내가 영어수업을 하면 내 바람에 취해서 단어 하나를 갖고도 어원, 동의어, 반의어, 동음이의어를 줄줄이 엮어내다가, 학생들까지 취해 끌려오면, 명시 구절, 극중 명대사 구절을 신들린 듯 마구 외워대는 거야. 그러고 나면 '양주동이 학창 시절에 콘사이스를 한권 다 뗐다.'더라 식의 전설은 저절로 생겨 저절로 퍼지는 거야. 그런 유의 허구가 말하자면 집단의 예술성 발휘이지. 그들이 나에 관해 만들어 내는 그런 전설은 내가 정말 그래 주었으면 좋겠다는 그들의 염원이 담겨 있어. 그러기에 나는 그들의 염원에 부합하기 위한 행동을 하는 거야. 내가 스무 살에 시문학 지를 펴낸 것도 그런 대중염원을 의식한 결과라 볼 수 있어. 말하자면 나도 모르게 무대체질이 되어버렸어.”

“그게 나쁠 것도 없다 싶어요.”

“그럼, 나도 그렇게 생각하기에 나이께나 더 먹은 내가 자네들 앞에서 이렇게 신들린 듯 설교를 하지. 그런데 자네처럼 어려도 나의 천재성을 인정해주는 사람이 있는가 하면, 나를 ‘떠버리’ ‘빈 양철’이라며 못마땅해 하는 사람도 있지.”

“예를 들면, 어떤 사람들입니까?”

“이광수 선배님 같은 분은 나를 천재로 인정한단 말이야. 그러나 최현배 선배님 같은 분은 나를 못마땅해 하지.”

“왜 못마땅해 하는데요?”

“뭐, 맞춤법도 모르면서 우리글, 영어를 마구 섞어 쓴다나 어쩐다나. 상상력이 부족해서 내 말을 못 알아들으니까 그런 탈 잡는 거지 뭐. 자네들 두고 보게나. 내가 영문학과에서 세계문학을 섭렵하고 나서 우리문학계를 평정할 테니 말이야. 그래서 아직 못 풀어낸 우리 고대문학을 말끔히 해석해 내놓을 테니 두고 보라고. 내가 지난 두 학기 동안 와세다대학 영문과에서 셰익스피어 강의를 들었는데 모두 최고점을 받았어. 나보다 더 열심히 한 사람이 많았는데도 나를 어림도 없이 못 따라 오더군. 셰익스피어의 위대성은 시공을 초월하여 우주를 꿰뚫어보는 상상력과 직관력인데 상상력과 직관력이 빈약한 사람이 논리로 따져서 그의 문학을 이해하려 한다 해서 되는 것이 아니지.”

이 사람들은 그냥 두면 밤새도록 이야기를 그칠 것 같지 않아 원암은 하숙집에 늦게 가면 안 된다고 말하며 일어설 자세를 취했다. 양주동은 원암에게 다음에 혹시 일본 유학에 대해서나 영어공부에 대해 문의하고 싶은 것이 있으면 편지를 보내라며 일본에 체류하는 거주지 주소를 적어주었다. 양주동과 헤어져 하숙집 쪽으로 걸어가던 원암이 같이 걷던 최재서에게 이렇게 물었다.

“그런데 최 공은 저 천재와 친숙해지려고 애쓰는 이유가 뭐여?”

“나는 아무래도 저분의 흉내를 내며 뒤따라가야 될 것 같아서요.”

원암은 최재서가 자기와는 다른 데가 있다는 것을 더욱 더 절실히 느꼈다. 원암은 아무래도 최재서보다는 이숭녕과 닮은 점이 더 많다 싶었다. 기질 면에서도 그렇고 재능 면에서도 그렇다. 한편 원암은 이 두 친구는 자기가 갖지 못한 큰 배포와 야심을 갖고 있다고 느끼고 배포와 야심을 키워봐야겠다는 생각을 해보기도 했다. 자기보다 불과 두세 살 차이밖에 나지 않는 양주동, 심훈 같은 이들이 국경을 넘나들며 개척자 정신을 발휘한 배포도 부럽거니와 최재서 같은 아우 뻘 되는 사람이 내비치는 야심이 두렵기만 한 원암이었다. 한편 원암의 마음속 깊은 곳에서 이런 목소리가 들려오기도 했다.

‘번개처럼 세상을 순간적으로 밝혔다가 잠시 후 다시 칠흑 같은 암흑천지로 만들기보다 깜박 깜박 빛을 발하며 방향을 알려주는 반딧불이 세상에 더 이로울 수도 있는데……’

제15화

정치이념 바람에 휩쓸릴 뻔한 원암

1925년, 원암은 경성제이고보 최종학년인 5학년
에 진급하여 졸업 후의 진로에 대해 고민하고 있었다. 그즈음 다른
동급생들은 어떤 진로를 택하는지 귀를 기울이다보니 원암은 지금까
지 별로 가까이하지 않던 동급생들과도 더러 대화를 나누게 되었다.
그러면서 원암이 일본 유학 쪽으로 마음을 정하고 진학준비를 하고
있다는 것이 저절로 알려지게 되었다. 그러던 6월 어느 날 동급생 김
모가 원암에게 다가와 일본 유학에 대한 정보를 얻을 수 있는 모임
이 있다고 귀띔하며 갈 생각이 있는지 물었다. 원암은 일부러라도
그런 정보를 얻으려고 설치는 판인데 마침 잘됐다 싶어 같이 가자고
했다. 방과 후에 동대문 근처 어디로 가서 골목을 꼬불꼬불 찾아 들
어가 어떤 집으로 들어갔다. 골목 안집 치고는 제법 너른 마당을 지
나 기다란 일본가옥 안으로 들어가니 널따란 다다미방에 이미 40여
명의 학생들이 모여 있었다. 차림으로 봐도 모두 고보졸업반 학생들
임을 알 수 있었다. 그중에는 같은 학교 동급생들도 대여섯 눈에 띄
였다.

잠시 후에 대학생 차림의 청년 세 사람이 들어오더니 각자 자기소

개를 했다. 동경제대 누구, 동북제대 누구, 조도전 대학 누구라고 소
개하더니 각 대학의 특성, 입학준비요령 등을 친절하게 안내해주었
다. 그리고는 참석자들이 어떤 대학을 지망하는 것이 좋을지 개별적
으로 상세히 안내해 주고 싶지만 이미 시간이 늦었다고 말했다. 그
러나 추후 개별적인 안내를 원한다면 주소와 개인 신상명세서를 적
어 보내달라고 했다. 나누어 주는 신상명세서 용지에는 주소는 물론
본적지, 부모님들의 재산 정도와 사회적 지위 등을 적는 난이 마련
되어 있었다. 그런 환경조건이 당시 각급 학교 입학에서 중요한 인
적사항이었으므로 모두 상세히 적어 냈다. 그런데 끝날 때, 주최 측
에서 하는 말 중에 좀 마음에 걸리는 것이 있었다. 오늘 여기서 이런
모임이 있었다는 것이나 어떤 정보를 얻어 왔다는 것을 아무 데도
알리지 말라고 신신당부하는 것이었다. 자기한테 유리한 정보는 아
는 사람이 많아질수록 정보가치가 떨어진다는 것이 그 이유였다.

그리고 나서 한 달 가량 지났을 때 일본에서 보낸 편지가 원암의
하숙집으로 배달되어왔다. 내용물을 보니 일본 각 대학의 입시에 대
한 더 자세한 정보를 정리한 유인물이 들어 있었다. 고맙기 짝이 없
다 싶어 잘 받았다는 회신을 보냈다. 또 얼마 후에는 추가 입시정보
가 정리된 자료가 도착했다. 이번에는 그 전 우편물에는 들어있지
않던 참고자료가 있었는데 자세히 읽어보니 '일본 유학생 현황과 실
상'이라는 보고서 형식의 글이었다. 거기에는 한일 합방 이후 일본에
유학 오는 조선학생이 얼마나 늘었고 유학 생활을 어떻게 하고 있다
는 것을 알리면서 부정적 사례와 긍정적 사례를 소개해놓았다. 대표
적인 부정적 사례로 아무개는 평양 만석꾼의 아들로 일본 유학 생활
중에도 황제같이 주지육림 속에서 세월을 보내고는 조국에 돌아가

선각자나 되는 것처럼 문학 활동을 벌이고 있다는 얘기, 또 한성의
친일관료 아들 누구는 조강지처는 고향에서 부모님 모시도록 남겨
놓고 일본 유학 와서는 신여성과 자유연애를 하여 현지 자식이 몇이
나 된다는 얘기, 이 외에도 경상도 갑부 집 아들 누구, 전라도 갑부
집 아들 누구, 황해도 지주 집 아들 누구 등등 조선의 유산층 자식들
의 타락상을 낱낱이 고발했다. 이런 판국에 조국을 구하려면 정신이
똑바른 젊은이가 대거 유학을 와야 한다는 말로 결론을 맺고 있었다.
　그러는 가운데 이런 자료를 보내는 단체가 뭔가를 노리고 있다는
느낌이 원암에게 차츰 들기 시작했다. 혼자 끙끙 앓다가 전에 양주
동이 일본주소를 적어주며 일본 유학에 대해 궁금한 게 있으면 물어
보라고 한 말이 생각났다. 그런데 양주동에게 편지를 쓰려면 최재서
를 통해야 되지 않을까 싶었다. 그러나 최재서가 그 내용을 알게 되
는 것도 원암에게는 기분 좋은 일은 아니었다. 최재서를 통하지 않
고 양주동에게 직접 편지를 보내자니 그것도 망설여졌다. 그렇게 전
전긍긍하고 있는 판에 최재서가 다가오더니 이렇게 물었다.
　"형, 혹시 일본 유학생 단체에서 보내는 통신문 받고 있지 않습니까?"
　원암이 가슴이 덜컥 내려앉아 얼른 대답을 못하다가 되물었다.
　"누가 그러던가? 혹시……."
　"그럼 받고 있는 모양이군요 그런데 양주동 선배 말에 의하면, 지금
세상이 어지럽게 돌아가고 있으니 정신 바짝 차려야 된다 하던데요"
　"무슨 소리야? 나는 뭐가 뭔지 아무 것도 모르겠단 말이여. 세상이
어떻게 돌아가는데?"
　"세상이 어떻게 돌아가는지 들어보고 싶거든 이번 토요일에 나하
고 같이 갑시다."

“어디를 가자고? 나는 요새 누가 어디로 가자는 게 제일 겁나더란 말이여.”

그러자 최재서는 주변을 살피더니 목소리를 낮춰 속삭이듯 말했다.

“양주동 선배님이 여름 방학이라 귀국한다고 연락 왔어요. 그분이 나한테 보낸 편지에서 지금 일본의 조선유학생들 사이에 이상한 바람이 불고 있다고 귀띔하더군요. 그러면서 혹시 일본 유학생 단체에서 보내는 무슨 통신문을 받고 있느냐고 묻더군요. 그래서 혹시나 싶어서 형에게 물어본 것이지요. 그나저나 양 선배 만나러 갈 겁니까, 말 겁니까? 저는 억지로 권하지는 않겠습니다.”

원암이 그 말에 즉답을 하지 않고 한참 생각하더니 가보겠다고 답했다. 최재서는 양 선배가 이번에는 청진동 골목 안 조용한 막걸리 집에서 만나자고 한다는 말과 함께 사복을 입고 나오라고 당부한 사실까지 전했다. 원암은 사복 입고 나오라는 말에 거부감이 좀 들었지만 이의를 달 입장이 못 되어 그냥 아무 말을 않는 것으로 순순히 따르겠다는 의사를 간접적으로 표시했다. 마침내 토요일 약속시간이 되어 두 사람은 양주동을 만나 인사를 나누고 셋이서 얘기를 나누게 되었다. 양주동이 먼저 입을 열었다.

“졸업반인데 진로문제로 고민이 많겠지? 최 군은 어디로 마음을 정하고 있는가?”

“일본으로 가는 쪽으로 생각하고 있었는데 부모님들이 한성에도 경성제국대학이 생기니 일본까지 갈 것 있느냐고 말리고 하여 어찌 될지 모르겠습니다.”

“충청도 양반 자네는?”

“저는 일본 유학 쪽으로 마음을 정하고 있었는데 요새 와서 생각이 뒤숭숭합니다.”

“왜? 혹시 일본 유학생 단체에서 보낸 무슨 보고선가 뭔가 하는
걸 받아본 것 아니야?”

“…….”

“대답 않는 걸 보니 받아본 모양이구먼?”

“그런데 선배님, 그걸 받아본 것이 잘못된 것입니까?”

“잘못되었다기보다 유학지망생들의 포섭작전이라는 걸 알고 받든
말든 해야 한다고 생각하네. 지금 일본에서는 조선 유학생들끼리 몇
패로 갈려 세를 확장하기 위해 야단이야.”

“왜 동족끼리 타국에 가서 싸움질을 합니까?”

“조선사람들이 조선 안에서도 싸우는 것은 마찬가지잖아? 친일파
와 항일파 간의 싸움이야 늘 보는 일이잖아?”

“일본에 있는 조선유학생들 중에 항일, 친일로 패가 갈라지는 것
은 있을 수 있다고 보는데, 몇 패로 갈라져 싸운다는 말은 무슨 뜻입
니까?”

“친일파는 제쳐두고 항일파에 대한 얘기를 해보겠네. 유학생의 주
축을 이루고 있는 것이 항일파인데, 이게 두 패로 갈라졌단 말이야.
그중에 한패가 일본 유학 지망생들을 포섭하기 위해 온갖 작전을 다
쓴다는 소문이 일본 유학생들 사이에 벌써 다 퍼졌어.”

“그 사람들이 무슨 목적으로 그럽니까?”

“그 사람들은 사회주의에 심취되어 그들의 정치이념을 실현시키기
위해 동조자를 규합하는 것이지.”

“사회주의가 어떤 것인데요?”

“마르크스라는 경제학자가 내 놓은 사회개혁론이지. 서양이 오랜

봉건주의를 거치면서 사회에 계급이 생겨 소수의 유산계층이 다수의 무산 계층을 지배하는 모순된 현상이 생겼다는 데서 이런 학설의 바탕을 찾은 것이지. 그런데 이 모순을 시정하기 위해 무산대중이 혁명을 통해 유산지배층을 숙청하고 평등사회를 건설하자는 것이 사회주의정치이념이지."

"그렇다면 그 경제학자의 주장이 옳은 것 아닙니까?"

"글쎄다. 그 경제이론이 전 세계의 지성인들에게 크게 호응을 받은 것은 사실이야. 조선유학생들이 일본에서 사회주의를 소개받은 것도 그 여파이지. 그런데 그 사회주의이념을 실현하기 위해 서양 여러 나라에서 혁명을 일으킨 거야. 그런데 사회주의를 이론처럼 현실에 적용하기는 쉽지 않다는 것이 곳곳에서 증명되기도 했어. 소련이 1917년에 볼셰비키 혁명을 통해 사회주의국가를 건설하는 데 성공하여 아직 초기실험단계에 있거든. 선진각국에서 사회주의 이상에 젖어 있던 젊은 지성인들이 소련에서 그 이상이 어떻게 실현되는지 보러 대거 몰려갔던 거야. 그런데 대부분이 실망하고 자기 나라로 돌아가 그 이념을 접고 다른 길을 걷게 되었어."

"왜 실망하게 되었을까요?"

"사회개혁을 위해서는 반드시 겪어야 할 과정이 유혈혁명인데, 그 유혈혁명과정에서 인륜도덕도 인간애도 찾아볼 수 없는 잔인무도한 인간으로 변하고 만 것을 본 때문이지. 그런 비싼 대가를 치르고 건설된 사회주의국가에서는 계급이 없어야 되잖아? 그런데, 혁명주역들이 계속 피투성이 권력다툼을 해서 거기서 이긴 자들이 신흥지배계급을 형성하고 그 밑에 수십 단계의 세부계층을 만들어 하층계급을 압박하는 거야. 소련에서 그런 꼴을 보고 온 지성인들이 사회주의는 강의실에서 젊은이들을 열광하게 만들 수는 있어도 민중을 잘 살게 할 수는 없다는 것을 문학으로 표현한 거야."

"그렇다면, 일본에 있는 조선유학생들 중에 사회주의운동을 하는 사람들은 무산계급 출신들이겠네요?"

"아니지. 무산계급 출신이 어떻게 유학 갈 수 있었겠나? 무산계급에서 일본에 건너 간 사람들은 탄광 노동자나 거리의 인력거꾼 같은 막노동자가 대부분이라 사회주의가 뭔지 알지도 못해. 일본 유학 갈 정도면 대지주이든지, 중간지주이든지 간에 일단 지주 계급에 속하는 집 자식들이지."

"그런 유산계급 출신이 사회주의를 부르짖는다는 것은 기득권을 포기하는 것이니 동기는 순수하다고 볼 수 있지 않습니까?"

"그렇다고도 볼 수 있지. 이들이 그런 사상에 물들게 되는 심리는 좀 복합적인 데가 있어. 비교적 큰 고생 없이 자란 탓으로 세상 물정에 어두운데다 나름대로 엘리트의식이 작용한 것도 부인할 수 없어. 첨단정치이념이 지성인사회에 바람을 일으키는 데 외면하면 남이 어떻게 볼까 싶은 체면의식이 작용한 것이지. 그보다 본의 아니게 그 대열에 끼어 못 빠져 나오는 경우가 더 많은 것 같더군."

"왜 그렇게 되는지 모르겠는데요."

"조선유학생단체에서 조선의 고보 졸업반 학생들에게 우편으로 보내주는 각종 자료가 무슨 돈으로 만들어지고 보내지겠어? 국제공산당의 지원을 받는단 말이야. 국제공산당은 종주국인 소련의 크렘린으로부터 지령을 받아 움직이는 다국적 정당이지. 혁명으로 전 세계를 공산화시키려는 계획으로 일사불란하게 움직이지. 그들은 세를 확장하기 위해 당원을 포섭하는 데 교묘한 방법을 쓴다고 하더군.

유학지망생들이 절실하게 필요한 정보를 제공해준다든가 해서 환심을 사고, 어느 정도 끌려들면 당원으로 등록하여 묶어버리는 거야. 초기에는 철저한 점 조직으로 관리하여 이탈자가 생겨도 조직의 몸통이 드러나지 않게 하지. 그러나 일정 기간 이상 조직에 관계한 사람은 일정한 임무가 주어지고 그때 거절하거나 이탈하려 하면 배신자로 처단하는 거야. 지금 조선유학생 사회에서 그런 일이 종종 벌어지고 있어."

원암은 들을수록 간이 떨려 아무 말도 못하고 상기된 얼굴로 다음 말을 기다리고 있었다. 이런 걸 눈치 챘는지 최재서가 양주동에게 더 캐물었다.

"아무것도 모르고 그들의 도움을 받은 조선의 고보학생들은 어떻게 하면 좋겠습니까?"

"그거야 본인이 알아서 할 일이지, 내가 이래라 저래라 할 입장이 못 되네."

"그렇기야 하겠지만, 기왕에 후배를 이끌 생각에서 말이 시작되었으니 좀 더 자상하게 말씀해주시지요."

"그건 자네가 할 말이 아니고, 충청도 출신 후배가 할 말인 것 같은데……."

그제야 원암은 자기 심정을 솔직히 고백하고 진심의 충고를 바란다고 말했다. 원암의 심중을 파악한 양주동은 이렇게 말했다.

"내가 이 군의 의사를 직접 타진한 데는 그만한 이유가 있네. 마르크스사상에 어느 정도 이상 끌려 들어간 사람은 선후배 관계니, 사제지간이니 따위는 이념의 동지에 비하면 무가치한 것이지. 심지어 혈연 관계도 정치이념실현에 방해가 되면 사정없이 끊어버릴 만큼 비인간적인 존재가 되지. 그래서 이 군이 어느 단계에 이르렀는지 확인하고 싶어서 그런 것이니 이해하게나. 그리고 나에게 충고를 해 달라 했는데 정치이념에 관한 한 나는 최대한 객관적으로 얘기하고 싶어, 어느 정파에 치우쳐 얘기하고 싶지는 않다네. 제일 좋은 방법은 나도 이 시대를 살아가는 지성인으로 사회주의사상을 접하고 고민을 해온 경험담을 얘기해주면 되겠다 싶은데, 어떤가 자네들 생각은?"

"좋습니다."

라고 둘이 같이 답했다.

"나는 최근 우리사회에 불어 닥친 몇 가지 바람이 유행병처럼 번 졌다가 때가 되면 숨질 시대의 열병으로 보고 있다네. 지난 몇 년 동 안에 조선의 지식인사회에 번진 열병이 무엇이었는가? 자유연애 바 람 아니었나? 부모들의 명에 따라 마음에도 없는 배우자와 백년해로 해야 한다는 엉터리 구습을 벗어던지고 자유의사에 따라 사랑을 즐 기자는 풍조가 요원의 불길처럼 번진거야. 그런 사회상을 그린 문학이 요 몇 년 사이에 나타난「모던보이 경성을 거닐다」,「사랑의 불꽃」과 같은 것이지. 민초들은 지난 4~5년 동안에 불어온 그런 자유연애의 열풍이 이는지도 모르고 넘어갔는데 엘리트의식을 가진 지성인들이 그 열병에 스스로 감염되어 소위 '신남성' '신여성'이라 자처하며 거 들먹거렸거든. 그런데 그런 자유연애열풍이 왜 일어나게 되었는지 알아? 조선 총독부가 3·1 운동에서 조선인들이 보여준 투쟁심에 겁 을 집어먹고 조선인들을 무마하기 위해 편 문화정책의 결과란 말이 야. 교육인구를 늘려주고 조선어 간행물을 허용한 결과로 서양의 자 유주의 물결이 일본을 거치지 않고 바로 조선어로 번역이 되어 소개 된 때문이야. 엘렌 케이의 '신남성' '신여성' 개념이 군국주의 일본에

서는 번지지 못하는데 조선에서는 단박에 번지는 것을 보고 일본인
들도 놀랐다고 하더군. 그 자유연애풍조가 조선에 밀려드니 조선의
지성인들이 독립운동 할 때 눈에 맺힌 핏발이 어느새 사라지고 사랑
에 취해 해롱해롱하는 것을 보고 일제당국은 쾌재를 부른 거야. 그
사랑의 열병으로 죽은 조선의 젊은이의 수가 독립운동 하다가 희생
된 젊은이의 수보다 많다는 것을 아무도 모르고 있지. 그러나 일본
의 고위정책 입안자들은 그런 걸 다 파악하고 있단 말이야. 그런 사
랑의 열병에 걸린 지성인들에게 각성을 촉구하며 등장한 이들이 바
로 사회주의자들이거든. 그들의 민중은 헐벗고 굶주리는데 부모 덕
에 배움의 기회를 얻은 지성인들이 타락하고 있다고 질책하며 등장
함으로써 패가 갈리게 된 것이지."

"그럼 일본의 지식인들은 사회주의풍조에 휩쓸리지 않습니까?"

"동조하지 않는다고는 말할 수 없어. 마르크스이론을 소개한 일본
의 학자들이 대학에서 강의를 할 때 입에 거품을 내뿜으며 그 이론
의 정당성을 주장하는 거야. 강의실에 입추의 여지도 없이 꽉 매운
학생들 중에 교수에게 열띤 호응을 보내는 측도 주로 일본인학생들
이지. 그런데 국제공산주의 대열에 열성분자로 활약하는 일본지식인
은 조선 유학생 수만큼도 안 되는 거야."

"그건 왜 그렇습니까?"

"그게 일본인들의 특성이라는 것을 내가 일본역사를 읽음으로써
깨닫게 된 거야."

"일본인의 어떤 특성인지 말씀해 주시겠습니까?"

"일본인들은 전 세계 모든 나라로부터 문화를 수입하되, 그것을
일본에 바로 심어버리지 않는 것이 특징이지. 외래문화를 지식으로

받아들인 후, 심층 연구하여 그 장점만 일본문화에 첨가한 것이 일본역사의 특징이라는 것이야. 그런 민족적 특성 덕택에 일본이 서양의 선진국과 겨루게 된 것임을 내가 깨닫게 되었다네. 마르크스 사상을 소개하는 교수나 열광적으로 호응하는 학생들은 하나의 새로운 지식으로 신기함과 합리성을 인정한다는 뜻일 뿐이지 그걸 당장 일본에 적용하자는 생각은 없었다는 것을 내가 눈치 챘지."

"그럼 일본정부에서는 국제공산주의의 확산에 대해 어떤 태도를 취하고 있습니까?"

"국민일체감을 중시하는 일본군국주의정부가 이에 위협이 되는 국제정치세력을 고운 눈으로 볼 턱이 없지. 그러나 아직은 그리 큰 위협으로 느끼지 않는 때문인지 관망만 하고 있는가봐. 정작 일제 당국이 경계하며 주시하고 있는 쪽은 일본 내의 좌익세력보다 조선에서 고개를 들고 있는 좌익세력이라고 일본신문에 보도되고 있더군."

"일본신문에 구체적으로 어떻게 보도되었는데요?"

"1923년 6월에 소련에 있는 국제공산당본부에서 밀명을 받고 조선에 잠입한 김재봉, 김약수 등 17명이 화요회를 조직하고 지하운동에 들어갔고, 1924년 4월에 조선노동총동맹과 조선청년회를 결성하고 활동을 개시했다는 보도가 동경의 일간 신문에 보도되었어. 그런데 일제당국이 그런 동태를 파악하고 왜 관망만 하고 있는지 알아?"

"왜 그러는데요?"

"조선의 지성인들이 분열될수록 일제에는 덜 위협적이기 때문이지. 조선의 항일세력이 우파민족주의와 좌파사회주의로 갈라졌거든. 일본 놈들 정말 지능적이지?"

"하시는 말씀으로 판단하건데 선배님은 우파민족주의계열에 속한다고 말할 수 있겠네요?”

“나는 진정한 지성인으로 남고 싶어서 사회주의자들이 내미는 손을 뿌리치게 됨으로서 저절로 그렇게 되어 버린 것이지.”

“진정한 지성인은 어떤 사람을 말합니까?”

“지성인의 생명이자 무기는 머리 아닌가? 그런데 지성인이 머리를 자유롭게 쓰지 못하게 되어버리면 무기를 빼앗긴 셈이고 생명을 잃은 거나 다름없지.”

“무슨 말인지 알 듯도 한데, 좀 구체적으로 말씀해주시죠.”

“마르크스 혁명주의자들은 지식계급을 지주계급보다 더 엄하게 다스리고 숙청하는 거야. 교조적 사회주의 이념에 무조건 따르는 지식인은 생명유지는 보장받을 수 있다는 것이 최상의 대우일 뿐이지. 인류역사는 진화의 역사인데 그 진화의 씨앗은 소수 지성인의 머리에서 뿌린 거였단 말이야. 지성인의 머리에서 새로운 진화의 씨앗이 싹트게 하려면 지성인들이 머리를 자유롭게 쓸 수 있는 자유로운 풍토가 조성되어야 하는 거야. 그런데 지금 사회주의 혁명가들은 그들이 성경보다 더 존중하는 마르크스이론에 의심을 품거나 도전을 하는 것을 절대 용납하지 않거든. 젊은 지성인이면 넓은 세상에 두루 시선을 보내며 유연한 머리로 창의력을 발휘해야 하는데 붓 대롱으로 세상을 보도록 강요하는 사회주의체제이기에 지성인들이 자기 조국을 앞 다투어 탈출한 거야. 나 같은 아까운 머리도 사회주의 체제에 들어가 유연성을 잃어버리면 돌머리가 되기 일쑤야, 하하. 자네들도 머리에 대한 자부심을 갖고 있거는 머리의 유연성을 유지할 수 있는 사회를 택해야 될 거라 생각해.”

이 두 고보학생은 양주동이 학문, 사회, 문학, 문화에 대해 종횡무

진으로 늘어놓는 평론을 들으며 그의 명석한 두뇌에 압도되어 버렸
다. 고보학생과 대학생의 차이가 이렇게 심할 수가 있을까 싶었다. 특
히 원암은 양주동이 자기보다 불과 두 살밖에 더 많지 않은데 전 세
계정세를 훤히 파악하고 또 듣는 이의 심중을 꿰뚫어 보며 정연한 논
리로 설득시켜가는 것을 보고 이 사람은 '정말 천재'다 싶었다. 원암
은 그 후로 일본에서 보내오는 우편물을 받지 않기 위해 일부러 하숙
집을 삼청동으로 옮기게 되었다. 원암의 장인이 사위로부터 자초지종
을 듣고 나더니 하숙집 주인한테는 사위가 가정 사정으로 학업을 포
기하고 고향에 내려가게 되었다는 말을 남기고 짐을 챙겨 떠났다.

제16화

일본 히로시마고등사범에 진학하다

원암은 드디어 1926년 3월에 경성제이고보를 졸업하게 되었다. 경성제이고보 제1기생이 5년 전에 입학할 당시에는 156명이었는데 마지막에 졸업장을 받아든 학생은 66명뿐이었다.

각 학년에 진급한 통계를 보면, 2학년 진급자 122명, 3학년 진급자 108명, 4학년 진급자 92명, 5학년 진급자 71명이었다. 매 학년에서 20% 정도의 탈락자가 발생한 원인은 가정 사정으로 학비조달에 어려움을 겪어 자퇴한 사람이 제일 많고, 그 다음은 식민지교육에 대한 저항을 하다가 처벌 받거나 기타 풍기문란행위에 대한 처벌로 정상적인 진급이 안 된 경우였다. 그 외에 엄한 낙제제도 때문에 탈락된 학생도 적지 않았다. 참고로 그 당시 우리나라 교육여건이 얼마나 열악했는지 짐작하게 하는 자료로 학부모들의 직업분포통계를 소개한다. 졸업생 66명의 학부모 직업분포를 보면 농업이 39명, 상업이 17명, 관공리 5명, 회사원 3명, 의사 1명, 기타직업 1명으로 되어 있나. 이 당시 조신 인구의 90% 이상이 농민이었고, 농사를 지어 중등학교 공부를 시키려면 적어도 백석 꾼은 되어야 했다. 그런데 일제의 경제수탈정책으로 백석 부농을 유지하기가 쉽지 않았던 것이다. 1회 졸업생 총원 66명을 신장순으로 정리하여 만든 명단이 있다. 그걸 보면, 원암은 중간에서 약간 상위 쪽에 속하는 26위였고, 최재서는 3위로 최상위 그룹, 이승녕은 63위로 최하위 그룹에 속했다. 졸업식에서 우등상을 받은 사람은 허원, 최재서, 김근배 세 사람이었고, 5년 개근상을 받은 사람은 최문재 한 사람뿐이었다. 원암은 학업석차가 66명 중에 12위였는데 예체능 과목에서 저조하여 우등생이 못 된 것 같았다. 1회 졸업생들의 진학, 취업상황을 보면, 전체 66명 중에 14명이 취업을 하고 나머지 52명이 진학을 하게 되었다. 취업으로는 보통학교 교원으로 5명, 기타 실무로 9명이 직업을 갖게 되었다. 진학상황을 보면, 동경고등사범학교에 1명, 광도고등사범에 2명, 동경미술학교에 1명 등 4명이 일본 유학길을 택했다.

원암이 고보를 졸업하던 그 해에는 그 전보다 일본 유학을 택하는 지망생이 대폭 줄었다. 그 이유는 조선에 일본의 제국대학과 동급의 관립제국대학을 설립하기로 발표한 때문이었다. 그 정책에 따라 경성제국대학이 예과과정부터 개설이 되었고 바로 이 해부터 본과과정이 개설되기로 예정되어 있었다.

경성제국대학이 생기게 된 배경을 간단히 소개하면 다음과 같다. 일제초기에는 조선인은 지도자단계의 고등교육을 받지 못하도록 제도적으로 제한했다. 이에 불만을 품은 조선지도자들이 거국적인 민립대학 설립을 시도했다. 1922년에 월남 이상재를 중심으로 한 민족지도자들이 민족자본기탁자 100인으로부터 기부금을 받아 민족종합대학을 설립하기로 결정하고 총독부에 설립허가를 요청했다. 그러자 조선 총독부는 겁을 집어먹고 이를 무마하기 위해 1923년 5월에 '경성제국대학령'을 선포하여 경성에 관립종합대학을 설립하게 되었다. 1924년에 2년제 예과만으로 개교했다가 1926년에 3년제 법문학부와 4년제 의학부를 설치하게 되었다. 경성제이고보가 첫 졸업생을 배출하는 1926년, 바로 그 해부터 경성제국대학이 종합대학으로 모습을 대충 갖추게 되자 경성제이고보 졸업생들이 일본 유학 대신에 경성제국대학으로 대거 몰리게 되었다. 구체적인 지망상황을 살펴보면 경성제국대학예과 18명, 경성법학전문학교 2명, 경성의학전문학교 8명, 경성고등 공업학교 2명, 수원고등농림학교 7명, 경성고등 상업학교 3명, 경성사범학교 연습과 6명, 경성치과의학교 1명 등이었다.

원암의 동기생 중에 원암과 특히 가깝게 지냈던 최재서와 이숭녕은 경성제국대학으로 진학하게 되었다. 후일의 일이지만 이 두 사람이 우리나라 현대 문학과 국어학에 이바지한 공헌은 역사에 오래 남을 만큼 컸다. 최재서는 경성제국대학에서 영문학을 전공하고 1933년에 동대학 대학원을 졸업한 후 런던대학에 유학하고 돌아와 세계문학 속에서 한국문학을 논하는 문학비평의 독보적 존재로 자리를 확고히 굳혔다. 이숭녕은 경성제국대학 조선어문학과를 졸업한 후 국어를 과학적으로 연구하는 데 전념하여 국어계통론, 음운론 연구에서 독보적인 존재가 되었다. '될성부른 나무는 떡잎부터 안다.'는 속담대로 최재서와 이숭녕은 10대 중반에 될성부른 나무로 원암의 눈에 띄었다. 원암이 배포를 키우는 데 이 두 사람이 여러모로 기여한 바가 컸다. 이래저래 원암은 어두운 시대를 살아오는 중에도 인덕이 많았다. 그런 인덕은 저절로 온 것이라기보다 그의 타고난 청기가 그런 인덕을 불러들였기 때문이다.

원암이 히로시마고등사범학교에 진학하기로 결정하는 데는 몇 가지 요인이 작용한 것으로 보인다. 고등사범은 교육자를 양성하는 곳으로 관립 동경고등사범과 히로시마고등사범은 당시 일본에서 중등교사를 양성하는 데 쌍벽을 이루는 명문학교였다. 명치정부가 교육입국을 목표로 삼고 교육자에 대한 권위와 대우를 최고로 우대한다는 취지로 고등사범학생들은 학비 전액 면제에다 기숙사 무료 입주, 거기다가 성적이 우수하면 매월 상당한 생활보조금을 지급하는 특혜가 있었다. 대단한 지주가 아니면 일본 유학을 꿈꾸기 어려운 조선 사람들로 봐서는 일본의 고등사범에 입학했다 하면 하늘의 별을 딴 천재로 인정받게 되었다. 그러기에 원암보다 약간 앞서 광도고사에 입학한 조선인 중에는 걸출한 인물이 많았다. 후일에 우리나라 한글교육의 영도자가 된 최현배 선생, 노벨 화학상 후보에 여러 번 오른 일이 있는 이태규(이회창의 백부) 박사 등이 원암보다 앞서 히로시마고등사범학교에 입학한 바 있다.

원암이 광도고등사범을 지망하게 된 배경에는 본인의 마음속에 오래전부터 간직해온 꿈, 즉 가르치는 것을 업으로 삼아 원도 한도 없이 열정을 쏟아보자는 꿈도 작용했으리라 여겨진다. 그 꿈은 원암의 최초 은사인 서당 훈장 북실 어른의 꿈과도 일치되는 것이고, 책상 대물림을 자랑으로 삼아온 부모님들의 기대에도 어긋나지 않은 것이다. 다만 당시로서는 일본 국내에서도 최상급 수재들이 몰리는 고등사범에 입학이 가능하냐의 문제만 남아있었다. 원암이 예체능에서 성적이 저조하여 우등생은 되지 못했으나 다른 중요 학과목은 최상위급에 속했고 특히 언어과목은 고루 우수한 편이었으므로 학교에서는 원암을 유력한 합격후보자로 판단하여 지망을 허용했다. 그해 1926년도 광도고사의 입시지망상황을 일별해보기로 한다. 문과의 경우 1152명(외국인 4명 포함)이 지원하여 89명(외국인 1명)이 합격했으니 약 13 : 1의 경쟁률을 나타낸 것이다. 그런데 그때는 조선이 일본에 합방된 상태였으므로 원암은 외국인으로 별도 취급을 받지 않고 일본 학생들과 같은 조건으로 응시하여 사정을 받아야 했으니 불리하기 이루 말할 수 없었다. 그런 어려운 시험에 원암이 거뜬히 합격했으니 본인은 물론 출신학교인 경성제이고보에서도 경사가 났다고 했을 것이다.

원암은 경성제이고보를 졸업하고 잠시 귀향하여 오랜만에 가족들과 같이 지낼 시간을 갖게 되었다. 그러나 원암이 고보 5학년 때 태어난 아들 기영이 첫돌이 지나 한창 재롱을 부릴 때인데 또 떼놓고 먼 유학길에 올라야 할 처지를 생각하니 마음 한 구석은 언짢았다. 원암이 큰 스승이 될 재목이라고 기대감으로 지켜보아왔던 훈장 북실 어른은 이제 노인 티가 완연할 정도로 기력이 쇠잔해 있었는데 원암의 고별방문을 받고 반가워하며 이렇게 말했다.

"자네는 내가 진작 말했듯이 큰 스승이 될 것으로 믿네. 진학하는 대학이 교육자를 양성하는 곳이라니 참 잘됐다. 그럼 일본 유학을 마치고 돌아와서는 어디서 무엇을 가르치게 되는가?"

"그 학교에서는 영어를 가르치는 교육자를 길러냅니다. 그러니 졸업 후에 조선에 돌아와서 고보 같은 데서 영어를 가르치게 될 것입니다."

"그래. 일본을 따라잡기 위해서는 일본보다 앞선 나라들의 밀을 가르쳐야 되겠지. 어디서 무엇을 하든 자네가 타고난 청기를 그대로 보존하면 훌륭한 교육자가 되리라 믿는다."

"스승님 말씀 명심하고 열심히 하겠습니다."

1926년 4월 9일에 있을 광도고등사범학교 입학식에 참석하기 위해 원암은 아버지와 함께 4월 6일에 부산에서 일본 하관 항으로 향하는 연락선에 올랐다. 신학기 개학을 앞두고 일본으로 건너가는 유학생과 그 부모들이 유난히 많이 눈에 띄었다. 느린 배안에서 긴 항해시간 동안 무료함을 달래 줄 방법을 각자 찾게 되었다. 그러나 뾰족한 방법이 있을 수 없었다. 그러다보니 가까이 있는 사람들끼리 서로 통성명하고 얘기를 주고받는 분위기가 자연스럽게 조성되었다. 그런 분위기에서는 일부러 나서서 얘기를 하려고 애쓸 필요가 없었다. 또 얘기를 엿들으려고 귀를 일부러 쫑긋 세우지 않아도 되고, 듣기 싫으면 잠을 청해도 무방했다. 그냥 귀만 열어놓고 있으면 별별 얘기가 다 들려왔다.

경남 창녕의 어떤 갑부 집 아들은 일본에서 유학 중에 사귄 신여성을 고향으로 데리고 가서 부모님에게 인사를 시켰단다. 그런데 고향에서 부모님을 모시고 있던 조강지처가 그 날 밤에 감나무에 목을 매어 죽은 사건이 발생하여 가문이 패가망신하게 되었다는 얘기가 좌중의 관심을 집중시키는 데 성공한 제1탄이었다.

그 다음에 또 걸쭉한 입심으로 입을 떼기 시작한 어떤 중년사나이의 얘기가 그 뒤를 이었다. 영주의 어떤 지주 집 아들이 일본 유학 중에 좌익운동에 가담하여 열성적으로 활동하고 있다는 것을 알게 된 고향의 부모가 학비 보내는 것을 중단해버리자 아들이 고향에 와서 머잖아 지주들은 인민제판을 받아 재산을 다 뺏길 것이니 미리 토지를 정리하여 좌익운동자금으로 바치라며 부모에게 대들었단다. 그러자 부모와 삼촌들이 집안에 인간 말짜 하나 나왔다고 몰매를 쳐서 병신이 되었다는 얘기가 모두의 가슴을 섬뜩하게 만든 얘기가 제 2탄이었다.

그 다음에는 어떤 중년사나이가 강한 전라도 사투리로 목청을 돋우며 얘기 바통을 이어받았다. 전주의 어떤 관료의 아들은 인물이 좋고 주색잡기에 능해서 일본 유학 중에 화류계 출입이 심했단다. 그러다가 최근에는 매독에 걸려 코뼈가 문드러져 사람대면을 피하고 산다는 서글픈 얘기가 제3탄이었다.

한편 이런 얘기가 계속되는 동안 눈을 지그시 감고 안 듣는 체하면서도 다 듣게 된 승종은 속으로 이렇게 생각했다. '그러지 않아도 이국땅에 자식을 홀로 내보내면서 조심시킬 일이 한두 가지가 아니라 조용히 시간을 내서 아들에게 일러주려 작정하고 적절한 때를 기다리고 있었는데 배 안에서 얘기꾼들이 저절로 나와 일본 유학 보내는 자식에게 부모가 일러줄 알짜배기 얘기만 골라 해주니 고맙기 그지없군.' 한편 같이 앉아 이야기 3탄까지 다 엿들은 원암도 같은 심정이었다. 일본 유학 중에 잘못 들기 쉬운 길에 대하여 전에 일본 유학생 단체에서 보내준 보고서를 통해서 1차 예방주사를 맞은 셈이었다. 또 그 후에 양주동 선배를 통해 2차 예방주사를 맞았고 지금 방금 세 사람이 마지막 예방접종을 완벽하게 해주었으니 흐뭇한 기분이었다. 그나저나 원암은 아내를 생각하면 불쌍하고 미안하기 짝이 없었다. 결혼한 지 벌써 7년이 지나도록 생과부나 다름없이 따로 떨어져 살게 했는데 이번에는 더 멀리 떨어져 다시 4년을 보내야 할 신세가 되었으니 막막하기만 했다. 그런 상념에 사로 잡혀 있는 사이에 어느덧 일본 땅에 들어서게 되었다.

당시의 일본사회의 모습을 주마간산 격으로 소개한다. 일본 땅에 들어서자 우선 눈에 들어오는 풍경은 조선과 크게 다르지 않았다. 사람들의 생김새도 이미 경성에서 보던 일본사람 모습 그대로라 별로 이질감이 들지 않았다. 그러나 시골풍경을 멀리서 바라보면 조선과는 뭔가 다른 데가 더러 눈에 띄었다. 조선의 시골은 초가집들이 조개껍질 엎어놓은 것처럼 다닥다닥 붙어 마을을 이루고 있는데 일본은 시골에서도 가옥이 뚝 떨어져 있었다. 가옥도 2층 목조가옥이 제법 많았다. 집 안을 보면 우리나라 가옥처럼 온돌방이 없고 홀처럼 넓은 공간에 돗자리를 깔아 활동하기 좋게 되어있을 뿐, 등 붙이고 눕고 싶은 아늑한 공간이 아니었다. 그리고 먹는 것도 우리나라처럼 푸짐하게 차려놓고 배불리 먹게 하는 것이 아니고 겨우 허기를 면할 정도만 먹도록 주는 것이 일본인들의 식생활습관인 것 같았다. 말하자면 일본사람들은 대체로 금욕주의적인 생활에 젖어 있다는 인상을 받게 되었다. 원암은 일본인들은 정복민족으로서 대체로 풍족한 삶을 누리고 있으리라 생각해왔는데 전혀 그렇지 않았다. 히로시마고등사범학교(廣島高等師範學校)는 오지고쿠다이지무라(大字國泰寺村)에 있었다. 학교에 들어가서 입학허가증을 보여주고 기숙사 입사허가증을 받았다. 기숙사에 가서 방을 배정받고 거기에 짐을 풀고 교내와 학교 주위를 둘러보았다. 학교 안에는 모든 것이 깨끗하고 정리정돈이 잘 되어있었다. 학교 주변 주택가 거리도 거닐어 봤는데 깨끗하고 말끔하다는 인상을 풍겼다. 거리에서 보게 되는 사람들이 서로 주고받는 말소리가 조용조용하고 낯모르는 사람들에게 대하는 태도도 친절했다. 조선에 있는 일본관헌들에게서 풍기는 냉정하고 무서운 인상을 여기서는 좀체 찾아볼 수 없었다. 학교 기숙사 현관 앞에는 일본의 명치천황의 교육입국 정신에 입각하여 이 학교가 일본교육의 동량을 길러내는 사명을 띠고 설립되었음을 표시하는 글이 비석에 새겨져있었다. 그리고 기숙사 생활에 대해 안내하는 기숙사 사감은 좀 딱딱해 보였다. 그의 말에 의하면 이 학교는 일본의 교육사관학교라고 생각하면 틀림없을 것이라고 말하며 그만큼 학생들이 자부심을 갖고 행동해야 한다고 말하며 기숙사에서는 엄격한 통제가 있을 것임을 은근히 내비치는 것이었다.

원암은 이곳 기숙사 사감이 이 학교를 '교육 사관학교'라고 언급한 것을 두고 곰곰이 생각하게 되었다. 왜냐하면 자기가 영동보통학교에 다닐 때 일본교유들이 칼을 차고 군복과 비슷한 제복을 입고 위엄 있는 걸음 거리로 교내를 돌아다니던 모습이 다시 떠올랐기 때문이다. 또 원암이 경성제이고보에 입학할 때는 조선 총독부가 유화정책으로 막 전환한 때라 교유들이 착검하고 제복을 입는 규정은 없어졌는데도 교훈에서 풍기는 무사정신과 교유들의 언행에서 묻어나는 무사기질은 여전히 남아 있어 조선의 선비와는 대조적인 데가 많다고 느낀 터였다. 원암은 일본교육의 그런 특징이 어디서 비롯되었는지 궁금했다. 그래서 그 궁금증을 풀기 위해 기숙사에서 만난 조선인 선배 유학생들에게 문의해 봤다. 마침 조선인 유학생 한 사람이 학교도서관에서 빌려서 읽고 있는 「일본교육사」란 책을 보여주면서 일본의 근세 교육사 부분만 읽어보고 돌려달라고 했다.

원암이 하룻밤 동안에 읽어서 정리한 일본의 근세교육사는 대략 이러하다. 일본이 중세까지만 해도 동양의 중원문화인 중국문화가 가장 늦게 전달된 민족 중의 하나였다. 그러나 중세에서 근세로 접어든 16세기부터 서양 해양국들의 동양진출 붐을 타고 밀려들 때 일본은 서양문화를 받아들이기에 가장 유리한 위치에 놓여 있었다. 이런 지리적 이점을 이용하여 서양의 합리적 제도와 앞선 기술을 받아들임으로써 서양의 선진국을 경쟁대상국으로 삼아 발전을 도모하게 되었다. 중세까지 일본의 교육은 동양유교문화권의 전통을 이어오다가 근세로 접어들면서 서양의 교육을 모델로 삼게 됨으로써 조선이나 중국의 교육과는 판이하게 다른 전통을 쌓게 되었다. 일본은 동양에서 유일하게 서양 봉건주의와 흡사한 막번체제(幕藩體制)라는 지방분권통치체제가 형성되고, 서양 봉건주의의 기사계급과 같은 일본의 무사계급(사무라이)이 지배층을 이루게 되었다. 따라서 일본의 근세교육은 유교문화의 전통인 선비정신과는 거리가 먼 무사정신에 무게중심을 두게 되었다. 일본교육의 무게중심이 이렇게 바뀌게 되고부터는 그들의 이상적인 모델을 서양교육사에서 찾을 수밖에 없었다. 서양의 오랜 교육사에서 그런 모델은 얼마든지 찾아볼 수 있었다. 고대 그리스의 스파르타교육이 가장 오래된 무사정신교육이었다. 스파르타교육은 개인보다 집단을 중요시하는 교육인데, 일본민족성이 이런 성향을 어느 민족보다 다분히 갖추고 있다. 서양에서도 스파르타교육을 모델로 삼아 실험해 본 대표적인 예로 20세기 초에 나타난 독일의 나치정부가 있다. 독일민족에게는 민족우월주의 사상이 있어 유럽의 여타민족을 지배하려는 야심을 숨기고 있었다. 그런 야심으로 국력을 키우기 위해 독일은 19세기 초에 국민강제의무교육을 시작하여 세계에서 제일 먼저 국민보편화교육을 실시했다. 독일의 이런 발 빠른 국민교육에 충격을 받은 영국, 프랑스 등이 보편교육확대정책을 펴게 되었으나 독일처럼 군국주의 교육을 지향하지는 않았다.

일본식 봉건체제인 막번체제가 1600년부터 약 270년간 지속되는 동안에 번(藩) 중심의 지방정부가 서양의 문물을 받아들이는 데 상호경쟁을 벌인 결과 일본은 엄청난 부를 쌓아 강대국이 되었다. 거기다가 무력으로 일본을 통일하여 중앙집권체제를 강화하게 되자 동양을 지배하고 싶은 야심이 생겨 군국주의 일본을 선언한 것이 소위 1868년의 명치유신이다. 독일이 민족우월주의에 빠져 유럽을 지배할 작정으로 군국주의를 표방했듯이 일본도 자기들대로는 민족우월주의에 빠져 동양을 지배할 목적으로 군국주의를 표방한 것이다. 명치정부는 일본인 특유의 민족성인 국민일체감을 극대화할 목적으로 천황을 우상화하기 위해 가미가제신화를 국민들 의식 깊숙이 심고 일본수호신을 섬기는 행위를 범국민적인 종교의식처럼 만들었다. 또 국민의 수준을 높이되 개인보다 집단을 중시하는 정신을 고취하는 데 주력하는 교육을 지향하게 되었다. 그러다 보니 그 모델을 멀리로는 고대 그리스의 스파르타교육에서 가까이로는 19세기 초 독일에서 실시한 강제의무국민교육에서 찾게 된 것이다. 선비가 지배하는 조선에서는 붓끝에서 권력이 나오고 신분상승의 길도 붓끝에서 생긴다는 철학이 모든 사람에게 깊이 각인되어 있었다. 이에 반해 일본에서는 칼끝에서 권력이 나오고 신분상승의 길도 칼끝에서 생긴다는 철학이 국민들에게 깊이 새겨져 있었다. 그러기에 조선 아이들은 여덟 팔 자 양반걸음을 흉내 내며 자라고 일본 아이들은 사무라이걸음을 흉내 내며 자라게 된다.

충청도 양반 고을 영동에서 자라 선비정신이 바탕에 깔려 있는 원암이 사무라이 정신을 숭상하는 일본사회에서 어떻게 적응해 갈지 원암은 원암대로, 아버지는 아버지대로 은근히 걱정이 뇌었다. 승종은 아들의 입학식에 참석한 후 바로 귀국했는데 몸이 약한 아들을 이국에 혼자 떼놓고 떠나는 아버지 마음이 가볍지는 않았다.

제17화
히로시마고등사범학교 생활 이모저모

1926년 4월 9일에 입학식이 있었다. 신입생 오리엔테이션에서 전해주는 안내책자에 소개한 학교연혁을 간추리면 아래와 같았다.

일본에서 동경고등사범학교(츠쿠바 대학의 전신), 동경여자고등사범학교(오차노미즈여자대학의 전신)에 이어 세 번째 관립고등사범학교로 설립된 히로시마고등사범학교(廣島高等師範學校)는 1902년 4월 1일에 개교되고 그해 9월에 수업을 개시하였다. 개교 당시에는 예과와 본과로 나누어졌는데, 본과는 국어 한문부, 영어부, 지리역사부, 수물화학부, 박물학부 등 5부가 설치되었다. 1905년에 부속학교가 개교되었다. 1915년 고등사범학교규정의 개정으로 문과, 이과 및 특과로 교육과가 설치되었고, 1918년에 덕육전공과가 설치되었다. 일본 국내에서 문학사의 칭호가 부여된 고등사범학교는 동경고등사범과 광도고등사범 두 학교뿐이다. 동경고등사범은 교육이론 쪽에 강하고 광도고등사범은 각과 지도법 개발과 실천에서 앞선다는 것이 일본교육계의 일반적 평이다. 광도고등사범은 흔히 '일본 교육의 서쪽 총본산(日本敎育 西部 總本産)'이라는 별칭으로 언급된다.

원암이 광도고등사범에 입학하여 일본인들만의 동급생 집단에서 탐색전이 시작되었다. 전공과목 강의에서 차츰 일본인은 그들 특유의 언어특질이 드러나기 시작했다. 광도고등사범에서는 제법 많은 영어원어민 교수가 직접 가르치게 되었다. 그런데 지금까지 조선에서 영어를 가르쳐준 일본인 선생이나 이곳의 일본인 교수가 영어를 읽는 것과 영국인이나 미국인이 영어를 읽는 것이 너무나 다르게 들려 전혀 딴 나라 말을 하는 것 같이 느껴졌다. 이를테면 'This is a teacher, and that is a doctor.'를 일본사람들이 읽으면 '지스 이즈 어 티쳐, 엔드 제트 이즈 어 도구타'로 들린다. 'There is an inkstand on the table.'을 일본인이 읽으면 '제어 이즈 언 잉끼스탄드 온 저 테이부르'로 들린다. 그건 왜 그럴까 궁금하게 생각하며 주의 깊게 관찰해 보았다. 그 결과 알게 된 바로는 일본 언어의 음운체계가 영어와 다른 것이 너무나 많기 때문이라는 것이다. 이를테면 일본말에는 영어의 'th'를 발음할 때 내는 그런 음운체계가 없기 때문에 'this'를 '지스', 'that'를 '제트'라 발음한다. 또 일본말에는 영어의 'z'음이 없기 때문에 일본말에서 이와 가장 가까운 음으로 대치하여 발음하니 'is'를 '이즈'로 들리게 된다. 또 일본말에는 영어의 'r'이나 'l'의 음가를 가진 자음이 없기 때문에 대개 뒤에 붙은 'r'은 묵음으로 생략해버리고 앞이나 중간에 있는 'r'은 'l'과 구별 없이 발음하므로 영어처럼 구르는 소리가 없이 딱딱하게 들리게 된다.

무엇보다 일본어가 영어나 우리말과 가장 크게 다른 음운상의 특징은 대부분의 단어가 자음으로 끝나지 않고 자음 뒤에 모음을 첨가하여 발음한다는 것이다. 이를테면, 'table'을 '테이블'이라 하지 않고 '테이브루'로, 'ink'를 '잉끼'라 한다. 이처럼 음운체계가 워낙 다르니

한 문장만 읽어도 영어가 영어처럼 들리지 않고 이상하게 들리게 된
다. 그런 음운체계의 차이는 우리말보다 일본말에서 더욱 심했다. 조
선에 설립된 미션스쿨에서는 원어민 선교사로부터 영어를 직접 배우
게 되었으나 그 수는 극소수에 지나지 않았고 일제 식민지교육에서
일본사람들로부터 배운 영어교육이 주종이었다. 원암도 일인교사로부
터 영어를 배웠으므로 진짜 영어가 아닌 일본어 특징이 다분히 묻은
중간언어(interlanguage)를 학습한 셈이었다. 말하자면, 영국영어에다 일
본어음운이 가미된 이종영어(異種英語)였다. 고보 시절 영어 선생 몇
사람들을 두고 보면 그들끼리도 발음은 제각기 달라 누구의 발음이
맞는 것인지 알 수 없었다. 시험에서도 발음을 출제하는 일이 거의
없었기에 영어공부에서 발음은 별로 중요하지 않은 것으로 여겨졌다.
　원암이 광도고사에서 영어를 전공하면서 깨닫게 된 다른 한 가지
사실은 영어에도 영국영어와 미국영어가 있다는 것이었다. 원어민
강사 중에는 미국 출신도 있고 영국 출신도 있었기에 그 차이를 분
명히 깨달을 수가 있었다. 그런데 일본인 영어교사로부터 배운 영어
는 전부 영국영어라는 것을 알게 되었다. 그 이유를 알고 보니 일본
이 서양문화를 받아들인 과정에서 유럽을 모델로 삼았기 때문이었다.
일본이 여러모로 영국을 본받으려한 이유 중 하나는 영국은 일본과
면적이 비슷한 섬나라라서 섬사람 특유의 기질을 공유하고 있다는
것이다. 또 하나의 이유를 더 들자면 영국이 일본과 같이 왕권제도
를 유지하고 있다는 것이다.
　원암이 파악한 영국영어와 미국영어의 특징은 대충 이렇다. 첫째
모음의 차이가 가장 현저하다. 이를테면 'class'를 영국인들은 '클라
스'라 발음하는데 미국인들은 '클래스'라 하고, 'doctor'를 영국인들은

‘독터’라 발음하는데 미국인들은 ‘닥터’라 한다. 자음에서도 영국인들은 ‘teacher’ ‘doctor’처럼 끝에 있는 ‘r’음은 묵음으로 하는데 미국인들은 ‘r’음을 아주 똑똑하게 발음한다. 또 ‘pretty’를 영국인들은 ‘프리티’로 발음하는데 미국인들은 ‘프리리’로 들릴 만큼 ‘t’음을 약화시킨다. 간단히 몇 개의 예를 들었는데 이런 발음상의 차이가 단 한 문장을 읽는데도 꼭 끼일 만큼 그 빈도가 잦기 때문에 영어를 모국어가 아닌 외국어로 배우는 사람에게는 큰 혼란을 겪게 하는 요인이 된다. 원암이 영국영어와 미국영어에 대해 특히 관심을 가진 이유는 무엇보다 졸업 후에 귀국하여 조선의 영어교육을 맡아야 할 사람으로 종전처럼 영국영어만 가르칠 것인지, 미국영어로 바꾸어야 할 것이지, 아니면 두 가지를 동시에 가르쳐야 할 것인지 고민할 필요가 있어서였다.

영어발음에 관한 한 일본사람들은 조선사람보다 훨씬 불리해 보였다. 그러기에 그들은 극복하기 어려운 발음차이를 의식하고 영어를 입말보다 글말에 치중하여 가르치는 것이 아닌가 싶었다. 입말을 소홀히 한 일본의 영어교육이 정상적인 영어교육이 아니라는 것을 원암이 깨닫게 된 계기가 있었다. 미국인 영어회화 교수 Harrison은 강의 첫 시간에 들어와서 영어발음 교정부터 하려들었다. 영어인사말의 첫 표현부터 자기를 따라 말해보게 했다. 그리고는 학생 개개인의 입모양을 자세히 살펴보더니 기가 찬다는 표정을 지으며 고개를 내저었다. 그가 말한 인사말 표현과 학생들이 따라 한 발음은 이러했다.

“Good afternoon!”

“구드 아프터눈!”

"Fine, thanks!"

"파인, 쌩스!"

원어민 교수가 'Good'을 '구드'라 하지 말고 '굳'이라 하라 해도 일본학생들은 여전히 '구드'라 하고, 'afternoon'에서 'f' 발음에서 두 입술을 붙이지 말라고 해도 그게 잘 안 되는지 계속 두 입술을 붙여 '아프터눈'이라 했다. 'Fine'을 발음할 때도 'f' 발음에서 입술을 붙이지 말라고 주의를 주어도 안 되는 사람이 있었다. 'Thanks'도 혀를 아래 이와 윗 이 사이에 내밀어 넣고 발음하라는 데도 계속 '쌩스'라고 발음하는 사람이 있었다. 일본에서 영어교육의 최고 엘리트 코스인 관립고등사범학교 영어과 학생들이 영어의 기본 음소발음조차 익히지 못하고 들어 온 데 대해 미국인 교수는 충격을 금치 못했다. 비록 많이 늦었지만 이 기초음소발음은 할 줄 알아야 영어교사가 될 수 있다며 개별교정을 시도했다. 시간에 쫓겨 강의 중에 일일이 발음교정을 못해준 경우에는 강의 후에 개별적으로 불러 거울 앞에 세워놓고 'f' 발음 발성연습을 백 번, 혹은 2백 번, 3백 번씩 하라고 개별적으로 지시하였다. 그래도 미흡하면 집에서 충분히 연습을 해 와서 다음 날 검사받도록 하였다.

원암이 광도고등사범의 도서관에 가보고 감탄을 금치 못했다. 영문법을 일본어로 해설하여 둔 영문법도서가 제일 흔하고, 영어단어를 일어로 풀이해둔 <영화사전>류, 또 영문해석능력을 기르기 위한 독해자료 등이 도서관 열람실에 풍부히 갖추어져 있었다. 영문학에 대한 연구도 활발하여 영국본토와 별로 큰 시차가 없이 소개되어 있었다. 이런 연구업적을 보면 일본인들이 서양문화를 받아들이기 위해 일찍부터 얼마나 많은 노력을 기울여 왔는지 알 수 있었다. 그러나 Harrison 교수는 일본의 영어교육은 크게 수정되어야 한다고 주장했다. 그는 장신의 미국 출신 시인교수로 인격적으로나 교육면에서 학생들에게 많은 감화를 주어 카리스마적인 존재가 되어 있었다. 그가 거침없이 토로하는 일본 영어교육에 대한 개선점은 정곡을 찌른 것이었기에 원암은 그분의 말을 깊이 새겨들었다.

Harrison 교수는 Daniel Jones의 'The outline of English Phonetic'를 교재로 한 영어음성학 첫 시간에 수강생 전원의 이름을 다 기억함으로써 학생들을 감탄시켰다. 그 후로는 강의 시간은 물론이고 언제 어디서 그 학생을 만나도 이름을 부르며 접근했다. 그가 한번은 강의 시간에 원암에게 교재의 한 부분을 읽어보라 하였다. 원암이 또박또박 신경을 써서 한 문단을 읽고 나자 이렇게 말했다.

"정말 잘 읽었어요. 일본학생들은 영어를 읽을 때 일본말 투(일어로 '쿠세')가 묻어있는데 규동 학생은 그게 없는 것이 신기해요. 어떻게 그 버릇을 고쳤는지 말해 봐요."

"제가 일본인이 아니라서 그런가 봐요. 나는 조선에서 온 학생이거든요."

"그래요? 나는 규동 학생이 조선인 학생인 줄을 몰랐어요. 그 점에 대해서는 사과해요. 미안하지만 하나 더 묻겠어요. 조선어가 따로 있어요? 그리고 조선어는 일본어만큼 영어와의 차이가 심하지 않은 모양이지요?"

이렇게 하여 Harrison 교수는 원암에 대해 특별한 관심을 갖게 되었다. 한번은 복도에서 원암과 마주치자 자기 방으로 잠시 따라 오라 했다. 거기서 조선어 문자에 대해 좀 얘기해달라고 했다. 원암이 자음과 모음을 모두 정리하여 써주었다. 그 교수는 원암에게 낱낱의 발음을 해보라 하였다. 그 발음을 할 때 입모양을 자세히 관찰하더니 일본어보다 조선어가 영어에 훨씬 가깝다고 말했다. 그리고 한글이 쉬우면서 과학적으로 짜여있어 세계적으로 가장 우수한 문자라고 평가했다. Harrison은 강의 중에 발음 교정에 각별히 신경을 많이 쓰는 편인데 일본학생들이 계속 실망스런 발음을 할 경우에는 원암을 지명하여 시범발음을 하도록 시키기도 했다. 원암이 원어민과 가까이 함으로써 얻게 된 소득은 이것뿐만이 아니었다. 대다수 일인학생들은 영어를 지식으로 배우는 데 치중하는 편이었는데 원암은 Harrison 교수 덕택에 영어를 의사소통의 도구로 배우는 데 특별한 관심을 기울이게 되었다.

Harrison 교수는 가르치는 것이 취미인 듯, 학생들에게 접근하여 정규강의 외에 영어성경 읽기를 할 사람은 모이라 했다. 성경읽기지도를 하면서 더러는 토론으로 이끌어 회화능력을 길러 주곤 했다. 한번은 성경읽기 모임에서 막간을 이용하여 원암에게 이런 말을 했다.

"나는 필리핀, 인도네시아, 싱가폴 등 여러 나라에 체류해 봤는데 영어교육에 관한 한 일본이 제일 후진 나라라 생각해."

"어떤 점에서 그렇습니까?"

"필리핀이나 싱가폴 같은 데서는 길을 가면서 아무나 붙들고 영어로 길을 물으면 더듬거리며 손짓 발짓을 해서라도 길을 가르쳐 준단 말이야. 그런데 일본에서는 제일 인텔리로 보이는 사람을 골라서 영어로 길을 물어도 손을 내저으며 도망가거든. 대학에서 영어를 전공하는 사람까지도 그런 경향이 있어."

"그건 일본어의 음운체계가 영어와 너무 다르다는 핸디캡 때문이 아닐까요?”

“그것도 중요한 이유 중에 하나이긴 해. 그러나 그보다 더 중요한 이유가 있다고 봐. 그건 다름 아니라 일본의 외국어교육정책이 특별한 데가 있다는 것이지.”

“어떤 특별한 점이 있습니까?”

“일본은 외래문물을 받아들이는 데 적극적이지만 그 문물을 하나의 지식으로만 받아들일 뿐이지 그대로 자기나라에 심어버리는 일은 절대 없어. 어떤 외래 종교도 일본에 들어와 그대로 전파되는 것은 허용하지 않아. 전파력이 강하기로 유별난 기독교도 일본에서는 맥을 못 추거든. 기독교에서 섬기는 유일신이 일본의 호국종교를 위협한다고 보아 관민합동으로 배척하기 때문이지. 그런 일본이니 문헌을 통해 외국문물을 받아들이는 수단으로만 외국어를 허용하지 언어자체가 민간생활에 뿌리내리는 것은 허용하지 않아. 그러니 문어중심의 영어를 가르치는 데 치중하고 구어중심의 영어를 가르치는 것은 안중에도 없어. 그러기에 영어교육의 최고엘리트 코스인 고등사범 영어전공교수들도 구어중심의사소통능력은 갖추지 않아도 영어교사가 되는 데 별 지장이 없다고 생각하는가봐.”

“그 말씀이 맞은 것 같아요. 영어공부에 아주 열성적인 일본인 학생들도 원어민과 같이 성서를 읽으며 영어회화를 배우자고 하면 별로 적극성을 안 띠거든요.”

“일본인들의 속성을 잘 파악했군. 그나저나 언어는 초기에는 구어중심으로 가르치고 차츰 문어중심으로 무게중심을 옮겨 가야 하는데 일본사람들은 처음부터 끝까지 문어에서 시작하여 문어로 끝을 내니 이 사람들이 언어교육의 원리를 무시한단 말이야. 그런데 일본사람들이 조선에서 식민지교육을 실시한다던데, 거기서는 일본어를 어떻게 가르치지? 초기부터 문어중심으로 가르치는가?”

“아닙니다. 제가 조선에서 초등학교에 다닐 때, 교내에서는 조선말을 못 쓰고 일본어를 상용하게 했어요.”

“거봐. 그걸 보면 일본사람들이 외국어를 배우는 데 있어 기초단계에는 구어중심으로 배워야 더 효과가 있다는 것을 잘 알고 있다는 것을 의미하지. 그래서 내가 일본의 외국어교육정책이 문제라고 했지. 그 정책의 밑바탕에는 일본인의 국수주의적 아집과 제국주의적 오만이 깔려 있다고 봐.”

원암은 미국인 교수 Harrison과의 영어성서읽기 모임을 통해 영어의 사소통능력을 기르기도 했지만 예비 영어교육자로서 자질과 자세에 대해 바른 지도를 받게 된 것을 무엇보다 큰 소득이라고 생각했다.

제18화

병고로 힘겹게 버틴 일본 유학 생활

광도고사에서의 생활이 익숙해지고 학업에도 재미를 느끼게 될 즈음에 원암에게 충격적인 일이 생겼다. 매년 1학기 중간에 재학생 전원에게 신체검사를 실시하는데 그 신체검사에서 원암에게 중병이 있다는 검진 결과를 통보받았기 때문이다. 우측 폐렴에 호흡기 연장이란 병명이었다. 원암은 그때까지 그런 병명은 들어본 적이 없어 어안이 벙벙했다. 당시까지 조선에는 서양의술이 별로 도입되지 않아 인체장기에 관한 병은 그냥 '속병'이란 통칭으로 표현했다. 그중에 호흡기에 관한 병은 기침과 콧물이 나오면 '고뿔', 오래 만성화된 기침은 '백일기침', 노인성 기침은 '해소'라는 식으로 단순 분리되어 처방도 구체적이지 못하고 두루뭉수리하게 내려주었다. 한의원들의 그런 두루뭉수리 처방으로 다행히 나으면 명의라 소문이 나고, 안 나으면 병자와 의원 간에 연때가 안 맞은 운명 탓으로 돌리고 말았다. 그런데 일본은 달랐다. X-레이 촬영을 통해 폐의 감염된 부위를 정확하게 알아내어 환자에게 증거로 제시했다. 아마 원암에게 판정된 폐렴은 급성이 아니고 오래전 어릴 적에 앓아 만성화된 폐렴이고 그로 인해 기침을 오래 한 끝에 생긴 병이 호흡기 연장(오늘날 의학용어로 기관지 확장인 듯)이 된 모양이었다.

어쨌든 원암은 단순히 충격 받은 것이 아니라 중대결심을 해야 할 입장에 처했다. 학교에서는 휴학을 하고 고향에 돌아가 병을 완치한 후에 복학하는 것도 고려해볼 만하다고 권하는데 원암은 그 권유를 받아들일 입장이 못 되었다. 왜냐하면 귀국하여 검진 결과를 얘기한들 조선의 의학상식으로는 이해가 안 될 것이다. 이해가 된다 해도 치료해줄 의료기관도 없고 치료약도 구하기 어려울 것이라 생각되었다. 그래서 죽으나 사나 일본에 눌러 앉아 공부를 계속하면서 병을 이겨볼 생각을 하게 되었다. 고향에 계시는 부모님에게 알리면 걱정만 끼칠 뿐 아무 대책이 없을 것이라는 판단으로 일본에서 대부노릇을 해줄 분을 찾았다. 대부로 제일 먼저 떠오르는 분이 원암에게 남달리 호감을 갖고 대해주는 Harrison 교수였다. 원암은 Harrison 교수를 찾아가서 자기의 고충을 솔직하게 털어놓고 매달렸다. Harrison 교수는 동정어린 눈빛으로 원암을 바라보며 다 듣고 나더니 눈을 감고 가만히 생각에 잠겨 한참 동안 앉아 있었다.

한참 후에 Harrison 교수는 생각이 정리된 듯 눈을 뜨고 이렇게 입을 뗐다.

"이 군, 내가 자네한테 해줄 충고가 세 가지가 되는데, 하나씩 듣고 받아들일 수 있으면 있다고 말하고, 그렇지 못한 것은 그대로 솔직하게 답해 주겠는가?"

"예, 그렇게 하겠습니다."

"첫째로, 병을 치료하면서 공부도 끝낼 작정을 하거든, 성적에 연연하지 말고 졸업에 필요한 기준에만 들어가도록 하겠다는 생각을 끝까지 고수하겠는가?"

"예, 그렇게 할 작정입니다만……."

"그래, 자네가 지금 말끝을 흐린다는 것은 현재 결심은 그렇지만 나중에는 어떻게 될지 모른다는 것을 의미하거든. 그래서 내가 이렇게 다짐하는 거야. 내가 이 학교에 1918년에 와서 만 8년을 여기서 보냈는데 매년 영어과에 입학한 학생 중에 한둘은 꼭 죽어나가는 것을 봤네. 병 때문에 중도에 학업을 포기하고 만 사람까지 합하면 그보다 많지. 그런데 그 사람들이 앓은 병이 대부분 폐질환이었네. 자네가 지금 앓고 있는 만성폐렴과 기관지 확장은 잘못 다스리면 폐결핵으로 악화될 가능성이 있단 말이야. 일단 폐결핵 판정을 받으면 무서운 전염성 때문에 기숙사에서도 추방되고 학교동급생들도 피하기 때문에 학교를 무조건 그만두어야 하네. 안타깝게도 재학 중에 죽어나간 사람들은 장학금을 타기 위해 죽자 살자 공부하다가 목숨을 잃은 학생이 대부분이었어. 내 말 알아듣겠어?"

"예, 알아듣겠습니다만, 졸업에 필요한 최소기준이 어느 정도인지 궁금합니다."

"모든 과목을 우, 양, 가 3등급으로 평가하는데, 한 과목이라도 '가'가 나오면 진급이 안 되는 거야. 전부 '양'만 나오면 학과에서 석차가 최하위그룹에 속하게 되지만 졸업에는 지장이 없어. 그리고 언어 차이 등 핸디캡 때문에 일본 출신이 아닌 외국인 학생 1~2명이 어차피 맨 끝 석차를 받게 되어 있어. 내가 지난 7년간 유심히 보니 영어전공에 들어오는 외국인이 조선인, 만주인, 중국인, 대만인을 통틀어 1년에 한둘인데 이 사람들이 나란히 맨 끝 자리를 다 차지하더구먼. 영어전공과목도 대부분 일본인 교수들이 맡고 있는데 이분들이 전부 일본어로 강의를 하니 외국인 학생들이 절대 불리할 수밖에 없어. 광도고사에 입학한 사람은 일본에서 가난한 수재들만 다 모였기 때문에 장학금 받으려고 공부에 매달리는 것을 보면 겁이 날 정도야. 여기에 입학한 것만으로도 수재라는 건 증명된 것이고, 그 학생들과 같이 졸업요건만 갖추어 나가는 것으로도 최고 엘리트 교육자로 인정받게 되니 너무 승부의식에 사로잡혀 귀중한 생명을 잃지 않도록 하란 말일세. 그리고 외국학생이 일본 교수들에게 좋은 학점을 기대할 수도 없고, 좋은 학점을 받을 필요도 없다고 생각해.”

“필요가 없다는 말씀은 이해가 잘 안 되는데요.”

“그분들이 가르치는 강의가 영문법, 영문학 등 배경지식에 대한 강의이지 영어구사력을 길러주는 강의는 아니거든. 영어교사가 갖추어야 할 자질 중에 영어구사력이 필수조건이고, 배경지식은 선택조건이지. 그런데 여기서는 그 비중이 거꾸로 되어 있거든.”

“무슨 말씀인지 알 것 같습니다. 그럼, 다음 충고말씀은 무엇입니까?”

“병을 치료하기 위해 자네가 지킬 일이네. 병을 치료하기 위해 꼭 지켜야 할 것은 절제이네. 술, 담배는 물론이고 이성과의 접촉도 피해야 하네. 요즘 들으니 일본의 젊은이들은 화류계 출입이 심하다던데⋯⋯.”

“그 점은 염려 마십시오. 저는 원래 술, 담배는 체질상 싫어하고, 또 결혼을 한 몸이라 이성 관계에도 허튼 일은 않습니다.”

“아니, 이 군이 결혼한 몸이라고? 그렇다면 아내는?”

“고향에서 부모님들을 모시고 잘 있습니다.”

“결혼해서 같이 살지도 않고 부모 모시고 있다니, 그럼 이혼을 위한 절차를 밟고 있다는 뜻인가?”

“아닙니다. 부부간에 사이가 나쁜 것도 아니고, 또 둘 사이에 아들도 하나 나서 잘 자라고 있습니다. 우리나라는 대가족중심 사회라 그런 것이 정상입니다.”

“아무튼 좋아. 그런 절제를 할 수 있다니 정말 다행이군. 그럼 내가 자네의 건강회복을 위해 해줄 수 있는 것을 말하겠네. 질병을 이기려면 섭생도 중요한데 기숙사에서 그런 신경을 써주지 않을 것이네. 그러니 매주 두 번씩 우리 집에 와서 우리 가족들과 같이 영양식으로 같이 식사를 하도록 하게나. 또 치료약은 내가 선교단체에서 운영하는 병원에 교섭하여 구해주겠네.”

“감사합니다. 너무 큰 은혜를 입게 되어 부담이 됩니다.”

“You need not say so. If you really think my help is good for you, you can do so to others. As the Bible said, ‘Go and do likewise.’(그런 말할 필요 없네. 나의 도움이 그대에게 좋다고 진실로 생각하거든 다른 사람들에게 그렇게 해주게나. 성경에서 말하듯 ‘가서 그렇게 행하라.’ 말일세.)”

“알겠습니다. 그럼 다른 한 가지 충고는 무엇입니까?”

“큰 병을 다스리는 데는 육체의 원기만 돋우는 것으로는 부족할 수가 있네. 그러니 정신적인 기운을 북돋는 데도 신경을 써야 한다고 생각하네.”

“정신적인 기운을 어떻게 북돋습니까?”

“인간의 생명을 좌지우지하는 초월적 존재에 의지하면 마음이 편해져 병에 대한 저항력이 강해지네.”

“그러려면 어떻게 하면 됩니까?”

“혼자 성경을 읽으면서 기도하고 명상에 잠기는 방법이 있지만 그건 독실한 신자가 아니면 어렵지. 그런 신심이 안 생긴 사람은 기도원 같은 데 가서 인도를 받아 영적 힘을 얻을 수 있지. 혹시 그럴 마음이 생기면 내가 그런 곳을 소개해 줄 수 있어.”

“잘 알겠습니다. 그렇게 하도록 해 보겠습니다.”

Harrison 교수와 면담을 마치고 나온 원암은 이런 분을 만나게 된 것 만으로도 자기의 병이 반은 나은 기분이었다. 또 막연하나마 자기를 죽게 내버려두지 않으려는 어떤 초월적 힘이 작용하고 있다는 느낌도 들었다.

원암이 병고를 견디며 학업에 간신히 따라가려 애쓰는 가운데 어느덧 1년이 지나 학년 말 학수부가 나왔다. 1학년에서 수강한 총 12개 과목에서 생물학 한 과목만 ‘우’가 나오고 나머지 11개 과목이 모두 양이 나왔다. 석차는 영어전공 총원 28명 중에 원암이 24위로 그 아래에 일본인 학생 두 사람과 외국인 학생 하나가 밑에서 받쳐주고 있었다. Harrison 교수는 원암의 성적에 아주 만족한 듯 했으나 원암은 속으로 부모님과 모교 경성제이고보에 체면이 안 선다는 생각을 떨칠 수가 없었다. 그런데 2학년에 진급하여 신체검사를 받게 되었을 때 원암은 또 한 차례 충격을 받게 되었다. 이번에는 폐렴 습윤증이라는 검사결과가 나왔다. Harrison 교수는 원암이 그 같은 검진결과를 알리지도 않았는데 자기가 직접 알아보고 원암을 불렀다. 원암에게 자기가 일러준 대로 절제를 했는지 꼼꼼하게 확인하고 학업에 무리하지 말 것과 정신적인 수양을 게을리하지 말도록 단단히 다짐 받았다. 서양에는 ‘군사부일체’라는 말이 없을 터인데 이분은 그런 개념 이상의 스승노릇을 스스로 맡아 하니 원암은 존경스럽고 고마울 따름이었다.

2학년에서는 Harrison 교수가 더 근접거리에서 지켜보는 가운데 건
강에 각별히 신경을 쓰며 보냈다. 그런데 그해 학년 말에 받아본 학
수부에는 1학년 때와 거의 같은 성적이 나왔다. 총 11개 과목 중에서
역사학이 '우'이고 나머지는 모두 '양'이었다. 동급생 중에 2학년에서
한 사람이 중도 탈락하고 총원은 27명으로 줄었는데 원암의 석차는
역시 24위였다. 이런 성적은 예상한 것이긴 하지만 연속 2년을 똑같
은 하위성적을 받고 보니 실망감을 억누를 길이 없었다. 건강을 우
선으로 생각하여 학업에 올인하지 않았는데도 건강은 조금도 나아지
는 것 같지도 않으니 더욱 그러했다. 곧 3학년으로 진급하여 받게 될
신체검진에 대한 공포증이 또 하나의 병으로 추가되었다. 이런 정신
적인 증세가 불면증을 가져오고, 그로 인한 신경과민이 위장병을 유
발시키는 등 연쇄적인 건강악화가 뒤따랐다. 그해에 동급생 한 사람
이 건강악화로 중도에 학업을 포기하고 나간 일이 있고부터 원암은
다음은 자기 차례가 될지 모른다는 불길한 예감을 떨칠 수가 없었다.
Harrison 교수가 원암에게 초월적인 존재에 대한 의지를 함으로써 마
음의 평화를 찾으라고 권유했을 때 이미 자기의 죽음을 예상하고 한
말은 아니었을까 싶기도 하여 죽음의 그림자가 가까이에서 어른거리
는 느낌이 들 때도 있었다.

　이 무렵 광도고사 학생들 간에 기독교 교리 연구모임이 있었다.
상급학년에 다니는 한국 유학생이 원암을 그 모임에 참여해보라고
권하여 나가 보았다. 알고 보니 그들은 그 당시 일본의 반골 정신지
도자 이찌무라 간조(內村鑑三)의 사상을 주제로 삼아 토론을 하고 무
교회주의 신앙에 따른 예배의식도 치르곤 했다. 어찌 보면 기독교
이단종파의 하나로 보이기도 하고, 달리 보면 종교를 등에 업고 일

제의 군국주의에 저항하는 반전운동단체(反戰運動團體)처럼 보이기도
했다. 그들이 나누어준 책자에 그 모임이 결성된 유래가 소개되어
있었다. 1925년에 일본에 유학 중인 조선인 김교신, 함석헌, 양인성,
유석동 등이 우찌무라 간조의 무교회주의에 영향을 받아 성서원문을
읽고 연구한 것이 그 시발점이 되었다고 적혀 있었다. 김교신, 함석
헌 같은 이들은 동경고등사범 출신으로 엘리트지성인으로서 대단한
자부심을 가진 사람들이라 다른 참여자들도 비슷한 자긍심을 숨기고
있는 듯 느껴졌다. 그런데 원암은 이들이 거의 교주만큼이나 추앙하
는 이찌무라 간조의 행적을 살펴보다가 몇 가지 궁금증이 생겨 Harrison
교수에게 그 얘기를 꺼내보았다.

Harrison 교수는 원암이 그런 모임에 참여하게 된 동기가 궁금한
듯 이렇게 말했다.

"몸이 아픈 자네가 그런 모임에 참여하여 무슨 이로움이 있을까
모르겠어."

"저도 처음 참여한 것이라 그게 저의 건강회복에 도움이 될지는
모르겠어요. 그런데 스승님께서는 그 모임의 성격을 잘 알고 계시는
모양이지요?"

"잘은 모른다마는 내가 보기엔 우찌무라 간조는 일본 특유의 풍토
에서 발생한 이종(異種)기독교 주창자라 판단되거든. 자네는 우찌무
라의 출생배경을 아는가?"

"예, 무사계급이라고 알고 있습니다."

"그렇지. 사무라이라면 중세 서양의 기사(knight)와 맞먹는 일본의
지배층이지. 서양의 기사들은 태어나면서 기독교를 태중종교로 타고
나듯 일본의 사무라이들은 태어나면서부터 일본의 호국종교를 태중

종교 이상으로 물려받게 되어 있어. 그런데 이찌무라는 호국종교와 사무라이정신을 비판하고 나선 것이야. 이게 아무나 할 수 있는 일이 아니었지. 중세 기독교에서 순교를 각오해야 기독교에 맞설 수 있었듯이 그는 그런 각오로 일본의 지배이념에 맞선 거야. 그러기에 그는 일본의 지성인들로부터는 '살아있는 양심'으로 영웅시되고 일본 식민통치하의 나라 사람들에게는 재림한 그리스도만큼이나 높이 추앙받게 된 것이지. 이찌무라가 기독교를 접하게 된 계기는 알고 있는가?”

“예, 영어를 전공한 덕택에 영어성경을 읽으면서 관심을 갖게 되었다고 알고 있습니다.”

“그렇지. 이찌무라가 영어성경을 읽음으로서 기독교교리에 상당한 공감을 갖게 되었다고 보면 되겠지. 그런데, 문제는 그가 그 교리를 지식으로 받아들이는 데 그치지 않고 신앙으로 받아들여 실천에 옮기려 하면서부터 시작된 것이라 보는데, 자네 생각은 어떤가?”

“그건 제가 잘 모르겠습니다.”

“내가 아까 '일본 특유의 풍토'라고 한 말은 바로 이런 풍토를 말하는 것이네. 일본인들은 외국어 과목의 하나인 영어도 지식으로만 받아들이지 언어자체를 받아들여 생활화하는 것을 금기시하는 별종들인데 종교를 받아들일 턱이 없지. 그런데, 조선에서도 기독교를 일본 사람들만큼 심하게 거부하는가?”

“조선에 기독교가 처음 전파된 것이 18세기 말이었는데, 그때는 상당히 심한 박해를 받은 걸로 알고 있습니다. 그러나 지금은 교세가 확장되어 나날이 성해져 가고 있습니다.”

“거봐. 같은 유교문화권이면서 일본은 외세종교에 대해서는 배타

심이 특히 강한 것이 특징이잖아? 일본은 중국이나 조선보다 2세기
나 먼저 기독교를 접했는데도 그걸 지식으로만 받아들이지 신앙으로
받아들이는 것은 국가 명운을 걸고 배격해온 별종이라 교회 다니는
사람이 없어. 그래서 이찌무라가 주창한 무교회주의 기독교라는 이
종종교가 생긴 거야.”

“그렇군요. 그렇다면 이찌무라가 세례를 받고, 성직자의 길을 택했
다가 나중에는 그것이 참기독교를 실천하는 길이 아니라고 하며 길
을 바꿔 간호원으로 봉사하는 일을 택하는 등 신앙적으로 방황한 역
정은 어떻게 설명할 수 있겠습니까?”

“글쎄, 그건 본인만이 알 일이지만 내 생각으로는 이렇게 보네. 이
찌무라는 예수 그리스도를 신격으로 보지 않고 인격으로 보는 것 같
아. 결국 그것도 문화차이에서 비롯된 것이라 생각해.”

“무슨 말씀인지 이해가 잘 안 되는데요?”

“기독교는 헤브라이즘 문화에서 생긴 종교이지. 헤브라이즘 문화
에서는 초월적 존재로서 절대자 유일신을 믿는 것이 특징이지. 그런
데 일본인들은 800만이 넘는 신을 섬기며 사는 다신교 문화이지. 그
런데 그 많은 신이 대부분 인격적인 신이지 천지만물을 다스리는 유
일신이 아니거든.”

“그럼 이찌무라는 예수를 공자나 석가와 같은 성인의 한 사람으로
본단 말이지요?”

“내가 보기에는 그래. 그러기에 신앙을 통한 구원보다 행동을 통한
인류구원을 더 중요시한 것 같아. 적어도 미국의 정통 기독교에서 바
라보는 이찌무라는 그런 것 같아. 그나저나 이거 한 가지는 확실히
말할 수 있다고 봐. 이찌무라라는 사람이 바르게 사는 길이 무엇인지

찾으려는 의지가 아주 강한 사람이라는 것이야. 일본의 지성인들이 그를 두고 귓속말로 '살아 움직이는 일본의 양심'이라고 칭하는 것이 과대평가는 아니라고 생각해. 또 조선유학생들이 그를 식민통치에서 구해줄 구세주만큼 추앙하는 것도 이해할 만해. 다만 병고로 시달리는 자네한테는 머리를 복잡하게 만드는 종교적 논쟁보다 초월적 존재에 의존하여 마음을 편하게 가지는 것이 좋을 듯 느껴지네."

"정말 고맙습니다. 저에 대한 배려가 너무 철저한 스승님께는 그저 머리가 숙여질 따름입니다."

원암은 이렇게 인사말을 남기고 Harrison 교수에게서 물러났는데, 그건 결코 헛 인사가 아니었다. Harrison 교수가 지금까지 자기에게 보인 관심과 배려가 순수한 애정이 아니고는 행하기 어려운 것이었다고 느껴졌다. 이분은 확고한 자기 종교가 있으면서도 그 종교에 억지로 끌어들이려는 아집을 부리지 않는 것이 특징이었다. 그건 왜 그럴까? 기독교의 교리를 갖고 논하는 것보다 행동으로 기독교의 본질인 '사랑을 실천하는 것'이 가장 확실한 전교라고 생각하기 때문일 것이라는 느낌이 들었다.

원암은 3학년에 진급하여 또 신체검사를 받았는데 새로 발견된 질병은 없었다. 그러나 1, 2학년 때 검진에서 밝혀진 세 가지 고질병은 크게 호전되지도 않고 잠복해 있는 상황이었다. 3학년 말에 받은 학수부에는 총 9개 과목을 수강하여 모두 '양'을 받아 석차는 전과 같이 24위였다. 그러나 원암은 Harrison 교수가 일러준 대로 어느덧 성적에는 초탈하여 의연한 태도로 버티어온 자신이 오히려 대견스럽게 여겨졌다. 교육사관학교라는 별칭에 걸맞게 결석도 결강도 모르는 광도고사 학생들이 행군하듯 나아가는 학사과정 대열에서 1학년 때

12일 결석, 2학년 때 11일 결석, 3학년 때 13일이나 결석을 하고도 그 대열에서 끝내 낙오되지 않은 것만도 기적이라 생각되었다. 마지막해인 4학년 때는 신체검사에서 좌 중이염이란 판정을 받아 만성병이 또 하나 늘었다. 병고를 이겨내는 데는 이골이 난 원암은 폐결핵 같은 치명적인 병이 아닌 만성병 하나쯤 추가된다 하여 주저앉지는 않을 자신이 있었다. 최종학년에 있는 교육실습에서 또 한 사람의 동급생이 병고를 이기지 못해 퇴교하는 것을 보고 동병상련의 심정에서 눈물을 흘렸으나 그것도 행군 대열에서 낙오병에게 순간적으로 보내는 눈물 이상의 것은 못 되고 곧 잊게 되었다.

교육실습에 있어서는 광도고사가 동경고사를 능가한다고 자랑할 만큼 철저하게 실시되었다. 소그룹별로 지도교사가 배당되어 학습지도, 생활지도 등에 대해 공동협의를 통해 계획을 짜고 그 실천결과에 대해 공동평가하였다. 모든 활동의 점검이 철두철미하고 그룹의 멤버 중 한 사람이라도 뒤처지면 함께 도와서 나아가도록 되어있었다. 광도고사의 교육실습에 대한 평가기준은 특이했다. 그룹에 대한 평가 점수가 50%를 차지하는데 그것은 지도교수가 채점하였다. 대개 1개 그룹에 4~5명씩 5~6개 그룹으로 나누는데, 최상위 점수를 49점으로 하고 최하 35점으로 정하여 고른 분포가 되도록 그룹평점을 매겼다. 그룹 내에서 개인별 평가는 지도교사가 소속 멤버를 최고 49점에서 최하 35점까지 고른 분포가 되도록 채점했다. 이런 평가기준에서는 개인 평점을 아무리 잘 받아도 그룹평가를 잘 못 받으면 교육실습에서 상위평점을 받지 못하게 되어 있었다. 그룹 내에서 개인평가를 하는 데 있어서도 지도교사가 일방적으로 평점을 매기는 것이 아니고 그룹멤버들 간의 상호평가방법과 자기평가방법 두 가지를 통하여 얻은 평가 자료를 근거로 삼아 '예비교사로서 자신과 동료에 대해 어느 정도 균형 잡힌 평가를 할 수 있는지'에 초점을 맞추어 개인평점을 매겼다.

광도고사에서 이런 철두철미한 교육실습을 실시하게 된 것은 초대 교장이었던 호죠 도키유키(北條時敬)가 조성한 "구학구진(俱學俱進)" 학풍의 구현 덕택이었다. 호죠 교장은 1902년 개교 때부터 1913년 동 북제국대학 총장으로 가기 전까지 11년간이나 근속하면서 광도고사를 동경고사와 맞먹는 고등사범학교로 키우기 위해 구학구진(俱學俱進) 학풍을 내걸었다. 광도고사보다 10년 앞서 설립된 동경고사는 학문적으로 탄탄한 기반을 잡고 있는데 이런 전통 있는 학교와 겨루려면 이 학교 특유의 전통을 내세울 필요가 있다고 생각되어 이런 발상을 한 것이었다. 호죠 교장은 동경제대 수학과와 대학원을 졸업하고 고등학교 교사, 교감, 교장 등 풍부한 현장경력을 가진 유능한 교육자로 영국 런던 만국도덕교육회의에 참석하여 영국의 보이스카웃 운동을 조사 연구하여 일본에 소개한 공로가 널리 알려져 있었다. 그가 그 운동의 특징인 협동정신을 광도고사의 교육과정 운영에 적용시킨 것이 구학구진(俱學俱進) 학풍이었다. 영국의 대학교육은 도제식교육이라는 데서 힌트를 얻고 거기에 영국의 보이스카웃 정신을 가미하여 구학구진(俱學俱進) 정신을 광도고사의 학풍으로 권장했는데 그것이 일본인들의 정서에 딱 맞아떨어져 훌륭한 학풍으로 이어져 오게 된 것이다. 원암은 이 전통의 덕을 톡톡히 본 사람이었다. 저학년 때 병고로 혼자 고민하느라 결식을 해도 관심을 기울여주는 동급생이 없었는데 특히 4학년 때는 교육실습을 위해 조직된 그룹의 멤버들과 협동과제를 수행하느라 어울려 행동하다보니 결석이 거의 없어지고 그런 바쁜 중에서도 건강상태가 오히려 좋아지는 기현상이 나타났다. 원암은 그런 가운데 그럭저럭 4년간의 학사과정이 끝나고 졸업을 앞두게 되었다. 이곳의 좋은 전통을 제대로 알게 되자 유학 생활을 끝내야 할 판이었다.

이 좋은 교육환경에서 병마와 싸우며 진급에만 신경을 쓰느라 좋은 추억은 하나도 장만하지 못했다는 아쉬움이 원암의 마음속에서 슬며시 고개를 쳐들었다. 원암이 유학 생활에서 겪은 수난의 속사정을 모르는 가족들은 그가 금의환향하기를 학수고대하고 있었다. 원암은 그 가족들에게 내보일 자랑거리를 하나라도 장만하고 싶은 엉뚱한 욕심이 생겼다. 통상적으로 12월 말까지는 그해 학사 일정이 끝나게 되어있어 1929년 연말에는 광도고사의 4년 과정이 수료되는 것이었다. 졸업식은 두 달 후인 1930년 3월 7일에 있을 예정이었으므로 그때까지는 귀국하여 고향에 머물러도 되는데 원암은 이런 저런 핑계를 대어 학교에 계속 남아 그동안 못해본 것을 해보기로 작정했다. 이제껏 일본인 동기생 중에 특히 원암에게 호의를 보여준 친구 山本 正一을 만나 흉금을 튼 얘기를 나누었다. 원암은 그에게 이렇게 입을 뗐다.

"그동안 자네의 우정에 진심으로 감사하네."

"천만에. 이국땅에 와서 병고를 치르는 자네한테 좀 더 잘 해주었어야 하는데 내 코가 석자나 빠져 친구한테 소홀했다 싶네. 이국땅에 와서 병고를 이기고 천신만고 끝에 졸업을 해 나가는 자네가 존경스러워. 앞으로 우리 우정을 잊지 말자."

"그래. 친구가 알다시피 내가 여기서 처음 3년간은 매년 결석 일수가 15일 전후로 동급생 중에서 결석대장이었잖아. 그런데 4학년에서는 3일밖에 결석을 않게 된 것은 순전히 자네 덕분이네. 그런데 말이야 나는 병치레하느라 이 좋은 교육환경에서 자랑할 전통이 뭔지 제대로 파악도 못하고 돌아가는 것이 아쉬워. 그래서 남은 기간 동안에 그런 거나 좀 더 자세히 살피고 귀국해야 후회가 덜 될 것 같아 이렇게 주저앉아 있다네."

"그거 참 좋은 생각이네. 혹시 나의 도움이 필요하다면 말하게나. 뭐든 해줄 터이니."

"고맙네. 이 자랑스러운 명문 학교를 다녔다는 얘깃거리를 뭘 좀 장만해가야겠는데 뭘 좀 하면 될까?"

"우리학교에서 자랑하는 첫째 이벤트행사는 아무래도 페스탈로치 제전이잖아. 그 행사는 페스탈로치가 서거한 2월 17일부터 1주일간 계속되는 연중 제일 큰 행사이지. 자네도 그 행사에는 참여해 봤겠지?"

"아니, 부끄럽지만 내가 그걸 못 해봤어. 해마다 그때가 겨울 방학 중이고 조선에는 음력 정초라 귀향해서 보냈거든. 그래서 올해는 거기 참여해보려고 이렇게 눌러앉아 있는 거야."

"잘 생각했군. 우리학교에서 그 행사가 시작된 것은 오사다 아라다 교수 등이 적극 주장하여 1920년도부터 시작된 걸로 알고 있어. 학교 부속교육박물관 내에 페스탈로치실을 설치하고 페스탈로치에 관한 연구물을 비롯해 초상화, 관련도서 수집 등을 해왔어. 페스탈로치에 관한 관심이나 관련 자료가 그의 고국이나 출신지역인 유럽보나 광도고사에서 너 풍부하게 소장하고 있어 마치 페스딜로치본부가 여기라고 할 정도라네."

"그런데 규동이 자네는 광도고사에 입학하기 전부터 본받을 스승이라고 생각하고 있었던 분이 혹시 있었던가?”

“응, 있었어. 내가 다섯 살 때부터 다닌 고향 마을의 서당 훈장님을 본받을 스승으로 생각하고 있었어.”

“그분의 어떤 점 때문에 본받을 스승으로 생각하게 되었는가?”

“무엇보다 그분은 가르치는 것 자체를 즐긴다는 데서 내가 꼭 본받을 스승이라 생각해왔네. 어느 정도로 가르치는 것을 즐기느냐를 비유적으로 얘기하자면 가르치던 학생이 안 나타나면 젖먹이 암소가 젖이 불어 새끼를 부르며 찾아다니는 모습이라 할 정도이네.”

“듣고 보니 그분은 페스탈로치와 비슷한 스승상이군.”

“페스탈로치가 그러했던가? 솔직히 난 아직 페스탈로치의 성가는 알고 있으나 그분의 행적을 속속들이 탐구해 보지 못했거든.”

“페스탈로치는 교육을 위해 이 세상에 태어난 분이라는 생각이 들 정도로 교육에 대한 일념으로 세상을 살아 온 분이네. 그분의 삶을 단적으로 표현한 말이 뭔지 아니?”

“모르는데.”

“‘모든 것이 남을 위해서였으며, 그 스스로를 위해서는 아무것도 하지 않았다.’는 말이 페스탈로치의 묘비명이지. 억지로 이런 삶을 살겠다고 해서 이분처럼 살 수 있겠나 싶어. 아까 자네가 말한 그분도 그런 점에서 상통한다고 생각하네.”

“맞아. 우리도 그렇게 될 수 있을까 모르겠어.”

“그런 성인 반열에 오를 만큼은 못 되어도 그런 분의 흉내라도 내면서 교직생활을 즐겁게 하려고 애써보는 거야. 나도 실은 가난에 찌든 가정에서 태어나 공짜 공부시켜주는 고등사범에 입학해서 처음 생각한 것은 안정된 직장으로 교직에 만족해 산다는 정도였다네.”

“그런데 지금은?”

“지금은 많이 달라졌다 싶네. 적어도 페스탈로치 같은 분을 이상적인 스승상으로 염두에 두고 그 비슷한 흉내라도 내어야 될 것 같다는 생각을 갖게 되었거든.”

“어떻게 그런 신념을 갖게 되었는가? 혹시 기독교 같은 종교적 신앙 영향은 아닌가?”

“그건 아니네. 내가 이 학교에 입학한 후에 해마다 페스탈로치축제에 참여하는 동안에 나도 모르게 그분에게 심취되는 것을 느꼈어. 나만 그렇게 느낀 것이 아니고 다른 친구들도 대부분 그렇게 얘기하고 있어. 입학할 때의 자기 모습과는 전혀 다른 정신상태가 되어 졸업하게 됨을 스스로 느끼며 ‘이래서 우리학교가 교육사관학교라 불려 지는가 봐.’라고 생각하게 된다는 거야.”

“결국 약질인 나만 골골하면서 그런 경지에 이르지 못했구먼. 이제부터라도 그 경지에 도달하도록 노력해봐야겠어.”

“그럴 생각이 있다면 졸업 후에도 얼마든지 도움을 받을 수 있어.”

“졸업 후에 나는 조선에서 교직에 종사할 터인데……”

“조선에 있어도 상지회(尙志會)와 연락을 유지하고 있으면 되는 거야.”

“상지회가 무엇이더라?”

“우리 광도고등사범학교의 동창회잖아. 초대 교장의 소위 ‘호죠 정신’을 이어받아 졸업 후에도 사제 간, 동문 간에 돈독한 관계를 유지하며 교육발전에 이바지하고 있어 모든 동문들이 이에 자랑스럽게 참여하고 있지. 광도고사가 교육현장과 연계한 실천연구에서 동경고사를 앞지르고 있다는 평을 받게 된 것도 바로 구학구진(俱學俱進)의

정신이 재학 중의 실천 덕목으로 그치는 것이 아니고 평생교직생활의 강령으로 몸에 배이게 된 때문이라 보고 있어."

친구 山本과의 격의 없는 대화로 원암은 졸업식 전에 보람 있게 보낼 계획을 짜서 하나씩 실천에 옮겼다. 2월 17에 열리는 페스탈로치의 밤 행사부터 1주일간 계속되는 강연회, 전시회에 꼬박 참석하였다. 친구 山本이 빌려온 카메라로 중요장면의 사진도 찍었다. 그렇게 1주일을 보내고 나니 그 친구가 말한 대로 원암은 자기도 모르는 가운데 페스탈로치의 정신으로 세뇌가 되고 있음을 느낄 수 있었다. 고맙게도 그 친구는 1주일 꼬박 원암과 동행해 주었는데 하루는 이런 교육적인 장면만 사진에 담을 것이 아니라 일본 유학 중에 낭만도 즐겼다는 흔적을 보여주는 사진을 좀 찍어주겠다며 스케이트를 빌려와 그를 스케이트장으로 데려 갔다. 스케이트를 타본 일이 없는 원암에게 스케이트를 채우고 세워보니 연신 엉덩방아를 찧었다. 그래도 조금씩 배워 어느 정도 자세를 갖추게 하고 포즈를 취하게 하여 사진 여러 장을 찍어준 山本이 "이만하면 일본 유학에서 멋진 낭만을 즐겼다고 자랑할 증거물로 충분하다."고 말하여 서로 마주보고 웃었다. 페스탈로치행사가 끝날 무렵에 山本은 원암을 尙志會 사무실로 안내하여 가입시켰다.

드디어 3월 7일 졸업식 날이 되었다. 마지막 해에 다른 한 사람이 또 중도 탈락하여 영어과는 입학총원 28명 중에 중도에 2명이 탈락하고 26명이 졸업하게 되었다. 원암은 그중 25위였다. 그러나 원암은 이제 성적 따위는 안중에도 없고 그저 훨훨 날고 싶은 심정이었다. 재학 중에 골골하느라 못 다한 것들을 친구의 우정 어린 도움으로 그만큼이라도 하고나니 아쉬운 마음마저 없어졌다.

졸업장을 움켜쥐고 말없이 눈물을 훔치며 식장을 나오는 원암의 어깨를 감싸 안고 함께 눈시울을 적시는 사람이 있었다. Harrison 교수였다. 원암은 고국으로 돌아가는 연락선 안에서 혼자 다짐 했다.

'나도 이제 교사가 되면 Harrison 교수처럼, 또 페스탈로치처럼, 또 북실 어른처럼 사랑을 베푸는 참스승이 되어야지!'

제 2 부

교직자로서의 삶

원암은 제자에 대한 관심이 재학 중에만 한정되는 것이 아니고
일생토록 지속되어야 한다고 생각한 것 같았다.
원암이 한 자리에 주택을 정하면 수십 년 동안 그 집에서 기거하고
이사하기를 꺼린다는 것은 그의 제자라면 다 아는 사실이다.
제자가 찾아왔다가 이사 가고 없으면 얼마나 섭섭해 할까
걱정되어 이사를 안 한다는 것이다.
사회에 내보낸 제자는 시집보낸 딸처럼 스승 집에 드나들어야 마땅하고
스승은 제자들이 찾아오는 데 어려움을 주지 않아야 한다는
무언의 약속이 의식의 바탕에 깔려 있었다.

경주로의 첫 부부 동반 여행(左) _
결혼 30주년을 맞아 처음으로 부부 동반 여행을 떠났다. 초등학생 때 결혼한 후 원암은 서울과 일본에서 유학 생활을 하고, 부인은 고향에 남아 있어 오래 떨어져 지냈다. 대구고보에서 시작한 초년 교직생활의 고달픔과 어른 봉양의 어려움, 폐결핵으로 인한 장기요양 등의 역경을 딛고 경북여고 교장이 되어 생활의 안정을 찾게 되었을 때의 모습이다.

장자 기영이 휴가 나오다(下) _
군의관으로 복무하던 장자 기영이 한국전쟁 중에 휴가를 나와 가족들과 함께 찍은 사진이다. 선생의 오른쪽이 큰아들, 왼쪽이 자부, 앞줄 오른쪽부터 큰딸, 둘째아들. 사모님과 장손. 둘째 딸.

셰익스피어에 매료되다_ 1950년대 초반 경북
대학교 사범대학 영어과에 근무한 원어민 초빙 교수
와 함께 당시 남산동에 있었던 선생의 자택에서 찍은
사진이다. 셰익스피어 전공인 원어민 교수는 초대된
만찬 자리에서 셰익스피어의 시를 청산유수로 줄줄
외워 듣고 있던 둘째 딸 기남(사진 속에 있는 젊은 숙
녀)을 매료시켰다고 한다.

경북대 캠퍼스 나들이_ 1950년대 중반 선생이 경북대
학교 교수로 재임할 시절에 장손(충완)을 데리고 경북대학교 캠
퍼스로 나들이 가서 찍은 사진이다. 그때 둘째 딸(기남)이 사대
가정교육과에 다니고 있어서 가정교육과 가교사 앞에서 네 식
구가 같이 찍었다. 당시 허허벌판이었던 캠퍼스에 바락 건물로
출발한 경북대학교의 초창기 모습을 엿볼 수 있다.

경북사대 기독학생회_ 1956년 3월 5일, 경북사대 기독학생회에서 무료 봉사하여 운영한 복음고등공민학교 졸업 때 찍은 직원기념사진. 맨 앞줄은 당시 고문을 맡고 계셨던 원암 선생(두 번째)을 비롯한 후원자들이고 그 뒤에 서 있는 사람들은 무료 봉사한 대학생 교직원들이다.

복음고등공민학교 개교 8주년_ 1956년 10월 15일, 복음고등공민학교 개교 8주년을 맞이하여 직원과 후원자들이 함께 찍은 기념사진. 맨 앞줄 오른편에서 세 번째에 앉은 분이 원암 선생이고, 앞줄에 다른 분들은 기독교 선교사, 남산교회 목회자 등 학교를 후원해준 분들이다. 그 뒤에 선 젊은 사람들은 무료 봉사한 대학생 교직원들이다.

성탄절 연극제 _ 1960년대 초 성탄절을 맞아 복음고등공민학교 학생들이 출연한 연극제를 마치고 기념
촬영한 사진. 당시 고문이었던 선생은 뒤에서 두 번째 줄 한가운데에 앉아 계신다.

사모님의 친정 나들이(左) _ 선생이 60대 때 사모님이 친정 나들이를 가는데 전송하면서 찍은 사진. 짐을 들고 있는 청년은 사모님의 친정 조캐(이용규)이다.

1965년 선생의 회갑_ 1965년 4월 28일 선생의 회갑을 맞아 기념으로 찍은 사진

1965년 선생의 회갑_ 가족과 친척, 친지들이 함께 찍은 기념사진

국제 Y's Men's Club_ 1965년 기독교 봉사단체인 국제 Y's Men Club 한국총재로 취임했을 때 총회를 마치고 찍은 기념사진 가슴에 단 삼각형 마크는 Y's Men Club 마크이다.

제2부에서는 원암이 26세에 대구고등보통학교 교유(교사)로 교단에 발을 들여놓게 되는 시점부터 정년퇴임하시기까지 41년 동안 스승의 도를 실천하며 살아 온 이야기를 쓸 것이다. 다행히 원암이 교직자로서 걸어온 행적은 곳곳에 기록으로 남아 있다. 또 원암의 탄신 100주년을 맞아 펴낸 추모문집 『영원한 스승』(형설출판사, 2004)에서 원암의 문하생 70여 명과 동료, 친지들이 원암이 보여준 참스승의 모습을 떠올려 적은 글이 무려 430쪽이 넘게 실려 있다. 따라서 참스승 원암의 모습을 소개하는 이 장에서는 상기한 추모문집에 실린 글을 증언 자료로 삼고 시기별, 주제별로 간추려 정리하여 쓸 것이다. 증언으로 인용하는 글은 대부분 상기 문집에서 따오게 될 것이고 그 글을 쓴 이에 대한 소개를 ( ) 안에 간략히 적을 것이다.

제19화

대구고보에서 첫 교단생활을 시작하다

원암은 드디어 1930년 3월에 광도고등사범학교를 졸업하고 귀국했다. 일본의 명문관립학교를 졸업하고 귀국하자 여기저기서 일자리가 나타났다. 일제당국이 일본의 관립대학에서 제대로 교육을 받은 조선인 엘리트 중에 일제의 손발노릇을 하겠다는 인재는 과감하게 발탁하던 때였다. 원암 같은 사람이 일제에 협조적인 태도로만 나온다면 금의환향이라 해도 좋을 직위가 여기저기서 기다리고 있었다. 충청도 모 군의 군수와 대구고보의 교유(교사) 중에 하나를 선택해 갈 수 있게 선택 폭이 좁혀진 상황에서 원암은 조금도 주저 없이 교직을 택했다. 그 시기에 원암과 똑같은 조건을 갖춘 모 인사는 조선 총독부 시학관(장학관)으로 발탁되어 그 후 계속 관료로 승승장구하여 해방 후 제2공화국 때 문교부장관에 이르기도 하여 원암이 걸은 궤적과는 대조를 이룬다. 원암은 꿈에도 그리던 가르치는 직을 택해 천직으로 여기며 살아갈 결심을 굳히고 고향 영동을 떠나 부모님을 위시하여 전 가족이 대구로 이사를 하게 되었다. 원암이 1930년 4월 신학년도에 대구고보에 교유로 첫 발령을 받아 부임하게 될 때의 모습을 장기동(대구고보 30년대 초 재학생, 전 영남대 대학원장)은 이렇게 기억하고 있다.

"그때 선생님은 광도고등사범학교를 갓 졸업하시고 아직 학생복—흑색 목 달이에 다섯 개의 금단추를 단—차림으로 교단에 나타났을 때였다……. 그 당시에는 어딘지 체약해 보이는 모습이었다. 그래도 강단에 서시면 전력을 쏟아 붓는 강의. 어떤 때는 단상에서 말씀하시는데 침이 앞줄에 앉아 있는 학생들에게까지 튀어 오는 열중된 강의를 했다……."

처음에 교단에 서실 때는 26세의 홍안의 청년이었는데도 허약해 보일 정도였는데 일본 유학 시절에 악화된 건강을 회복할 겨를도 없이 바로 교단에 서서 열정을 쏟은 때문이라 생각된다. 원암이 꿈에도 그리던 교단에 드디어 서게 되었건만 당시의 시대상황은 교육자로서 신념에 따라 참된 교육을 할 여건이 못 될 만큼 열악했다. 원암이 이런 분위기에서 울분을 삭이며 학생들에게 민족혼을 심어주려 애쓴 모습을 김준성(대구고보 1930년대 초 재학생, 전 대구은행장, 경제부총리, 소설가)은 이렇게 얘기한다.

"1933년, 내가 대구고보에 입학했을 때는 우리나라는 일본제국에 강점당해 있었고, 조선 총독부의 식민지 교육을 강요당하고 있었다. 우리는 만주전쟁이 중일전쟁으로 확대돼 갔던 암울했던 시대에 살고 있었다……. 그 당시 학교는 교육의 도장이 아닌 병영을 방불케 했던 것이다. 학교의 선생들은 교장 교감은 물론 거의가 일본인이었는데 조선사람 선생님으로는 이규동 선생님을 비롯해서 세 사람이 아니었던가 기억된다. 우리의 말도 우리의 성도 이름도 빼앗겼던 혹독한 식민지하에서도 우리들로 하여금 조선사람이라는 민족혼을 느끼게 해주셨던 선생님의 인자하면서도 결연했던 모습을 지금도 잊을 수가 없다."

이때 대구고보에 재학했던 다른 여러분들(배용광 : 전 대구교육대학 학장, 이종항 : 전 국민대학 총장, 오탁근 : 전 법무부장관, 안장호 : 전 대구지방법원 부장판사)의 증언에서 이구동성으로 하는 말은 그 당시 선생님은 '사랑의 화신'이고 '민족혼의 등불'이었다는 것이다. 그 당시는 전시인데다 일본군국주의 교육풍토에 따라 권위적이고 강압적인 체벌로 다스리려 했는데 원암은 그런 풍토와는 대조적으로 온유와 사랑으로 학생들을 감화시키는 교육방법을 썼다고 한다. 이에 대해 오탁근(1930년대 초 대구고보 재학, 전 검찰 총장, 법무부장관)은 다음과 같이 얘기하고 있다.

"그러나 선생님이 오신 것도 모르고 우리들은 계속 장난에 몰두하고 있었던 모양이었다. 그런 한심한 꼴을 보신 선생님의 실망은 얼마나 컸을까 추측이 되는 것이다. 아무 말씀도 없이 교단에 올라가시고 책상 위에 안경을 벗어 놓으시고는 울고 계시는 것이 아닌가! 그 순간 나의 온몸에 전류가 찌르르 흐르는 것을 느꼈다. 선생님은 한 차례 우신 다음에 손짓으로 우리들을 교단 앞으로 부르셨다. 그리고 아주 조용하게 뼈에 사무치도록 따가운 말씀을 하셨던 것이다…… "자네들은 누구인가? 어떠한 사람들인가? 우리 민족 중에서 특별히 선택된 사람들이 아닌가! 장차 사회지도자들이 될 사람들이 아닌가!…… 헐벗은 동포들이 장차 누구를 따르겠는가!"

원암은 일본 군국주의 교육의 총본산에서 교육을 받은 엘리트임에도 불구하고 전혀 그런 권위적인 자세가 없이 사랑과 정서적 감화로 사람의 마음을 움직이는 교육방법을 택했다. 매보다는 눈물이 더 큰 감화를 준다는 일찍이 서당의 훈장 북실 어른에게서 배운 방법이 원암의 머리에 각인되어 있기 때문일 것이다. 울음이 어떤 교육적 감화력을 갖는가에 대해 원암은 성경말씀을 인용하면서 강조한 일이 있었다. 이보다 한참 후인 1950년대 경북사대 재직 시절의 제자인 박영수(전 경북대학교 인문대학 영어영문학과 교수)는 이에 대해 이렇게 얘기하고 있다.

"선생님께서는 저희들에게 끊임없이 예습과 복습 그리고 숙제를 부과하시어 저희들이 촌음을 아껴 공부하게 하셨습니다. 1학년이던 그해 여름 방학 중에는 다음 학기에 이수할 과목과 연계시켜 4 복음과 사도행전을 영어로 읽게 하시어, 저를 포함한 많은 급우들이 처음으로 성경의 일부를 영어로 정독하게 되었습니다. 그 무렵 선생님께서 인용 설명해 주셨던 'Jesus wept.'(예수께서 눈물을 흘리시더라)라는 요한복음의 일언은 지금도 제 기억에 생생합니다. 이 짧은 말이 천언만어보다 더 극명하게 예수님의 인도주의적인 사랑을 말해주고 있다는 선생님의 적실한 설명이 없었다면, 어찌 제가 이처럼 오랫동안 이 말을 기억하고 있을 수 있겠습니까?"

원암이 성경을 접하게 된 것은 일본 유학 시절 영어회화를 맡은 미국인 교수와의 성서읽기 모임을 통해서였다. 그때 원암은 성경을 신앙의 바탕으로 보기보다는 수양을 위한 알맞은 교재로 여긴 듯하다. 불교의 설법이나 공자의 가르침처럼 성경말씀도 인간을 가르치기 위한 교본으로 보았고 예수도 신격으로보다 인격으로 보아 훌륭한 교육자의 한 사람으로 여긴 듯하다.

　원암이 학생들에게 감성에만 호소하는 교육방법에 치중한 것은 결코 아니었다. 원암은 성현들의 깊은 사상을 이해시킬 때는 냉철한 이성에 호소하여 인간의 도리를 깨우치게 했다. 이에 대해 김진태(대구고보 30대 초 재학생, 수필문학가, 아동문학가)는 원암의 사상을 유교의 가르침으로 쉽게 풀이하여 두었기에 소개한다.

　"언젠가는 교재에 장부(丈夫)라는 단어가 나왔을 때였다. 너희들은 대장부가 되어야 한다 하시며 맹자가 하셨다는 풀이를 판서를 하시며 친절하게 설명하신 것을 기억한다. 오랜 세월이 흐른 뒤에 나도 기억하고 맹자를 읽으면서 등문공장구(騰文公章句) 하편에서 '대장부란 인(仁)이라는 넓은 집에 살고 예(禮)라는 천하의 큰 도를 행하는 것이요, 뜻을 얻으면 백성들과 함께 바른 도를 행하고 뜻을 얻지 못하면 자기 혼자서 이 도를 행하는 것이요 어떤 부귀로 유인해도 그 마음을 어지럽히지 못하며 어떤 빈천으로 괴롭혀도 그 지조를 바꾸어 놓을 수 없으며 어떤 위험이나 무력으로 협박해도 그 뜻을 굽힐 수 없는 것이요. 이런 사람이라야 대장부라 하는 것이다.' 스승님을 그 당시 급우들은 '충청도 선비'라고 곧잘 불렀다. 언제나 조용조용 걸으시고 말씀도 잔잔하게 하신 편이다. 조용하다는 느낌을 항상 풍기시는 편이었다. 맹자는 고요한 세계는 도(道)의 세계라 하였다. 그러므로 고요함은 움직임의 근원이며 그 귀결이라 하였다. 만물은 끊임없이 생겨나고 있지만 어느 것이나 그 근원으로 돌아가고 있는 것이다. 근원으로 돌아가고 있는 것을 고요해진다고 하며 고요해짐을 천명(天命)으로 돌아간다고 하며 친명으로 돌아감을 영원이라 하며 영원으로 돌아가는 것을 지혜라 한다…… 스승님은 언어동작에 작위가 보이지 않았다. 바로 자연스러움이 느껴졌다. 사

심이 없는 것, 작위가 없는 것을 자연의 본성이라 하였으니 스승님이야
말로 바로 자연 그대로를 사시려는 태도가 아니었을까?"

당시 20대 후반이었던 원암이 첫 교단생활에서 제자들에게 비친
모습은 우리의 전통적인 선비모습 그대로였다. 그가 어린 시절에 화
신리 서당에서 훈장에게 받은 그 가르침이 그의 인격의 바탕을 이루
고 있다가 교단에 서게 되면서 올바른 스승의 모습으로 구현되어 나
타난 것이다. 원암이 홍안의 청년혈기로 저지를 수 있는 경솔함이나
인격적 미숙을 조금도 보이지 않고 조용한 가운데 사람의 마음을 움
직이는 힘을 발휘하는 경지에 도달한 것이다. 그것은 그의 투철한
구도정신으로 오랫동안 올곧게 사는 길을 찾아온 결과라 볼 수 있다.
원암이 비교적 이른 나이에 그런 원숙한 인격을 갖추게 된 것은 서
당 학동 시절에 훈장님이 그가 특출한 청기를 타고 났음을 인정하고
부추겨준 덕택이라 여겨진다.

원암이 대구고보에 재직 중에 다른 교유들이 흉내 내기 어려운 점
이 한 가지 있었다. 그건 다름 아니라 교실 안에서만 학생에 대한 관
심을 보이는 대부분의 교유들과는 달리 교실 밖, 운동장, 거리, 어디
에서나 한결같은 관심으로 학생에게 다가간 점이다. 당시 대부분의
교직원이 일본인이고 조선인 교사는 2~3인에 불과했으므로 동족애
에서 그럴 수 있다고 단순하게 해석할 수도 있었다. 그러나 원암의
경우는 그 정도가 아니고 제자들을 수시로 집으로 불러 학과에 대한
특별지도나 생활 상담을 해왔으므로 자택에는 제자들의 발길이 늘
이어졌다. 길에서 어떤 제자와 눈이 마주치면 '자네 오늘 무슨 책을
갖고 우리 집에 오게.'라는 말로 불러들인 경우가 잦았다. 그런 관심

을 부담스러워하며 피하지 않고 적극적 반응을 보이면 그는 선생님의 애제자가 되어 평생의 사제관계로 맺어지게 된다. 원암의 이런 점에 대해 김진태는 계속해서 이렇게 말한다.

"졸업 후에도 거리가 멀어도 자주는 아니지만 가끔 선생님을 찾아뵐 기회를 만들었다. 찾아뵙는 일은 나에게도 보람이 있었고, 나름대로 지적으로 소득도 있어서 찾아갔었다…… 언젠가 스승님이 돌아가신 것을 분명히 알면서 사시던 댁을 둘러보았다. 스승님이 계실리 없고 주인도 바뀌었을 것이지만 한참 동안 주위를 맴돌다가 돌아온 일이 있다. 가시고 나니 온 대구가 아무도 없는 텅 빈 느낌을 느꼈던 것이 사실이다."

중등학교에서는 담당과목 수업을 통해서 학생과 접촉이 이루어지므로 학생들에 대한 관심도 극히 제한적이다. 극소수의 학생 외에는 개별적인 관심을 기울이지 못하고 그냥 전체 집단으로 대할 뿐이다. 원암은 그 당시 대구고보 한 학년에 두 반씩 100명 정도가 되었고 5개 학년의 영어와 조선어를 담당했다. 수백 명에 이르는 다수 학생들에게 고른 관심을 보이려 한 것부터가 남다른 점이라 볼 수 있었다. 원암의 이런 태도는 그가 광도고사에 다닐 때 Harrison 교수에게서 받은 감화가 강하게 입력되어 어떻게든 그분만큼은 해야 참스승이 된다는 생각이 강박관념으로 자리 잡은 것이라 여겨진다. 또 어릴 적 서당에서 훈장이 때와 장소를 한정시키지 않고 관심을 보인 일이 좋은 기억으로 남아 있기에 그런 흉내를 내고 있다고 볼 수도 있다.

원암의 20대 후반 교사 시절의 제자로 90대의 노령에 이르도록 원암을 못 잊어 한 김진태의 얘기를 더 들어보기로 한다.

"이 글을 쓰면서 동기생 몇몇에게 혹 좋은 자료가 있을 것 같아 전화로 이 스승님에 대한 소감이나 일화 등을 물어보았다. 졸업 할 때는 동반 서반 합해서 백 명 가까이 있었는데 현재까지 남아 있는 동기생은 20명도 채 안 되며 연락이 되는 동기생은 아주 드물었다. 스승님에 대한 느낌이나 기억에서 두드러지게 남은 것은 진정한 학자라는 말과, 참선비였다는 생각과, 사랑과 신념이 있었던 참교육자였다는 의견이 주로 얻은 소견이었다. 이 글에서 흔히 쓰는 선생이란 용어를 피하고 스승이라는 용어를 쓰게 된 근본이유는 여기에 있다. 누군가가 말한 것이 기억에 난다. 마지막 이 세상을 떠나면서 감사할 수 있다면 그 한평생은 그런대로 잘 지낸 평생이라 하였다. 그런 뜻에서는 이 스승님은 나의 평생에 가장 값진 구실을 하신 분이라 오래 기억하게 된다."

원암은 제자에 대한 관심이 재학 중에만 한정되는 것이 아니고 일생토록 지속되어야 한다고 생각한 것 같았다. 원암이 한 자리에 주택을 정하면 수십 년 동안 그 집에서 기거하고 이사하기를 꺼린다는 것은 그의 제자라면 다 아는 사실이다. 평소에 찾아오던 제자가 찾아왔다가 이사 가고 없으면 얼마나 섭섭해 할까 걱정되어 이사를 안 한다는 것이다. 사회에 내보낸 제자는 시집보낸 딸처럼 스승 집에 드나들어야 마땅하고 스승은 제자들이 찾아오는 데 어려움을 주지 않아야 한다는 무언의 약속이 의식의 바탕에 깔려 있었다. 원암의 이런 태도를 가장 가까이에서 지켜본 둘째 딸 이기남(1950년대 후반 경북대학교 사대 가정교육과 재학, 원암문화재단 이사장)은 이렇게 얘기한다.

"아버지는 일본 광도고등사범을 졸업하던 해 대구고보에 영어교사로 부임을 했습니다. 한국인 교사가 아버지뿐이어서, 시골 학부형이 대구 고보에 합격한 아들의 손을 잡고 와서 아버지에게 무작정 맡기고 가는 일이 허다했습니다. 모두가 가난한 때라 먹고사는 일이 큰일이었습니다. 그들은 졸업할 때까지 아버지 집을 마치 자기 집처럼 들락거렸는데, 어머니는 학생들을 항상 따뜻하게 대했으며 그들을 '재비학생'이라고 불렀습니다. '재비학생'(강남 갔던 재비에 비유한 호칭)들은 졸업을 하고 떠날 때 기념사진을 남겼는데 사진에는 '사모님을 떠나며 사랑스런 기남아'라는 문구를 새겼습니다."

원암이 제자들을 이런 극성스런 사랑으로 대한 것은 사모님의 적극적 호응이 없었다면 할 수 없었을 것이다. 원암이 참스승으로 일생을 보낼 수 있게 된 것은 남에게 사랑을 베풀고 헌신하는 삶의 가치를 알고 동조하는 아내가 있은 덕택이었다. 이런 점에서 원암은 실로 인덕이 많은 사람이었다. 그런 점을 다 감안한다 해도 원암이 가르치는 일 자체를 즐겼다는 것이 주변사람들을 감동시켜 인덕을 불러온 것이라 볼 수 있다. 원암이 첫 교단에 서게 될 당시 가르치는 것 자체를 얼마나 즐겼는지 실감나게 느끼도록 해주는 증언이 있다. 1930년에 원암이 전 가족을 대동하고 대구로 이사하여 처음 정착한 곳이 봉덕동 용두방천 부근 촌동네였다. 그 당시 바로 이웃에 살면서 어린 시절에 원암에게 불려가 무료 공부를 하고 자라면서 계속 원암으로부터 진로안내를 받아 의학박사가 뇌었나는 김기순(전 한양대학교 의대 교수, 대학원장)의 증언을 들어본다.

"어린 시절 부모님과 이웃 어르신들에게 들은 바로는 원암 선생님 댁은 충청도 양반이라 가풍이 지엄하고 할아버지도 선비이시고 선생님도 학자이시며 가족 분들은 한결같이 성품이 고결하여 우리와는 달리 별천지에 사시는 분들이었다. 그런 분들이 어찌하여 대구시 봉덕동까지 오셨을까 내 어린 마음속에 풀리지 않는 의문으로 남아 있었다…… 어느 날 복음이 전해 졌다기보다는 큰 낭패를 당하게 되었으니 모두가 선생님 댁에 모여 서당에서처럼 공부를 해야 한다는 것이었다. 이 특설 유치원에 다녔던 코흘리개들이 십여 명이 넘었던 것은 분명하나 누가 누구였는지는 지금 기억할 수가 없다…… 근엄한 학당의 분위기와 선생님의 위엄에 압도되어 장난은커녕 감히 게으름을 피울 엄두도 내지 못하였으니…… 지금도 한 주먹이 넘는 그 호리호리한 회초리를 잊을 수 없으며 누가 과연 맞기는 했는지도 기억나지 않는다. 내가 생명과학을 전공하여 평생을 의과대학생들과 지내다 명예교수로 아직도 강단에 설 수 있는 것은 원암 선생님의 큰 가르치심 때문이라 믿고 있다."

여기서 느낄 수 있는 것은 원암은 가르칠 대상자가 없으면 살맛이 나지 않는 특수체질이라는 점이다. 그의 어린 시절 최초의 스승이었던 북실 어른이 가르치는 즐거움 자체를 최상의 보상으로 여기는 태도, 바로 그런 기질적 특성을 원암에게서 간파하고 큰 스승이 될 것이라 예언했는데 그 예언대로 되고 있음을 볼 수 있다.

제 20 화

영어교사가 보여준 별난 우리말 사랑

대구고보에 발령받은 원암이 담당하게 된 과목은 영어와 조선어였다. 당시 일제는 내선일체라 하여 일본과 조선은 한 민족처럼 뭉쳐야 한다는 구호 아래 일본어를 국어라 하여 가장 중요한 언어로 가르치고, 영어, 조선어, 한문은 명맥만 겨우 유지하는 정도로 두다가 나중에는 조선어를 완전히 없애기까지 했다. 중등학교에서 자기 전공과목 외에 다른 과목은 맡기 싫어하는 것이 교사들의 일반적인 태도인데, 원암은 대구고보에서 조선어를 맡게 된 데 대해 속으로 콧노래를 부르고 있었다. 조선어를 통해 학생들과 동족으로서의 교감을 나눌 수 있을 것이라는 기대감에서만은 아니었다. 아무리 그런 기대감이 있다 해도 그 과목에 대한 어느 정도의 체계적 지식과 가르치는 방법을 알고 있지 않으면 중등단계의 학과목은 맡을 수 없기 때문이다. 그러나 원암은 이에 대해 나름대로 축적된 노하우를 갖고 있었다.

유아 시절 아버지가 우국지사로 타향을 떠돌 때, 어머니로부터 한글이 세계에서 가장 쉬우면서도 쓸모 있는 글이란 말을 들은 기억이 늘 남아있었다. 그런 훌륭한 한글을 만드신 분이 다름 아닌 원암의 20대 할아버지이며 우리나라 역사에서 가장 거룩한 임금으로 추앙받

는 세종대왕이라는 데 대한 남다른 자부심을 갖고 있었다. 영동보통
학교 시절에 그가 마을야학에서 문맹자들에게 한글을 가르치면서 우
리글의 우수성과 쓸모에 대해 역설하면서 한글 읽을거리를 수집하여
신나게 수업을 한 경험이 있다. 그 후 경성제이고보에 다닐 때 이승
녕으로부터 한글사랑의 선각자 주시경 선생에 관한 이야기를 들으면
서 한글사랑 정신을 더욱 확고히 다지게 되었다. 원암이 첫 교단생
활에서 조선어를 가르치게 되었으니 물을 만난 물고기처럼 신이 났
던 것이다. 원암의 한글사랑 정신이 얼마나 투철했으며 그 정신의
명맥이 얼마나 면면히 흐르고 있는지에 대해서 둘째 딸 기남은 이렇
게 얘기한다.

"아버지는 자녀들이 4~5세가 되면 천자문과 한글을 가르쳤습니다.
한글 말살 시기에 자녀들에게 조상이 만든 '우리글'을 가르치고 '우리
글 사랑'을 심어주셨습니다. 컴퓨터 시대가 되어 제가 한국최초로 Mac.
용 한글 서체를 개발하게 된 것도 어릴 때 심어진 한글 사랑이 모태가
되었을 것입니다. '디지털 한글'(신명font/신명체)은 오늘날 인터넷 시대
한글이 무한 정보의 자원으로 재탄생하는 근원이기도 합니다."

원암이 자녀들에게 심어준 '한글사랑 정신'은 다음 대에 이어져
딸 기남이 그 정신으로 세상을 밝히는 데 이바지하고자 '원암문화재
단'을 설립하고 국제화시대에 한글을 세계로 보급시키기 위한 사업
을 펼치게 되었다.

원암이 대구고보에 재직 할 당시 재자들이 원암에 대해 기억하는
일들은 영어를 가르친 일보다 조선어에 열성을 보인 일이 훨씬 많은

것만 봐도 얼마나 우리말 사랑이 열광적이었는지 짐작할 수가 있다.

『경북중고등학교 60년사』에서 1930년대에 대한 기록을 살펴보면 원암 선생의 지도로 발간된 교우회지에 대한 소개가 무려 13(149~161)쪽에 걸쳐 실려 있다. 149쪽에 교우회지에 대한 소개를 시작하면서 주석(번호 100)에 다음과 같이 기록되어있다. "당시 선한(鮮漢 : 조선어와 한문)담당 교유였던 이규동 선생이 한글 시(詩) 작품을 선(選 : 선정)했으며, 특히 교우회지 10호의 영남민요는 방학숙제로 그 가운데서 골라 실었다."

원암의 우리말 사랑에 대해서는 당시 졸업생이 다 같이 인정하고 있는 바였다. 그런데 우리말 사랑을 우리말 교육에 어떻게 구현시켰으며 그 구현방법이 오늘날의 언어교육의 방향과 맞는 것일까를 살펴보자. 우선 그때 우리말을 실제로 어떻게 가르쳤는지 다시 오탁근의 증언을 들어보기로 한다.

"이 선생님은 광도고등사범학교 영문과를 졸업하신 중등학교 영어교사이어서 우리 학년은 1학년부터 3학년까지 3년간 담당하셨고 3학년 때에는 조선어 및 한문까지 담당하셨다. 그 3학년 때부터 기회가 날 때마다 '한글 맞춤법'을 조금씩 가르쳐 주셨다. 영어수업시간에도 수업 시작한 후 약 3분 내지 5분 정도 복도 쪽의 창문을 닫아두고 가르쳐 주셨다. 5cm 내지 7cm 되는 짧게 자른 시험용지에 '따뜻하다' '좋다' '밝다' 등 간단한 단어시험까지 실시하셨던 것이다. 시간을 아주 아껴 쪼개어서 한글 한 자라도 더 가르쳐 주시려는 열과 성뿐만 아니라 지금 와서 생각해봐도 참으로 민족의식에 대한 놀랄 만한 용기를 가지셨던 분이셨다."

1930년대까지는 한글이 보편화되어 있지 않아 당시에 발행된 조선일보나 동아일보 같은 일간신문의 기사를 봐도 '따뜻하다'를 '따뜯하다'로, '좋다'를 '조타'로 '밝은'을 '발근'으로 표기하는 등 통일된 맞춤법에 따르지 않는 글이 흔히 통용되었다. 그런데 원암이 영어교사이면서 조선어를 가르칠 당시에 이렇게 현대화된 한글을 가르칠 수 있었던 것은 주시경 선생의 문하생인 최현배 등 한글학자들이 제정하여 공포한 '한글맞춤법통일안'에 따라 우리말을 체계적으로 가르칠 자세를 갖추었으니 당시로서는 개척자적인 시도라 볼 수 있다. 원암의 조선어 수업에 대해 김진태는 이보다 더 자세한 증언을 하고 있다.

"조선어(국어)를 담당하셨던 스승님은 가끔 국어숙제로 작문을 지으라고 명령하셨다. 스승님의 명령이라서 글을 쓰기를 힘겹게 여기고 있던 학생들은 낑낑거리며 제가끔 글이랍시고 써서 제출하였다. 내가 생각하기에도 글이라고는 할 수 없는 글들을 스승님은 댁으로까지 가지고 가셔서 참으로 알뜰하게 읽으시며 잘 되었다고 느끼신 곳은 붉은 펜으로 줄을 그으시고 고쳐야 할 곳은 세심하게 지적하여 주시고, 전체적인 평점은 둥글둥글한 원을 한 개, 두 개, 세 개로 구별하여 도로 돌려주시었다. 나의 작품은 번번이 동그라미 세 개였다. 동그라미 세 개는 그리 많지 않았다. 동그라미 세 개를 받은 나는 내심 우쭐하였으며 글쓰기 숙제를 반기게 되었다. 일 년에 한 번 꼴로 펴내는 교우회지에 번번이 나의 작품이 실리기도 하였다. 어느 해 것인지는 기억이 안 나지만 '성묘'란 나의 작품이 교우회지에 실려 교우들의 부러움을 받았다. 나도 후일에 국어를 담당하면서 작문 숙제를 내어 심사랄까 평점들을 매기면서 매 편마다 잘 된 곳, 잘못 쓰인 곳을 지적한다는 것이 얼마나 고역인가를 절실히 깨달았다."

이분은 일생토록 중등학교에서 국어를 가르친 분이고 아동문학가, 수필문학가로 인정받아 중등학교 국어 교과서에도 이분의 글이 실렸다. 이분의 얘기에서 원암의 두 가지 특징을 발견할 수 있다. 하나는 우리말의 사용능력을 기르기 위해 작문숙제를 많이 냈다는 점이다. 한글의 맞춤법을 낱낱의 법칙으로 가르치는 데 그치지 않고 실제 글을 짓게 함으로써 통합적인 활용능력을 갖추게 한 것이다. 언어의 통합학습의 교육적 효과는 오늘날에 와서 특히 강조되고 있는 바이다. 그런데 언어의 통합지도에서 문제가 되는 것은 작문지도에서 교사의 업무량이 과다하여 교사들은 되도록 작문지도를 기피한다는 것이다. 그런데 원암은 아무리 힘들어도 교육적으로 효과가 큰 방법을 택하여 실천한 것이다. 원암의 이런 자세가 초임교사 시절에 잠시 반짝 시범을 보이고 만 것이 아니고 일생 동안 지속되었다는 점이 남다른 측면이다.

여기서 이분 김진태 선생님과 필자의 관계를 밝혀둘 필요성을 느낀다. 이분은 고보 시절에 원암에게서 글을 잘 짓는다는 칭찬을 받은 것이 씨가 되어 후일에 국어교사가 되었고 원암의 교육방식이 좋게 생각되어 일생토록 국어를 그런 방식으로 가르쳤다. 공교롭게도 그분이 필자의 중학교 국어선생님이 되어 원암 선생님처럼 작문숙제를 내어 일일이 첨삭지도를 하셨다. 그때 필자의 글을 극찬하시며 학교 교우회지에 실어주시는 등 각별한 관심을 가져주신 것이 씨가 되어 필자도 글쓰기를 좋아하게 되었다. 그러나 두 분이 사제지간인 줄은 전혀 모르고 있었다. 원암 탄신 100주년 기념 추모문집에 김 스승님의 글과 필자의 글이 같이 실린 것을 보고 알게 되어 필자는 '그럼 그렇지, 두 분이 어딘지 모르게 너무나 닮았다 싶었지.'라고 생각한 것이다. 필자는 김 스승님의 연락처를 수소문하여 그해 스승의 날을 며칠 앞두고 찾아뵙겠다고·알렸더니 대구 효목동에 계시다가 그 얼마 전에 제주도의 큰아들 댁으로 가 계신다 하여 뜻을 이루지 못하고 그 다음 해에 제주도에 가서 뵙기로 약속드렸다. 50년 만에 뵐 스승님을 기쁘게 해드릴 선물로 필자가 쓴 글을 모은『동서문화기행』이라는 수상집을 펴내어 이듬해 스승의 날을 보름 앞두고 전화를 드렸다. 그런데 그 일주일 전에 유명을 달리하셨다는 비보를 듣고 이렇게 생각했다. '첫 사랑은 만나지 말아야 아름다운 모습으로 머리에 남는다.'라는 말이 있듯이 90대에 이른 선생님 모습보다 40대의 단정하시던 모습을 내 머릿속에 남아 있게 하려고 그 어떤 힘이 우리의 해후를 가로막은 것이 아닐까?'라고 원암 선생님의 일대기를 필자가 감히 쓰게 된 것도 그런 사제의 인연의 끈이 면면히 이어진 결과라고 생각하게 되었다.

각설하고 원암이 대구고보에서 조선어수업을 할 때 쓴 교수법에 대해 더 자세한 증언을 한 안장호(1930년대 초 대구고보 재학, 전 대구지방법원 부장판사)의 얘기를 들어보기로 한다.

"선생님은 국어(당시는 '조선어'라고 하였다)도 담당하셨는데 애국애족하시는 마음이 깊으셔서 학생들에게 애국애족심을 환기시키기 위하여 교과서 이외의 자료도 많이 구하여 나누어 주셨고, 한번은 여름 방학 때 학생들에게 각 지방에서 부르고 있는 민요를 수집하여 오도록 하여 우리 고유문화의 보존과 민족정신 앙양에 힘쓰셨는데 그 당시 선생님께서 일본 글로 쓰신 취지문(그 당시 공적으로는 일본어밖에는 사용하지 못하였으므로)과 학생들이 수집한 민요의 일부가 그 당시의 교우회지에 실려 있다. 그래서 학생들 사이에 선생님에 대한 존경심이 더욱 우러났었다."

원암이 하나의 언어로서 조선어를 가르치면서 언어는 그 민족의 얼을 담고 있다는 인식이 깊이 새겨져 있었음을 느끼게 한다. 원암이 보통학교 학생 시절에 마을 야학에서 우리말 읽을거리를 장만하기 위해 가사나 동요 등을 수집해서 적어내라는 숙제를 통해 그 효과를 실감했기에 그 경험을 살려 공교육에 적용한 것이다. 이렇게 하여 모은 우리민족의 얼이 담긴 글을 과감하게 교우회지에 싣게 된 것도 당시 상황으로는 여간한 용기로서는 생각할 수도 없었다. 이에 대해『경북중고등 60년사』에는 이렇게 기록해 두고 있다.

"교우회지를 보면 일제하이어서 일문으로 실리는 게 원칙이자 상례이었다. 그러나 1935년에 나왔던 10호에는 일문으로 된 운문들의 뒤에 한글로 쓴 시와 영남민요가 실려 있다. 그 이듬해 발간된 11호에도 민요라 해서 한글로 된 시와 시조들의 상당한 작품들이 수록되어있다. 그때는 중학생들이 우리말로 글을 쓴 경우가 드물었다."

우리글을 쓰는 것이 자유롭지 못한 때인데다가 우리글의 통일된 표기법마저 보급되어있지 않아 세련된 글이 나오기 어려운 때였다. 그런 가운데서도 원암 선생에게 뽑혀 교우회지에 실린 글 중에는 제법 문학성을 띤 글도 있어 한두 편만 소개한다. 1935년도에 발간된 교우회지 10호에 당시 4학년이었던 김택규의 글 '고향'을 보자.

그리운 고향이여
멀고먼 회색의 천지에서
육로로 삼천리, 해로로 삼천리

그대의 따뜻한 품이 그리워
내 다시 찾아왔노라
그대의 부드럽고 커다란 가슴은
번뇌의 공상에 시달린 이몸을
예나 다름없이 안아 주는구나
아— 아름답다 내 고향산천
언제나 너를 잊을 수 있으랴

　이 시에서 '회색의 천지' 같은 표현은 이상화의 '빼앗긴 들'처럼 잃은 조국을 상징적으로 나타낸 듯하다. 또 '육로로 삼천리' '해로로 삼천리' 같은 표현은 삼천리강산 우리 조국을 은유한 것이라 볼 수 있다. 그 시대 우리 학도들의 정서는 대체로 이런 투의 글로 표현되었다.
　이런 창작 외에 학생들의 숙제로 수집된 민요의 양이 상당히 많아 작은 책자로 묶을 정도가 되었고, 그것이 고갈되어 가는 우리민요를 보존하는 데 상당한 기여를 하기도 했다. 그중에 안동지방에서 300년 전부터 전승되어온 민요 '놋다리(銅橋)'의 일부만 소개한다.

놋다리에 놋다리에 청개산 놋다리에
어되(어디)서 손이 왔노 정상도(경상도)서 손이 왔네
무슨 옷을 입고 왔노 지죽 옷을 입고 왔네
무슨 갓을 쓰고 왔노 룡단 갓을 쓰고 왔네
무슨 맨근 쓰고 왔노 외올 맨근 쓰고 왔네
무슨 보선 신고 왔노 타래 보선 신고 왔네

이 터는 뉘 터 인고 나라님의 玉 터일새

이 지와(기와)는 늬 지완고 나라님의 玉 지왈새

놋다리에 놋다리에

　이 놋다리 민요는 정월 대보름 다음날 안동지방의 젊은 아낙네들이 대열을 지어 답교(踏橋 : 다리 밟기)놀이를 할 때 부르는 노래 가사이다. 원암이 이렇게 민요를 수집하는 방학숙제를 내주게 된 배경에는 그가 옛날 고향마을 야학에서 수집한 동요 '녹두장군'을 생도들과 함께 부르다가 울음바다가 된 그 기억이 뇌리에 생생하게 남아 언어의 정서적 입력의 뛰어난 효과를 떠올렸기 때문일 것이다.

　원암이 주도하여 모은 한글 시와 민요가 1930년대 당시로서는 우리글 보급을 위한 획기적인 시도였고, 식민지치하에서 정서가 메마를 대로 메마른 학생들에게는 오아시스처럼 반가웠기에 70년이 지난 후일까지 그 교우회지에 대한 기억은 한 사람도 빠짐없이 다 간직하고 있는 듯하다.

제 21 화

난세의 시름과 병고로 교단을 떠나 산 4년의 세월

원암이 확고한 교육적 신념과 올곧은 자세로 교육에 임할수록 칭찬보다는 의심의 눈으로 바라보는 이들이 늘어갔다. 다름 아닌 교장, 교감을 비롯한 일인 동료교직자들이었다. 그들에게는 진정한 교육자적 자세보다는 일제 식민지교육에 충실한 태도가 평가의 척도가 될 뿐이었기 때문이었다. 일제는 아시아를 정복하는 첫 단계로 조선을 합방한 후, 1931년에는 만주사변으로 대륙진출 제2단계까지 성공하였으나 3단계로 중국을 정복하려니 중국은 무저항주의로 나오므로 작전이 예상을 빗나가고 있었다. 중국대륙에 깊숙이 들어가 진주한 일본 팔로군은 작전다운 작전을 펴지도 못하고 시간 낭비만 하며 초조해 하고 있었다. 그러다가 마침내 1937년에 일본군이 중국의 철로를 파괴하고서는 중국에게 뒤집어 씌워 침공을 개시함으로써 중일전쟁에 돌입하게 되었다. 워낙 큰 나라와의 전쟁이라 인적 물적 자원을 공급하는 데 필요한 조선에 대한 수탈행위가 한층 더 악랄해졌다. 그런 판국에 조선에서 실시하는 식민지교육에서 원암 같은 교육자가 나타나 진정한 교육관과 신념으로 시범을 보이는 것이 좋게 보이기보다 오히려 눈의 가시로 보였던 것이다. 당시 이런 상황에 대해서 배용광은 다음과 같이 증언한다.

"민족혼을 일깨우는 방법으로서 선생님께서는 그때 민족지로서 꾸준히 발행되고 있던 동아일보나 조선일보의 기사 중 사설을 활용하셨는데, 이 사설을 등사 원지에 옮겨 프린트하는 일이 종종 나에게 맡겨졌었고 나는 그 일을 큰 보람으로 알고 완수하였는데 사설을 교재로 삼을 때는 보안상 문제에 특히 고심하셨던 것으로 기억된다. 이처럼 젊은 학도의 민족혼을 일깨워주셨던 선생님께서는 몸소 우리들을 격려하시는 일에도 깊은 배려를 베푸셨다. 그것을 우리는 4학년(1936년) 때의 일본으로의 수학여행에서 언급해야 되겠다. 그때 선생님께서는 일본인 교사와 함께 인솔 책임을 맡고 계셨는데 수학여행도 중간 무렵(총 20일 기간의 반이 지났을 때)에 일본 수도(東京)의 서남쪽 바닷가 작은 섬(에노시마, 江島)에 들리게 되었다. 지금 기억으로는 200평가량 되는 넓은 방에서 약 100명의 젊은 학생들의 혈기왕성한 무질서한 행동들이 펼쳐지고 이러한 바람직하지 못한 정경을 대하시던 선생님께서는 우리들 모두를 한자리에 모이게 하셔서 우리 민족의 자존심에 호소하는 말씀을 하시며 우리들을 깨우쳐 주셨다. 그런데 그 일로 인해서 선생님께서는 동행한 일본인 교사가 못마땅하게 보는(말하자면 독립운동의 일환으로 짐작하는) 계기가 되었고 때문에 요주의 인물로 낙인찍히게 된 듯하며, 그 이듬해(1937년)에 사직을 강요당하게 되었던 것이 아닌가 한다. 우리는 1938년 봄에 졸업장을 들고 남산동 우거로 선생님을 위문 차 찾아뵈었다. 선생님께서 깨우쳐주신 민족혼은 그 후 줄곧 우리들의 생활에 등불이자 길잡이가 되어왔다고 할 수 있겠다. 선생님이야말로 우리들의 참스승이시다."

원암이 학생들을 인솔하고 일본으로 수학여행을 가서 무질서한 학생들을 타이르기 위해 민족자존심에 호소하는 말을 장시간 훈화 형식으로 한 것이 학생들에게 독립운동을 하도록 부추긴 것으로 오해받아 사직권고를 받은 것으로 학생들이 짐작하고 있는 성싶다. 그 말도 상당한 근거가 있으나 원암이 그 무렵에 교단을 떠나게 된 데는 다른 이유도 복합적으로 작용한 듯하다. 그중 하나가 원암의 건강에 적신호가 켜진 일이다. 대구고보에 처음 부임하면서부터 교내외에서 수많은 사람들에게 가르침을 주는 데 혼신의 열정을 쏟느라 자신의 건강을 돌 볼 틈이 없었다. 늘 깡마른 체격이라 남이 보기에 허약해 보여도 본인은 늘 아무 일 없다 하니 그게 타고난 체질이라 여기고 예사로 넘긴 모양이었다. 그러다 드디어 건강이 점점 악화되어 교단생활을 계속하기 어려운 지경에 이른 것으로 판단된다. 이때의 상황에 대해서 오탁근은 이렇게 얘기하고 있다.

"이 선생님의 건강은 우리가 보기에도 자주 잔기침을 하실 정도로 좋은 편이 아니었다. 그러나 이 선생님은 그런 것에 개의치 않으셨다. 우리 예측대로 교명을 변경하고서 곧 조선어를 폐지하기까지 한 마당에 이 선생님을 그대로 재직시키지는 않을 것으로 생각했다. 이 선생님의 영향을 받은 학생 수가 무서운 것이라서 결국 한글맞춤법을 가르쳐 주신 것을 문제 삼아 퇴직시킨 것으로 생각이 된다. 이 선생님이 당당한 사직이었다면 학교에서 쉬쉬하지 않았을 것이다. 그러므로 우리들은 선생님이 사표내신 일자나 계절조차도 모르고 있었다. 우리는 1939년 3월 4일 졸업식을 마치고 학교에서 찾을 돈 20원을 찾아들고 이 선생님을 문병도 할 겸 졸업한 감사의 인사도 올리려고 가기로 내통이 되었었다. 그런데 학교당국에서는 그 돈을 교정에 설치한 천조대신을 모신 데에 기념식수대로 기증을 하도록 강권하였으나 거절했다. 그리고 우리들은 이 선생님 댁으로 갔었다……. 우리들은 선생님 은덕으로 졸업을 하게 되어 매우 감사한다는 인사를 드리고 선생님이 병환에 계시니 얼마 되지 않지만 저희들의 정성이오니 요양에 보태시라고 그 돈을 올렸다. 옛 성품은 여전하셨다. '너희들이 생각하고 있는 만큼 나 가난하지 않다.' 하시면서 사양하시는 것이었다. 무한한 존경의 대상이신 선생님의 댁과 주변 환경을 보고 마음이 아프고 안타까웠으나 어떻게 할 길이 없어서 우리들의 무력함을 느꼈을 뿐이었다."

이분의 얘기에서는 원암의 사직은 학교당국이 원암이 학생들에게 민족혼을 불러일으키는 위협적인 존재로 여겼기 때문이라는 점과 원암의 건강이 심상치 않게 악화된 것을 다 언급하고 있다. 그런데 원암의 건강악화는 원래 약한 체질인데 젊음만 믿고 너무 몸을 혹사한데다가 전쟁광이 된 일제당국이 학교마저도 교육의 장이 아닌 신병훈련소처럼 변질시켜 교명을 바꾸고 조선어를 폐지하는 등 무지막지한 만행을 저지르는 데 대한 울분이 겹쳐 마침내 중병으로 악화된 것으로 추정할 수 있겠다. 이에 대해 가족의 증언이 필요할 것 같아 둘째 딸 기남의 얘기를 들어보기로 한다.

"아버지는 대구고보 교사 때 새벽과 늦은 밤까지 제자들에게 열정적으로 특별지도를 하였습니다. 장차 이 나라를 이끌어 갈 지도자가 될 인재들을 귀히 여겨 잠시도 쉬지를 않았습니다. 김기기 들었는데도 무리를 하여 결국 결핵으로 눕게 되었습니다. 그 당시 결핵은 무서운 병이어서 한 번 앓게 되면 회복하기가 매우 어려웠습니다. 그러나 어머니

의 극진한 간병과 아버지의 의지로 수년 만에 병마를 이겨낼 수 있었
습니다."

원암이 앓게 된 병이 당시 우리나라 사망률 1위로 망국의 병이라
고 불린 폐결핵이라 장기 치료가 필요했으므로 교단을 떠날 수밖에
없는 상황에 이른 것임을 알 수 있다. 당시로서는 사형선고를 받은
것이나 다름없다고 무섭게 여긴 결핵을 약한 체질인 원암이 이겨 낸
데는 어떤 암울한 상황에서도 청기를 발휘하여 헤쳐 나가는 원암의
특이한 기질이 십분 발휘된 결과라 생각된다. 어려서부터 약체로 보
여 주위 사람들에게 오래 살기 어려울 것 같은 우려를 나타내게 했
는데 고비마다 찾아든 병마를 이기고 끝내는 건강체를 가진 이들보
다 더 장수하신 비결은 타고난 청기 발휘 덕택으로밖에 볼 수 없다.
원암이 어떤 식으로 청기를 발휘하여 병마를 물리쳤는지에 대해 안
장호는 이렇게 얘기하고 있다.

"내가 대구고보를 졸업한 후 선생님께서 폐결핵으로 누워 계신다하
여 그 당시 봉덕동 주택으로 가서 뵈온 기억이 나는데……. 나도 학교
(경성법전)를 졸업한 후 폐결핵으로 직장에도 나가지 못하고 오랫동안
고향에서 요양 겸 놀고 있었으므로 선생님을 자주 뵈옵고 요양에 관한
지도도 받고 하였다. 옛날 육군사관학교가 있던 곳으로 자주 가 뵈온 듯
하며 그때 선생님께서 『요양생활』이라는 폐결핵 환자의 체험담이 실린
월간지 등을 빌려 주셔서 요양생활에 많은 도움과 위로를 받았고……,
선생님께서는 오랫동안 요양생활을 하신 탓으로 생활이 검소하셨다. 한
번은 사모님이 손수 지으신 듯한 양복을 입고 계셨는데 나는 변변치

못한 사람이 양복점에서 맞춘 새 양복을 입고 있었으므로 몹시 부끄럽게 느낀 적이 있었다. 그 후 내가 고향을 떠나서 동래(지금의 부산 시내)에서 약 2년간 생활했는데 그 시경 선생님으로부터 무교회주의자인 김교신 선생이 펴낸 『성서조선』(聖書朝鮮)지를 빌려보았는데 그 내용이 너무나 진실하여 많은 감명을 받았다. 그래서 내가 직접 주문하여 구독하고 있던 중 김교신 선생과 무교회주의자인 함석헌 선생이 조선독립운동을 하는 것으로 혐의를 받아 전국 『성서조선』 독자 모두가 검거되는 바람에 나도 그 일당으로 의심받아 약 3주간 동래경찰서에 구금된 사실이 있었다. 그때 선생님은 병환으로 누워계셨기 때문에 구금을 면하신 것으로 안다. 선생님은 사람은 죽어도 영혼은 죽지 않고 남아 있다고 하시고 영국에서는 영혼의 사진을 찍은 일도 있다고 하셨고, 인도의 산다싱이라는 성자에 관한 이야기도 하시며 『산다싱의 생애와 종교』라는 책을 빌려주셔서 읽었는데 어느 정도 공감이 가는 점이 있었다."

보통사람은 사형선고를 받은 사람처럼 절망에 빠져 자포자기했을 상황이었는데 원암은 맑은 정신으로 최선의 치료법을 찾아 건강회복을 도모하면서 다른 한편으로는 죽음의 의미에 대해 많은 생각을 하여 생사를 넘어서 영혼의 구제방법을 탐색한 것 같다. 그동안 일에 대한 과욕으로 육체를 혹사하는 통에 삶의 의미에 대해서 깊이 성찰할 여유를 갖지 못했는데 모처럼 육체의 휴식기를 맞게 되어 강한 청기가 구도정신에 집중되어 발휘되고 있었다. 일본 유학 시절에 소개 받은 기독교교리와 당대 일본 지성인들의 우상이었던 우찌무라 간조의 무교회주의 기독교에 대해 다시 심취하는 계기를 맞게 된 것이다. 구도정신의 발휘에서 원암과 맥을 같이 한 함석헌 선생 등과 함께 원암이 바른 삶의 길을 찾기 위해 공동 노력한 행적에 대해 원암의 딸 기남은 이렇게 얘기하고 있다.

"아버지는 대구고보 교사로 재직할 때 집에서 초기 기독교 예배 형태로 신앙집회를 꾸준히 열었습니다. 함석헌 선생님을 강사로 초청하여 말씀을 듣기도 했는데, 함 선생님이 저희 집에서 주무시면, 아침 세수 준비는 저의 담당이었습니다. 우물가에 있는 대야에 비누와 컵과 소금을 준비하고 깨끗한 수건을 찾아서 두 손으로 받쳐 들고 서 있다가 선생님에게 드리는 역할입니다. 그리고 집회에 오시는 분들의 신발을 가지런히 정리하는 것도 저의 소관이었습니다."

원암이 일본 유학 시절에 기독교에 대한 이해는 이루어졌으나 교회에 출석하지는 않았다. 무교회주의 기독교를 정신수양의 한 방편으로 다시 한 번 관심을 기울이게 된 것 같다. 그러다가 후일에 조선에서 계속한 무교회주의운동은 독립운동의 일환으로 의심받아 참여자들이 옥고를 치렀다. 그러나 원암은 결핵으로 요양 중이라 그런 곤욕은 면할 수 있었다. 원암이 대구고보를 사직하고 4년간 쉬는 동안에 그의 구도정신은 어떤 종교의 경계나 국경을 뛰어 넘어 두루 안 미친 곳이 없을 정도로 적극적이었다. 이 시절에 별난 득도자 성철 스님에 대한 소문이 국내에 파다했다. 1911년생으로 원암보다는 6세 아래인 성철 스님은 경남 산청군 단성면 묵곡리에서 태어나 어린 시절부터 별난 신동으로 널리 소문이 나있었다. 그는 어려서부터 독서광이라 읽을거리가 없으면 골목골목을 돌아다니며 자기 아버지 이름을 큰 소리로 부르며 책을 사달라고 졸라 그의 아버지가 동네에 창피당하지 않으려고 책을 사다주면 무슨 책이든 단숨에 읽어버리는 괴짜였다. 그렇게 하여 동서고금의 주요저서를 입수되는 대로 무한의 독서력으로 독파하여 도를 찾다가 드디어 24세에 영원의 문제를 풀기 위해 해인사로 들어가게 되었다. 성철 스님은 해인사에서 하동산 스님을 은사로 모시고 득도하여 당시 전국 종교계의 이목을 집중시키고 있었다.

원암은 성철 스님에 대해 남다른 관심을 갖고 있다가 1939년 여름에 그가 대구에서 멀지 않은 영천 은해사 운부암에서 하안거(여름수양을 위한 거주)하는 틈을 타서 성철 스님을 만나러 갔다. 성철 스님은 아무나 만나주지 않은 고승임을 알기에 원암은 자기가 어린 시절 서당에서부터 시작된 동양고전공부와 그 후에 접한 천도교 사상, 기독교 교리, 무교회주의, 인도의 산다싱 성자에 대한 지식 등을 소개하면서 자기는 불도에 대해서도 관심이 많다며 면회신청을 했다. 당시 성철 스님은 최소한 천배를 해야 만나볼 수 있기에 천배를 할 각오로 은혜사 운부암으로 갔다. 성철 스님이 원암으로부터 자기가 아직 접해보지 못한 무교회주의에 대한 호기심을 풀고 싶은 욕심에서인지는 몰라도 생각보다 어렵지 않게 면담이 이루어졌다. 이때 성철 스님은 무교회주의가 정통 기독교와 어떻게 다른지에 대해 꼬치꼬치 캐물으며 궁금증을 풀었고 대신에 원암에게는 불교식 아호 원암(圓庵)을 지어주며 불교입문서를 선물로 주었다. 그리하여 이규동 선생은 35세 때 비로소 원암이란 아호를 받게 되었다. 원암은 폐결핵으로 투병하면서 죽음의 그림사가 눈앞에 어른거리는 것을 느끼며 영원의 세계에 대한 도를 찾아 해맨 것이 아닌가 싶다. 이와 관련하여 이종호(대구고보 1940년대 초 재학, 경북사대 영어과 1기 졸업, 전 경북대학교 인문대 학장)는 이렇게 얘기하고 있다.

　"원암 선생님을 처음 뵈었던 것은 내가 경북중학교(대구고보 후신) 2학년 때였다고 기억된다. 그때 선생님은 검은 물감이 들여진 명주 두루마기를 입고 계셨는데 그것이 소강당 유리창을 통해 들어오는 아침 햇빛을 받아 유난히도 번쩍였다. 구두는 목을 잘라낸 군화를 신고 계셨다. 모두가 전시체제하에서인지라 별로 어색하게 느껴지지는 않았다. 당시 건강 때문에 학교를 떠나셨던 선생님은 이날 학교행사 끝에 강당에 모인 학생들에게 훈화를 하게 되어있었던 것 같았다. 훤칠한 키에 해말쑥한 모습으로 단상에서 하셨던 말씀 중 일부만 기억에 남아 있던 부분이 "새가 죽으려 할 때 우는 소리는 슬프기만 하다."이었다. 이 말의 전후가 기억이 나지 않아 그 뒤에 알아보았더니 다음 구절로 이어져 있었다. 鳥之將死/ 其鳴也哀/ 人之將死/ 其言也善(論語泰伯章). 짐승과 사람이 죽음에 임했을 때를 대비시켜 사람이 사람다움은 그 한평생이 어떠했던 간에 임종할 때 하는 말만은 선하다는 뜻이다."

　원암이 사직한 지 몇 년이 지난 후에 대구고보학생들에게 이런 훈화를 하였으니 그때는 생사의 기로에서 어려운 고비를 넘기며 죽음의 의미를 나름대로 정리하여 의미심장한 말을 한 것이라 여겨진다. 이 증언에다 감히 필자의 소견을 한 마디 더 보태자면 금수는 죽음으로 모든 것이 끝나지만 영혼을 가진 사람은 죽음으로 끝나는 것이 아니고 생전에 걸어온 행적이 후세에 전할 말씀으로 남는다는 뜻으로 해석할 수도 있을 성싶다. 성직자나 교직자들은 이런 신념 때문

에 이승에서의 고행도 감수하고 역경에서도 좌절하지 않고 헤쳐나간
다고 생각한다. 원암이 삶의 특정 고비에서만 이런 신념을 피력한
것이 아니고 일생 동안 일관된 자세를 보여주었기에 원암과 인연을
맺어온 모든 이들의 가슴 속에 말씀으로 새겨져 있다고 생각한다.

제 22 화

민족 사학 대륜학교에서 다시 교단에 서다

4년간의 요양생활 끝에 건강이 많이 회복된 원암은 대구의 전통 있는 사학 대륜학교의 부름을 받아 1942년 신학기부터 다시 교단에 서게 되었다. 대륜학교는 일제가 조선을 무력으로 강점하려는 정책으로 일관하다가 3·1 운동과 같은 역풍을 만나자 조선인들을 무마하기 위해 문화정책으로 전환하여 교육기회를 넓혀준 시기인 1921년에 창립되었다. 대구지역 독립 운동가 홍주일, 김영서, 정운기 선생 등이 저항 시인 이상화 선생의 서제 담교장에서 논의하여 창립을 이룬 지 벌써 21년 동안에 쌓은 전통을 자랑하고 있었다.

2001년에 발간한 『大倫八十年史』에는 대륜학교의 전신인 교남학교가 일제의 사학말살정책에 맞서 명맥을 이어오느라 이루 말할 수 없는 고초를 겪어온 수난의 얘기로 가득 차 있다. 설립자의 한 사람이자 초대 교장을 맡았던 김영서 선생의 7년간의 희생적 봉사로 학교의 기틀을 잡았다. 이어 2대 교장으로 초빙된 이규한 선생이 1년도 못 채우고 떠나자 3대 교장으로 취임한 김도균 선생이 무려 11년 7개월이란 긴 세월 동안 그 자리를 지켰다. 그러나 이때 교장은 학교를 대표하는 상징적 존재일 뿐, 실재 운영은 애교심이 강한 몇몇 교사들의 눈물겨운 노력으로 이루어졌다. 대표적인 예로 이효상 선생은 1926년 동경제대 독문과 재학 시절 방학 때 본교에 강사로 무료봉사를 시작한 것이 인연이 되어 동경제대를 졸업한 후에는 대륜에 본격적으로 근무하여 사실상 교장 역할을 대행하여 대륜의 존치에 제일 공로자가 되었다. 교남의 명맥을 이어오는 데 희생봉사정신을 발휘한 사람으로 빼놓을 수 없는 또 한 사람은 시인 이상화 선생인데 이분은 학교가 재정이 어려워 유지가 어렵다는 것을 알고 1937년에 자진하여 무보수로 본교에서 영어와 작문을 가르치면서 민족혼을 일깨웠다. 이분이 본교에 근무할 때 '피압박민족은 주먹이라도 굵어야 한다.'는 주장 아래 본교 권투부의 창설을 주도하였다고 한다.

　교남학교가 재정난을 견디지 못해 폐교의 위기에 놓이게 되었을 때, 이효상이 당시 대구의 갑부 난사 서병조 선생에게 학교를 인수해줄 것을 간청하여 드디어 1940년 10월 교남학교의 교주는 서병조 선생이 되었다. 이때 새 교주는 교명을 대륜으로 변경했는데, '君臣父子 人之大倫'이라는 유교사상에서 따온 것이다. 이럴 즈음에 나라 안팎의 상황은 최악의 난세로 치달아가고 있었다. 일본이 1940년에 미국령 하와이 진주만을 폭격함으로서 대동아 전쟁이 태평양 전쟁으로 확전되었다. 그래서 그들은 최후의 승전을 위하여 식민지 수탈과 강압을 더욱 심하게 하였다. 민족자본으로 설립되고 운영되는 사학에까지 통제의 고삐를 조여와 교직원의 채용과 학과운영에 이르기까지 일제당국의 간섭을 받게 만들었다. 일제당국이 대륜으로 교명을 바꾸어 설립인가를 내주면서 교장, 교감을 일본인으로 앉히려는 압력에 완강히 저항하여 교장은 이효상 선생이 취임하고 교두(교감)에는 일제당국이 발령한 일본인 도변역조가 취임하여 1942년 4월부터 대륜의 역사가 시작되기에 이르렀다.

대륜으로 교명을 바꾸고 새 출발하게 된 그해 1942년 1월 30일 부로 원암은 이 학교에 교유로 부임하여 3년 반 후에 해방이 되면서 그 학교 교장으로 임명되기까지 영어를 가르치게 되었다. 원암이 관립인 대구고보에서 일본인 일색인 교직원 속에서 극소수의 무력한 조선인 교유로 악전고투할 때보다는 덜 외로웠다. 그러나 전쟁준비에 광분한 일제가 학교를 정상적인 교육활동보다 학생들을 강제노동 현장으로 내몰고 교직원은 현장감독으로 행세해야 하는 서글픈 현실에서 교육다운 교육을 할 수 없다는 점에 있어서는 대구고보 시절보다 오히려 더 개탄할 지경이었다. 이때의 상황에 대하여 이만섭(1940년 초반 대륜학교 재학, 전 국회의장)은 이렇게 증언하고 있다.

"우리 대륜중학교에서는 일본 선생과 한국 선생이 절반 정도 되었는데 한국 선생 중에서도 우리말을 하는 학생을 적발하여 무기정학이나 퇴학처벌을 내리는 가혹한 경우도 있었다. 그러나 이규동 선생님은 혹시 형사들이 복도에서 감시를 하지 않나 살펴가며, 수업시간에도 우리말을 하곤 했다. 특히 이규동 선생님은 수업시간에 성삼문, 하위지, 박팽년 등 사육신에 관한 얘기를 하시면서 우리에게 민족의식을 고취시켜 주기도 하셨다. 이규동 선생님께서는 깨끗하고 인품이 훌륭한 분이시며 학생들의 어려움을 극진히 보살펴주시는 친아버지와 같은 따뜻한 스승님이시다."

원암은 대륜학교에서도 변함없는 마음가짐으로 민족혼을 고취시키고 사랑과 온유로 제자를 이끄는 스승상을 보이고 있음을 볼 수 있

다. 그러나 교육이 정상적으로 이루어질 때라면 원암 같은 참교육자
는 빛을 발할 터인데 이 당시는 그렇지 못하여 처신이 어려웠다. 그
당시의 상황에 대하여 『大倫八十年史』의 230쪽에서 233쪽에 이르기
까지 상세히 기록되어 있는데 그중 한 토막만 소개한다.

"일제가 식량증산을 구호처럼 외치며 광분하던 1944년경은 학생동원
의 절정기였다. 당시는 학도군사훈련과 근로동원의 고역에 시달려 수업
은 거의 전폐되었고, 등교가 곧 작업장 출동을 뜻하는 발악의 시기였던
만큼 하계 방학도 한 달 남짓 남은 폭염의 태양 아래 일주간 합숙으로
도남지(송림사부근) 발굴 작업이라는 고된 사역을 당하게 되었다……
하루에 특배를 포함하여 일인당 2합 5작의 배급양곡으로도 고역에서
허기를 면하기 어려웠는데 그나마 양곡부족으로 보리밥과 된장만으로
2~3일씩 경과하니 더 이상 지탱할 수가 없었다. 그 당시는 돈으로도
양곡의 수요를 충족시킬 수 없는 시절이었다. 불 같은 태양 아래 까맣
게 그을려 온몸이 탔고, 과격한 노동으로 영양실조가 되어 초췌한 몸은
차마 눈뜨고 볼 수 없을 정도였다. 이에 격분한 일부 학생들 중 장영호,
조용두, 이갑상 등 20여 명은 면장을 찾아 항의하였고 칠곡군청까지 쳐
들어갈 작정이었다."

이런 상황에서 교사가 근로봉사대 감독관으로 실력을 발휘하여 작
업 실적을 최대로 올리면 일제의 눈에 들어 승진의 길이 열릴 것이
고, 학생 편에 서게 되면 의협심에 불타는 투사교육자가 될 것은 뻔
했다. 이때 원암이 취한 태도에 대해 홍종욱(1940년대 초 대륜 재학,
전 경북대학교 농화학과 교수)은 이렇게 증언하고 있다.

"한번은 칠곡군의 도남못을 발굴하는 작업에 동원령을 받고 가서 일하였다. 그 동네 아낙네에 대하여 많은 우리 학생들에게 '미역국을 끓여 먹여 달라'고 하셨다. 일본 강점하에서 주민에게 폐를 끼치는 정도가 얼마만큼 용납되었는지는 몰라도 수하의 제자들의 노고를 안타깝게 여기고 건강을 염려한 사랑의 강한 소치가 아니었던가 생각한다."

이 얘기에서 느낄 수 있는 것은 천하의 성인 같은 원암도 그 빛을 발하기 어려운 당시 상황에서 무력감을 느끼며 교단생활을 힘겹게 버티어나갔다는 것이다. 평화 시에는 '온유', '자애'의 덕을 갖춘 교사가 햇빛과 같은 강한 힘을 발휘할 수 있지만, 이런 난세에는 자칫 무기력으로 비치기 쉽다. 이런 분위기에서 온유한 성격의 원암을 더욱 힘들게 만드는 것은 무거운 교무실 분위기였다. 『大倫八十年史』에서 당시 교무실 분위기에 대해 이렇게 기술해 두고 있다.

"도변 교두(교감)는 교장보다 고령자로서 때로는 고자세를 취하여 교만을 부리곤 했다. 어느 날 직원회 석상에서 도변 교두는 '한인 교사들은 정신상태가 해이되어 일본국에 대한 충성심이 결여되고 생활 면에 절도가 없다. 그래서 오늘날 국가가 요구하는 황국신민으로서의 자각이 부실하여 비국민적인 태도를 취하고 있다. 뿐만 아니라 교두에 대한 태도가 불손하니 각별한 주의를 촉구한다.'는 장광설을 늘어놓았다. 격분한 김준기(수련주임) 선생이 이에 맞서, '도변 교두는 일개 교사로서 매일 직원회 때 직속상관인 교장 선생께 인사를 하는데 교두는 경례구령만 걸고 자신은 먼 산만 멍하니 바라보면서 상관에 대한 성의 있는 인사를 보지 못했다.'고 응수했더니 노발대발한 도변 교두는 파랗게 질린 얼굴이 되었다. 그리고 교두는 ‘어째서 당신은 교두를 몰라보고 모욕적인 언사를 쓰느냐?’고 명령조로 호통을 치자 김준기 선생은 절치부심 분을 참지 못하여 옆에 있는 의자를 들고 교두에게 던지려는 순간 가장 젊은 한인 교사 김주만 선생이 달려가서 그 의자를 잡고 본 자리에 두도록 설득함으로써 김준기 선생을 진정시켰다.”(『大倫八十年史』, 251쪽)

교직원 간의 알력은 교육을 잘 하자는 데서 비롯되는 것이 아니고 정복민족과 피정복민족 간의 감정싸움이니 따지고 보면 그 원흉은 일본천황인 셈이다. 업무에 관한 한 책임감이 투철한 일본인들이니 도번 교두는 자기에게 주어진 역에 충실한 교직자에 불과하다고 원암은 보고 있다. 일본인들이 조선인들을 경시하는 태도는 일본인 특유의 사고에서 비롯된다는 것을 원암은 일본 역사를 탐색하면서 깨달아 잘 알고 있다. 일인들의 행동 특징은 약자에게 강하고 강자에게 약한 것이다. 섬나라라는 지리적 조건 때문에 문화전달이 늦어 후진국으로 서러움을 당하며 강자에게는 한 수 배우자는 저자세를 취하고, 배운 것에다 독자적 기술을 덧보태어 자기들이 강자의 위치에 서게 될 때는 약자가 자기들에게 한 수 배우자는 태도로 나오게 해야 하는데 조선사람은 그렇지 못하니 구질구질하다고 보았다. ‘한때는 우리 조상이 일인들에게 한문을 전달해 준 은인인데 그 은혜도 모르고’라는 식으로 생각하는 조선사람들이 이해가 되지 않았다. 원암은 일본에게 이기려면 일본인들의 그런 사고방식을 배워야 한다는 생각을 갖고 있었다. 그러기에 원암은 학생늘에게 민족혼을 고취시키되 비분강개하여 자폭적인 행동을 취하는 것보다 분별력 있는 행동을 하도록 조용조용한 말로 타이르곤 한 것이다.

그렇게 말도 많고 탈도 많던 도번 교두가 드디어 자기 나라로 쫓겨 가야 할 때가 오게 되었다. 1945년 8월 15일 일본 천황의 항복 선언으로 패자가 된 일본은 당장 약자로서 강자 앞에 무릎 꿇는 시늉을 했다. 이때 도번 교두가 어떤 자세를 취하며 물러갔는지 다시 『大倫八十年史』의 기록을 본다.

"도번 교두만은 패자의 슬픈 표정으로 학생들에게 마지막 작별인사를 하였다. 즉 "한일은 형제지국이다. 지금까지는 일본이 형의 입장에 있었지만 패전한 오늘날은 한국이 형의 입장이 되었으니 새 시대의 훌륭한 역군이 되어 달라."는 요지였으나 북받쳐 오르는 단장의 감회는 말끝을 흐리게 하였고, 그 초라한 모습은 학생들의 동정을 자아내기도 했다……. 그 후 도번 교두는 자기가 가지고 있던 가재도구를 한인 동료교사들에게 1~2점씩 기념으로 나누어 주는 우의의 일단도 보였고, 귀국 후 대륜발전을 기원하는 문안편지를 수차 띄웠다고 한다."(253쪽)

도번 교두의 이런 태도를 보고 당시 조선인 교사들이나 학생들은 지금까지의 나쁜 감정은 간 곳 없고 동정심마저 이는 분위기였다. 그러나 일본인들의 민족성과 사고방식에 정통한 원암은 일본인들이 언제 다시 강자가 되어 우리 민족에게 무릎 꿇으라고 할지 모르는데 조선인들은 일인들의 그런 근성은 꿰뚫어 보지도 못하고 순간적인 감정에 사로잡혀 행동하는 것같이 보여 안타까울 뿐이었다. 원암은 영동보통학교에 다닐 때 과거의 은사 서당 훈장님과 나눈 대화에서 일본에게 이기려면 일본인의 장점도 알아야 하고 때로는 그 장점을 배우기도 해야 한다고 역설하여 그 완고한 은사님을 설득시킨 일이

생각났다. 원암은 속으로 '역사는 되풀이한다는데 우리민족이 지금
남의 힘으로 얻은 승리에 도취되어 일인들의 장점을 배우지 않다가는
언제 또 당할지 모르는데, 그걸 모른다니까……'라며 안타까워했다.

해방이 되자 원암은 일약 대륜중학교 교장으로 승진되었다. 해방과
함께 일인들이 차지하고 있던 교육계의 윗자리가 한꺼번에 비게 됨으
로서 조선인 교육자들이 집중적으로 모여 있던 대륜학교에서 대거 경
북교육계의 요직으로 나가게 된 때문이었다. 그동안 20년가량 대륜을
지켜온 이효상 교장이 경상북도 교육의 수장 격인 학무국장으로 발령
을 받아 가고 원암 선생을 그의 후임으로 추천한 것이었다. 원암은
행정가보다는 학생을 직접 지도하는 일선교사직을 선호하는 편인데
학벌로 보나 교육경륜으로 보나 그렇게 할 수 없는 상황이라 교장에
취임하게 된 것이다. 그러나 교장이 되었지만 교장실에서 내빈들이나
상대하는 그런 교장이 아니었다. 가르치는 것을 그렇게 좋아하는 원
암이 학생을 멀리하고 있을 수가 없었던 것이다. 이에 대해 박동정
(1940년대 중반 대륜중학교 재학, 시인)은 이렇게 증언하고 있다.

"선생님 지도 중 한 가지 기억되는 것을 말한다면 해방 후 대학입학
시험 준비에 몰두하던 수험준비생들이 대수 과목 중 배열, 종합, 확률
단원을 배우지 못하였음을 깨닫고 크게 낭패를 당하다가 참다못해 당
시 교장으로 계시던 선생님을 밤에 댁으로 찾아가 하소연을 한 바 있
습니다. 교내의 세세부분까지 모르고 계시던 선생님이라 크게 놀라시며
긴급조치로 대구의전 학생 중 적임자를 골라 절차를 생략하고 특별강
사를 임명하여 보충수업을 받도록 조치해주시기도 하였습니다. 그 후부

터 모든 과목에 걸쳐 수험준비에 만전을 가할 수 있도록 직접 챙겨주
신 결과 그해 서울의 명문대에 지원자 중 90%란 합격률을 올릴 수 있
게 된 것입니다. 이렇듯 선생님의 지도 보람으로 오늘과도 같이 대륜중
학을 반석 위에 올라앉게 하셨던 것입니다."

당시 학생들이 이런 문제로 교장실을 직접 찾아가게 된 것은 평소
원암이 학생들의 어떤 사소한 문제도 귀 기울여 주는 분임을 알기
때문이었다. 원암 역시 학생들이 이런 도움을 청하는 것을 반긴 것
은 어린 시절 서당 훈장님이 말씀하신 바와 같이 '젖이 불은 어미
소에게 기다리던 송아지가 나타나는 것'만큼이나 반가운 일이었기
때문이다. 그러나 원암이 대륜중학교 교장 자리를 지킨 것은 채 2년
도 되지 않는다. 1947년 9월에 공립인 경북여자중고등학교 교장으로
취임하게 되었기 때문이다. 원암이 대륜학교 교장을 그렇게 짧게 하
고 만 것은 자의반 타의반이었다. 해방을 맞게 되자 즉시 떠나버린
일본 교사들의 자리를 채우게 된 신임교사들 간의 세력다툼이 일게
된 것이었다.

이럴 때 사학 특유의 재단의 입김이 교원인사에 개입하여 재단파,
교장파, 교감파 등으로 나뉘어 파벌 싸움을 일삼게 되었다. 이런 틈
바구니에서 학생들은 좌우사상 대결로 치달아 교육은 파행을 거듭하
게 되었다. 정작 일제 식민지교육체제하에서는 울분이 차도 동족끼리
는 힘을 합하는 분위기였는데 해방 후에는 동족상잔의 추태를 보이
는 혼란상이 연출되었다. 이런 탁기의 대결장에서 버티기 어렵다고
판단한 원암은 때마침 경북여중고 교장으로 와달라는 요청에 응하여
주저 없이 대륜을 떠났다. 그 후 대륜에서는 학내분규가 악화일로로

치달아 수습이 어렵게 되자 대구시민대표들이 나서서 다시 이효상 선생, 이규동 선생 같은 덕망 있는 교장을 모시자는 의견이 나오기도 했다.

1947년 9월 신학기 개학에 맞추어 대륜학교 교장 이임인사를 하고 떠나는 원암을 환송하기 위해 거리에 도열한 대륜학교 학생들, 또 새 교장을 맞이하기 위해 역시 거리에 도열하여 기다리는 경북여중고 학생들의 대열이 두 학교 간 2km에 이어져 장관을 이루었기에 그 후 오래도록 대구시민들의 화젯거리가 되었다.

제 23 화

경북여중고 교장으로 봉직한 짧은 세월

원암이 대륜학교 교장으로 임명된 때가 41세 때였고, 경북여자중고등학교 교장으로 취임하던 때가 43세 때였으니 오늘날의 기준으로 보면 파격적으로 빨리 승진된 인사 케이스로 여겨질 것이다. 그러나 해방 후 우리나라 교육계의 상황을 알고 보면 그리 놀라운 일이 아니다. 일제하의 식민지교육에서는 일인들이 거의 독차지하다시피 한 교직 자리가 해방 후에 한꺼번에 비게 되어 그 빈자리를 매우는 일이 여간 큰 고충이 아니었다. 그 당시의 상황을 실감나게 설명해주는 이기남의 얘기를 들어보기로 한다.

"아버지는 8촌 계매가 되는 임창순 씨가 한학은 깊이 공부했으나 신교육을 받지 못해 직업 없이 고생하는 것을 보고 물심양면으로 도움을 주었습니다. 해방이 되어 일본교사들이 일시에 본국으로 돌아가자 중고등학교 교사가 태부족이어서 정부에서 단기간 강습으로 중고등학교 교사자격증을 준 때가 있었습니다. 아버지는 임창순 씨가 교사자격을 취득할 수 있도록 적극 도우시고, 자격증을 취득한 후에는 교장으로 있던 경북여중고 한문교사로 채용을 했습니다. 임창순 씨는 경북여중고 교사를 거쳐 성균관 대학교 교수, 고려대학교 교수가 되었고 후일에는 한국 문화재 위원장이 되기도 했습니다."

여기서 원암이 친척에게 사적인 도움을 주면서 빈 교직을 충원하는 공적인 문제를 해결한 점에서 인간미와 사명감이 돋보인다. 그보다 인재발굴에 대한 남다른 관심을 가졌다는 데서 그의 교육자적인 면모에 주목할 필요가 있다. 출가한 여자 8촌의 남편이라면 남이나 다를 바 없이 흔연대접으로 상대하기 마련인데 그런 사람에게 어떤 재능이 숨어 있는지 알아내어 큰 인재로 키우게 된 데는 원암의 인간에 대한 남다른 관심과 재능발굴에 대한 돋보이는 혜안이 있었음을 높이 평가하지 않을 수 없다.

원암이 새로 부임해 간 경북여자중고등학교는 지금까지 교직에서 경험해보지 못한 여성교육의 장이라 한동안 갈피를 못 잡을지 모른다는 주위사람들의 불안감이 있었다. 그러나 원암에게는 교육자로서 가져야 할 가장 중요한 자질인 인간에 대한 애정 어린 관심이 남달랐기에 곧 업무파악을 하여 훌륭하게 일을 수행해 나갔다. 이때의 상황에 대하여 박필규(1940년대 후반 경북여고 재학, 전 중등학교 교감, 수필가)는 이렇게 얘기하고 있다.

당시 우리는 학생과 직접 관계되는 학교 행정에 관하여 교장 선생님께 직접 의견을 말할 기회가 주어지곤 했다. 총명하고 겸손한 친구 여영기와 함께 교장실에 불려 가면 교장 선생님은 이러이러한 일에 너희들 의견을 좀 들어보자 하시며 학생들의 의견을 직접 물어보시곤 하였다……. 재학 당시의 교장 선생님의 훈화는 순수하고 알아듣기 쉬웠다. "바르게 살라. 부지런히 일하라. 염치를 알라." 그때의 교훈을 바탕으로 한 말씀들이었으니 길어서 지루하다거나 한 기억은 없다. 오래도록 잊어지지 않는 훈시는 "바지를 입도록 해요. 여자는 항상 몸이 따뜻하게 해야 하니까……." 하시는 말씀이었다. 당시는

치마와 바지 중 마음대로 입도록 되어 있던 때의 일이었다. 교복이 자유화되기 전에 여고생들의 겨울 교복치마는 늘 추워 보이고 동상이 많아서 가끔 거듭하시던 그 훈시가 고맙고 따사롭게 회상되었다.

여기서 원암의 인간에 대한 애정 어린 관심이 돋보인다. 여성에게는 추상적이고 권위적인 말보다 실용적이고 자상한 말이 귀에 솔깃하게 들린다는 것을 간파하고 학생들에게 친근하게 다가가 호소력 있게 가르쳤음을 엿볼 수 있다. 원암이 일찍부터 한학을 공부한 분임에도 불구하고 보수적인 여성관을 갖고 있지 않고 상당히 열린 마음을 가지고 있었다. 이에 대해 주양자(1940년대 후반 경북여고 재학, 전 보건복지부 장관)는 이렇게 얘기하고 있다.

"그리고 나에게는 은인 중에 은인이신 교장 선생님이셨다. 당시 경북여고는 문과반과 이과반이 나누어 따로 공부를 하였다. 나는 여학교에 다닐 때부터 문과에 취미가 없어서 이과반에서 공부를 하였다. 어느 날 하루 우리 이과반에 교장 선생님이 오셔서 말씀하시기를 '얘들아 내가 서울 갔다 왔는데 여자 의과대학에서 6학년과 5학년을 같이 모집하는데 너희 5학년생 중에서 의과대학에 지망하지 않겠느냐? 응시하고 싶은 사람이 있으면 한번 응시해 보라'고 하셨다. 나는 무슨 배짱으로 그랬는지 한번 응시나 해보겠다는 생각을 굳히게 되었다. 하기야 나는 4학년 때부터 은근히 서울에 있는 대학으로의 진학을 굳히고 있던 터라 이미 답사 나들이까지 마친 터였다. 그 이후 입학시험을 칠 때가 되어 나는 우리 반 친구들 10여 명 정도와 함께 시험 치러 상경하였는데 그중 5명이 합격을 하였다…… 의사가 된 이후에도 나는 여학교 시절 교장 선생님의 격려와 칭찬이 원동력이 되어 어려운 인턴과 레지던트과

정은 물론 박사과정과 유학까지 마치고 남성들과의 경쟁 속에 국립의
료원 이비인후과 과장과 진료부장을 거쳐 병원장에 발탁되는 등 공직
의사로서 지도자의 길을 걷게 되었다.”

해방 후 이때는 여성이 중등교육을 받는 비율은 1%에도 못 미칠
때였고, 여자를 대학까지 공부시키면 콧대가 높아져 결혼에 지장이
있다는 사고방식이 대부분의 사람들 머리에 깊이 새겨져 있을 때였
다. 그럴 때 이미 원암은 여고생들에게 대학진학을 권했을 뿐만 아
니라 수학기간이 길고 격무라서 여성들이 감당하지 못할 것으로 여
겨온 의사라는 전문직을 권하였으니 당시로는 파격적인 여성주의자
라 말할 수 있다. 이에 대해 원암의 맏딸 이난영(1940년대 후반 경북
여고 재학)은 이렇게 얘기하고 있다.

“경북여고 재직 시에는 제가 본교 재학 중이어서 기억들이 생생합니
다. 오랜 숙원 사업이었던 강당을 새롭게 건립하셨고 또 학교 주위에 있
는 여러 채의 집을 매입하여 좁은 운동장을 크게 확장하여 학생들에게
마음대로 뛰어놀 수 있는 공간을 마련해 주셨습니다. 기성회에서는 모금
된 돈이 정확하게 허실 없이 쓰인다는 아버지에 대한 신뢰가 있었기에
그 많은 기부금을 내셨습니다. 이렇듯 아버지는 요즘 말하는 CEO 교장이
셨습니다…… 당시 여학생들이 별 관심을 갖지 않는 전문직에 대한 관심
을 고양시킨 아버지는 이미 그때 여성의 사회참여를 생각하신 feminist
(여성주의자)였습니다.”

원암이 여성교육에 대해 그렇게 트인 생각을 하게 된 것은 아무래

도 일본에 유학하면서 일본인들이 여성교육을 중시하는 데서 깨달은 바가 많은 때문이라 생각된다. 유교적인 사고방식을 버리고 여성에게도 자기 개발을 하게 하면 무슨 일이든 해 낼 수 있다는 것을 일본에서 보았기에 그 신념을 과감하게 실천에 옮기고 있었던 것이다. 이처럼 원암이 시대를 앞서간 교육자가 된 것은 따지고 보면 모두 피교육자에 대한 애정 어린 관심에서 비롯된 것으로 귀결시킬 수 있다. 원암이 일찍부터 서당교육을 받아 유교정신이 깊이 박혀 있을 법한데 당시 경북여고학생들에게는 전혀 그렇게 보이지 않고 자애로운 남편이자 아버지의 모습으로 비쳤다. 이에 대해 김숙자(1940년대 말 경북여고 재학, 경북여자중고등학교 6대 총동창회장)는 이렇게 말하고 있다.

"교장 선생님이라면 으레 한문 훈장같이 '공자 왈' '맹자 왈' 하시거나 수신 선생님으로 '인간이란······'으로 시작해서 '그렇게 살아야 하느니라.'로 마침표를 대신하는 분이려니 하는 선입견을 가지고 있었는데 결강시간에 영어부독본 책(side reader, 지금도 있는지 없는지 모르겠으나 그 당시에 있었던 과목)을 손에 들고 우리 반에 들어오셨을 때 너무도 멋있고 의외였기에 놀랐습니다. 교장 선생님이라면 위엄부리고 권위 있는 다소 겁나는 분으로 생각했는데 한 시간 수업을 마쳤을 때는 인자한 이웃집 아저씨 같은 다정한 미소만 생각날 뿐 겁나는 교장 선생님이란 생각은 별로 없었습니다."

교장 선생님이 교사들의 결강 시간에 대신 수업을 들어가는 것에 대해 일반 교사들은 그리 좋게 보지 않는 것이 우리 교육계의 풍토이다. 교감이나 교무주임이 결강시간에 교실에 대신 들어가는 것도 평교사들이 그리 달가워하지 않았는데 학교의 어른인 교장이 교실에 들어간다는 것은 격에 맞지 않다고 여겨졌다. 그러나 유럽 대다수 나라에서는 소규모학교가 주종을 이루고, 이런 소규모 학교의 교장은 전교생과 학부모를 다 파악하고 상담에 임하는 것이 일반적인 관례가 되어 있다. 그러기에 진학 때 교장의 추천서는 신뢰와 권위가 인정되어 입학사정 때 가장 중요한 참고자료로 삼는다. 그런데 우리나라의 교장은 상징적 존재로 대외업무와 교직원지휘감독을 주 업무로 생각하므로 학생을 직접 상대한다든가 결강을 보충하러 교실에 들어가는 행위를 두고 쩨쩨하다고 보거나 심지어 영역침범으로 여기기까지 한다.

이런 관점에서 보면 원암의 교장관은 유럽적인 교육풍토에 맞는 교장관이다. 일본에서도 유럽교육풍토에 더 가까운 교장관이 우세한 편이다. 원암 개인의 성격으로 보아도 학생접촉이 없는 교직은 아무리 높은 자리라도 달갑지 않았다.

그러나 한국적인 풍토를 모르는 바가 아닌 원암인지라 학생을 직접 접촉하는 일은 교사들의 눈치를 살펴가며 하지 않았겠나 싶다. 원암이 결강시간을 이용하여 영어책을 들고 교실에 들어가서 한 시간 신나게 수업을 하고 나왔을 때 기분이 어떠했을까? 그때 원암의 기분은 젖통이 부풀어 오른 어미 소가 송아지에게 젖을 빨리고 나서 느끼는 시원한 느낌 바로 그것이었을 것이다. 원암이 경북여자중고등학교 교장 직에서 2년 남짓 만에 그만두게 된 이유도 바로 그의 그런 독특한 성격에서 찾아야 할 것 같다. 경북여중고 교상으로 2년쯤 지났을 때 경상북도 학무국장으로 승급 발령 될 기회기 왔는데 원암은 한사코 그 자리를 사양하였다. 당시는 교육자치제가 시행되기 전이라 학무국장이 지금의 교육감에 해당되는 자리였다. 그런데 원암이 그 자리를 마다하니 남들은 이해할 수가 없었다. 원암은 그 자리를 마다하고 대구사대(경북대학교 사범대학의 전신)에 출강을 나간 것이다. 원암의 이런 고집에 대해서 딸 기남은 이렇게 얘기하고 있다.

"아버지는 우리 민족의 뛰어난 우수성이 국가의 가장 소중한 재산이라며 이 나라가 살길은 오직 교육을 통해 인재를 양성하는 길 뿐이라고 굳게 믿었습니다. 해방 후 이효상 선생님이 경북도 학무국장직을 떠나면서 후임으로 아버지를 추천하였으나 아버지는 사양하고 일선 교육현장을 떠나지 않았습니다. 사범대학 교수로 있을 시에도 고려대학에서 교수제의를 받았으나 이 역시 사양을 했습니다. 아버지는 교육현장에서 일할 교사들을 교육에 사명감을 가진 교육자가 되게 기르는 일에 정성을 다했습니다."

원암이 경북대학교사범대학의 전신인 대구사대에 출강하게 된 계기는 경북여자고등학교 교장 재임 중에 음성학 강의를 맡아달라는 요청을 받음으로서 시작되었다. 이때의 상황에 대하여 이종호(1940년대 후반 경북사대 재학, 전 경북대 인문대 학장)의 증언을 들어본다.

"대학 시절 음성학 시간에 요즘과는 달리 학생들은 교재가 없었기 때문에 선생님은 나를 지목해 책을 주시면서 구개음 그림을 흑판에 그리라고 하셨다. 나는 무척 당혹스러웠다. 그림 그리기란 나에게는 가장 힘겨운 일이었으나 어쩔 수 없이 그리기는 했는데 내가 봐도 입모양이 제대로 되어있지 않았다. 선생님은 '잘 그렸다.'고 하시고는 부분 부분을 고쳐 그리시면서 설명을 하셨다. 요즘 대인 관계에 있어서 '칭찬의 말'이 갖는 힘에 대해서 들을 때 옛날 선생님이 감싸주시던 일이 생각난다."

원암이 이 강의를 처음 맡은 해가 1948년이었고 경북여고 교장에 취임한 지 한 학기가 지난 때였다. 그때 원암은 대학을 졸업한 지 이미 18년이 지난 때였고 40대 중반에 이르러 분필을 들기보다 관리직을 선호할 나이도 한참이나 지난 연령이었다. 30대에 한 차례 병고를 치러 건강이 안 좋은 상태였다. 또 이미 두 학교에서 관리직을 맡아 온 경륜만 갖고 가만히 있어도 저절로 위로 떠밀려 올라갈 위치에 있었다. 광도고사 동기생으로 졸업과 동시에 조선 총독부 시학관으로 임명된 모씨는 분필 한번 안 잡아보고 우리나라 영어교육의 최고원로로 대접받으며 관계에서 언론계 수장, 또 다시 국립대학 총장 등 최고 높은 자리만 골라 다니는데 원암은 정반대의 길을 택해가고 있었다. 일제 때 일본에서 대학이란 이름만 붙은 데서 공부해 온 사람들은 바로 중등교직에 취업이 되었다. 그중에는 20대에 분필 한번 안 잡아보고 바로 교장이 된 후 분필 잡은 이들 위에 군림하며 한평생을 보낸 이들이 한둘이 아니었다. 그런 안 좋은 선례가 있었기에 우리나라에는 교단에 발을 들여 놓는 날부터 언젠가 백묵을 놓고 백묵 쥔 사람들을 부려먹는 위치에 오를 궁리만 하며 살아가는 풍토가 조성되었다 싶다.

그런데 원암이 이때 남들과 달리 교육계의 높은 지위보다는 일선 교육현장의 일꾼으로 행로를 택한 이유는 두 가지로 생각해 볼 수 있겠다. 첫째는 가르치는 일 자체를 즐기는 특유의 성격이 학생들 곁으로 그의 발걸음이 저절로 옮겨가게 한 것이다. 그 다음은 우리나라 교사양성교육에 대한 나름대로의 사명감이라 여겨진다. 그 당시 우리나라의 중등 영어교육이 아직 개척단계에 머물러 있었지만 대학의 영어교사양성교육은 어디서 어떻게 시작해야 될지 아직 방향 설정도 안 된 상태였다. 우선 교사양성교육기관이 설립되어야 하고 커리큘럼과 교재의 개발이 시급한 과제였다. 이럴 때 이에 대한 풍부한 식견과 굳은 신념을 가진 이가 나서야 되는데 그럴만한 사람이 별로 없었다. 일제 때 해외유학파 중에 영문학을 전공한 사람은 상당히 많았으나 영어교육을 전공한 사람은 손꼽을 정도밖에 안 되었다. 그중에 원암과 같은 연배 한 두 사람이 우리나라 영어교육의 제일 선배인 셈이었는데, 이분들은 이미 쌓은 관록으로 지휘하는 자리에 재미를 들인 사람들이라 새삼 현장의 일꾼으로 뛸 엄두를 내지 못했다. 이런 판국에 원암이 팔을 걷고 나섰으니 경북교육계로 봐서는 다행한 일이었으나 원암 본인에게는 고행의 길이 될 듯 예상되었다.

제 24 화

국립사범대학에서 참스승의 도를 실천하기 시작하다

1950년 2월, 원암은 경북대학교 사범대학 영어과 교수로 자리를 옮기게 되었다. 경북여중고 교장 재직 중인 1948년부터 대구사대에 강사로 출강하다가 2년 만에 정식 교수로 발령받아 경북대학교 종합대학 창립주역의 한 사람으로 마스터플랜을 짜는 데 참여하게 되었다. 경북대학교가 국립 종합대학교로 정식 개교를 하게 된 것은 이듬해인 1951년 5월 28일이었으니 원암은 그 1년 전부터 모태인 대구사범대학에 부임하여 종합대학출범준비를 한 셈이다. 원암이 1950년 2월에 대구사대에 발령을 받고 그해 5월 3일에 제3회 졸업생을 배출하는 졸업식을 갖게 되었다. 대구사대가 해방 이듬해인 1946년 가을 학기에 개교했는데 4년 만에 3회 졸업생을 배출하게 된 사정이 있었다. 해방 후에 태부족인 중등교사 자리를 보충하기 위해 서둘러 대구사범대학을 설립했는데 일본에서 유학하다가 해방과 더불어 귀국한 사람들의 선행학력을 인정해주다보니 짧게는 2년 만에, 길게는 4년 만에 졸업시키게 되어 4년 만에 3회 졸업생을 배출한 셈이다. 해방 전 우리나라에 초등학교교사를 양성하는 사범학교는 도 단위 지역마다 설립되어 있었으나 중등교사를 양성하기 위한 사범대학은 없었다. 해방 이듬해인 1946년에 대구사대가 설립된 것을 출발점으로 그 이듬해에 서울사대, 공주사대가 설립되고, 1960대 이후부터 국공립 및 사립사대의 설립을 대거 허용하게 되었다.

원암은 일본의 국립사범대학 격인 광도고등사범을 졸업하였으니 그 대학을 모델로 삼아 우리나라에서 첫 출범하는 국립사대를 이상적인 중등교사양성대학으로 만들어 볼 꿈으로 부풀어 있었다. 그런 다부진 꿈을 펴보려는 때에 6·25 사변이 발발하여 종합대학 출범계획마저 실행이 주춤하게 되었다. 그러나 이런 위기상황에 처하여 겉으로 허약해 보이는 40대 후반의 원암이 어디서 그런 힘이 솟았을까 싶을 만큼 눈부신 활약을 하였다. 이때의 상황에 대하여 전상식(경북사대 1950년대 초 재학, 전 부산시 중등교장)은 이렇게 얘기한다.

"1950년 부속중학교 교사에서 입학시험을 치르고 입학한 지 한 달도 못 되어 6·25 동란이 일어났습니다. 그러자 모든 학교는 휴교에 들어갔고 우리 대학생들은 앞으로의 처신이 궁금하던 차에 학교당국에서 각 학과별로 학생들을 소집하여 전시하의 학생행동방향을 제시하였습니다. 이 모임에서 우리 영어과 주임교수이신 이 선생님께서 말씀하시기를 "여러분에게는 국가에 봉사하는 길이 두 가지 있다. 하나는 군에 입대하는 길이고, 또 하나는 여러분이 배운 영어지식을 살려 종군통역관이 되는 길이다."라고 하셨습니다."

이때는 해방 후 과도기라 대학은 5월에 졸업식을 하고 6월에 신학년도가 시작되었다. 그러니 이 얘기를 하는 분은 입학하자마자 전쟁을 맞은 셈이고 원암으로서도 대학에 부임하여 맞이하게 된 첫 학기

에 전란에 휩싸인 것이다. 그런데 이 전란 중에 원암이 명쾌하게 방
향을 제시해주는 대로 당시 사대영어과 학생들은 대거 미군통역관으
로 입대하게 되었다. 이들이 군 복무 중에 익힌 구어영어를 밑바탕
으로 삼아 후일에 외국유학을 하여 대학으로 진출한 사람이 엄청 많
았다. 1980년대 초에 우리나라 대학교육 관련 통계자료에 의하면 전
국에서 단일학과에서 대학교수로 진출한 졸업생 수가 가장 많은 학
과 중의 하나로 경북사대 영어교육과가 부상하게 되었는데 그건 우
연이 아니다. 원암 선생이 난세에서도 청기를 최대한 발휘하여 제자
들에게 갈 길을 잘 제시해준 덕택이라 생각된다.

　원암이 전시 중에도 흔들림 없이 교육에 열을 쏟은 데 대해 당대
경북사대 졸업생만 존경과 찬사를 보내는 것이 아니었다. 타 대학
출신들도 그때 원암의 활약상에 대해 같은 증언을 하였다. 그 대표
적인 예로 민영빈(6·25 피난 시절 전시연합대학 재학, 현 YBM / Si-sa
회장)의 얘기를 들어본다.

　"당시 서울에 있던 대학들은 대부분 부산으로 피난을 갔다. 고려대
학교만이 유일하게 대구로 피난을 가 재학생은 물론 나처럼 북한에서
온 학생들도 편입생으로 받아주었다. 나는 영문과로 편입하여 대구 피
난교사에서 1년 반을 지내고 53년 7월 휴전이 성립되어 서울로 올라왔
다. 대구에서 공부하는 동안 제자들을 친자식처럼 돌보아주시던 은사
한분이 계셨으니, 바로 이규동 교수님이시다…… 그 당시 내가 집에
와서 늘 이 교수님 이야기를 하니까 하루는 아버지께서 '그 교수님은
아마 아들이 없는 분인가 보다.'라고 말씀하셨던 기억이 난다. 이 교수
님은 실제로는 아들 둘, 딸 둘이 있었는데 큰 딸이 경북사대 영어교육

과 학생으로 나와 같은 학년이었다."

전시하의 피난민을 상대로 한 전시연합대학에서 뜨내기 학생이랄 수 있는 타 대학 학생에게 얼마나 자상한 교육자상으로 비쳤기에 '친자식처럼'이란 말로 자기 아버지에게 자랑했을까? 이에 대해 좀 더 자세한 증언을 하고 있는 딸 기남의 얘기를 들어본다.

"아버지는 6 · 25 동란 시 대구로 피란 와 있던 고려대학교에 출강을 했습니다. 시사영어사 민영빈 회장은 그 당시 고려대학의 제자입니다. 민 회장은 아버지와의 짧은 인연을 중히 여기고 아버지 생전에 수십 년간을 한 번도 빠짐없이 자신이 발행하는 월간지 <시사영어>를 보내 주시더니, 원암문화재단에서 '참스승 상'을 시상한다는 소식을 듣고 1억 원의 기금을 쾌척하였습니다. 그분의 아름다운 뜻은 '참스승 상'과 함께 오래도록 빛날 것입니다."

원암으로서는 전쟁 통에 학생들이 뿔뿔이 흩어져 본 직장인 사범 대학에서 강의가 정상적으로 이루어지지 않아 안타까워하던 참이었 다. 이럴 때 피난 온 학생들이 배움에 목말라 하는 것을 보고 한껏 정과 가르침을 주었으니 새끼를 애타게 부르던 어미 소가 다가오는 아무 송아지에게나 젖을 빨려준 상황에 비유할 수 있지 않을까 싶다. 이 무렵에 대구에서 열강으로 영어선풍을 일으킨 이가 또 한 사람 있었다. 다름 아닌 바로 양주동 선생이었다. 피난통에 강의를 못하게 된 양주동 선생은 대구의 중고등생, 대학생, 일반인 가리지 않고 영 어공부에 관심이 있는 이들을 마구 불러 모아 다이아그람 식 영어풀

이로 영어열풍을 일으켰다. 얼마나 많은 사람이 그의 강의를 들었던지, 그 후 수십 년 동안 양주동하면 열강, 명강, 청산유수, 천재, 국보 등의 용어와 연결되어 대구시민들의 입에 오르내리곤 했다. 그런 과장된 용어들은 알고 보면 양주동 선생 자신의 입에서 나온 것이었다. 원암은 양주동과의 인연이 깊었기에 그의 비범성을 인정하고 있었다. 대구 피난 시절에 양주동 선생이 한 행적에 대해 일부 인사들이 나타내는 다소 부정적 평가에 대해서 원암은 '천재의 일탈적 성격 탓'이라는 말로 적극 감싸주었다. 원암은 그 당시 양주동 선생을 더러 찾아가 청년기 시절의 일을 회고하며 만단의 회포를 풀었으리라 여겨진다.

전쟁이 급박한 위기를 넘기고 소강상태에 접어들자 원암은 영어교사양성기관의 내실을 다지는 일에 마음을 쓰기 시작했다. 원암이 모델로 삼았던 자기 모교 광도고사 영어과와 지금 막 개교를 한 경북사대 영어과를 비교해보면 그저 아득할 뿐이었다. 광도고사는 1902년에 개교했으니 설립에서 경북사대를 반세기나 앞섰다. 그러나 그건 어쩔 수 없는 시차로 받아들일 수밖에 없다. 그런데 당시 일제는 교육자를 군국주의의 팽창정책을 수행할 중요역군으로 기른다는 큰 그림을 그려놓고 교육 사관학교 격인 고등사범을 설립 운영하였다. 그런데 우리나라는 그와는 전혀 다른 여건에서 중등교사양성기관을 설립하여 제대로 교육을 하도록 모양새를 갖추어야 할 입장에 놓여있었다. 중등교사의 수요에 우선 충당하는 것이 급선무라며 속성교육으로 자격증을 주어 내보내는 교육기관으로 출발한 우리나라 시범대학을 어떻게 하여 광도고사의 수준으로 끌어올릴까를 고심하는 원암에게는 막막한 기분이었을 것이다.

당시 막 설립된 국립종합대학에 편입된 사범대학은 교실이 없어 남의 학교의 교실을 임시로 빌려 강의를 해오던 형편이었다. 그런데 이런 상황에서 원암은 교육의 내실을 다질 결의를 보였던 것이다. 외형을 갖추려면 시간과 돈이 필요하지만 교육의 내실을 다지는 데는 교육자적인 자세만 갖추면 된다고 생각한 모양이었다. 교육기관도 집을 짓듯 외형을 갖춘 후에 안을 채운다는 생각으로 어영부영 지낼 때 원암은 반대로 생각한 것이다. 초기 졸업생들을 내실 있게 잘 가르쳐 내보내야 그들이 나가서 중등교육을 제대로 시키게 되고 그런 교사라야 우수인재를 자기 모교에 보내게 된다. 지금 입학한 사범대학 영어과 학생이 빠르면 5년 만에 고3 담임이 되어 우수한 제자들을 모교로 진학시킬 수 있다. 교육의 그런 확대재생산을 노리기 위해서는 초창기에 입학한 지금 이 학생들을 잘 가르쳐야 된다. 그러니 지금 아무리 전쟁 중이라도 이 학생들을 잘 가르쳐야 된다. 비록 이 사람들이 영어실력이 형편없다 해도 그건 그 학생들 탓이 아니니 나무라기보다 보듬어 안고 잘 가르쳐야 된다.

원암이 이런 생각으로 나날의 교육에 임하니 할 일이 너무나 많아 늘 바쁘게 살 수밖에 없었다. 당시 원암이 보여준 이런 열정적 교육 자상에 대해 권종준(1951년 입학, 전 안동대학교 영어교육과 교수)은 이렇게 얘기하고 있다.

"6·25 전쟁 발발 이듬해인 1951년 가을 우리는 전쟁의 여진 속에서 대학이란 문을 두드렸다……. '전시연합대학'이라는 간판 아래 모여든 우리는 그래도 배움의 열정과 꿈을 안고 강의실을 오르내리며 공부를 했다. 좁은 교실에 학년 구별 없이 빽빽이 들어찬 학생들은 앉아서 혹은 서서 강의를 들었다. 군복 차림의 현역 군인 학생들이 많았다…… 1학년 무렵으로 기억되는데 나는 기말 시험을 치르고 결과가 신통치 않을 과목 때문에 마음을 졸였다. 그 과목은 이 선생님이 강의하시는 음성학이었다. 나는 큰마음을 먹고 선생님을 찾아가서 성적을 확인해 보니 역시 예상대로 좋지 않았다. 선생님은 흰 이를 드러내고 웃으시며 '한 번 더 쳐 볼래?' 하셨다…… 그런데 재시험도 예상대로 잘 되지 않았다. 나는 더 이상 어이할 수도 없고 또 선생님께 염치가 없어 그 과목은 거의 포기해 버렸다. 그런데 며칠 후 선생님이 나를 부르셨다. 선생님은 나의 등을 어루만지시면서 '대신동 친척집에서 멀어서 어떻게 다녀? 친척집 아이들 때문에 책 읽기가 어렵지? 다시 한 번 쳐봐'라고 하셨다. 그 후 나는 세 번째 시험에 도전한 셈이다. 며칠 뒤 선생님은 강의를 마치고 나가시면서 나를 불렀다. '성적이 잘 나왔어. 수고 많이 했다. 같이 가서 시험지 볼까?' 하셨다."

전쟁의 와중이 아니라도 대학에서 교수가 수강학생에게 이 정도 개별적 관심을 기울인다는 것은 기대하기 어렵다. 그런데 원암은 초등학교 학급담임도 하기 어려울 만큼 개별적 관심과 끈질긴 집념으로 학습지도에 임했던 것이다. 원암은 당시에 속으로 이런 생각을 하였을 것이다. '내가 이 학생들에게 이렇게 해 주는 것이 좋게 느껴지면 이 사람들도 자기의 제자들에게 그렇게 하겠지. 그러면 우리나라의 교육도 일본을 따라잡을 날이 멀지 않을 거야.' 이분이 한 얘기의 언간(言間)에서 그 당시 사범대학 영어과에 입학한 학생의 영어수준이 어느 정도였는지 추측이 가능하다. 당시 지방 국립사대 영어과는 종합대학 내에서 최우수 학생들이 몰리는 학과였지만 영어실력

자체는 형편없었다. 이런 상황에 대하여 좀 더 자세한 증언을 하고 있는 서영기(경북사대 영어과 1952년 입학, 전 충주대학교 총장)의 얘기를 들어본다.

"지금 생각해도 창피한 노릇인데 단어를 엉터리로 독학하다시피 공부한 터라 읽기 발음이 제대로 되었을 리가 없었으니 선생님께서 기가 막혔을 것이라 생각됩니다. '그 실력으로 어떻게 영어과에 입학하여 공부해 나갈지 모르겠다.' 하시며 '영어를 처음부터 다시 시작해야 한다.'고 하셨다. 여러 동기생 앞에서 망신을 당했다는 생각에 고민하며 열등 감에 젖기도 하였으나 자신을 새삼 되돌아볼 계기를 마련해 주신 것이 참으로 다행이라 생각됩니다. 그 후 1년 동안 선생님의 말씀대로 오로지 영어공부에 몰두하여 기초를 다지고 실력을 쌓는 데 전력을 다한 결과 1년 후에는 자신이 생각해 봐도 깜짝 놀랄 정도로 영어실력이 향상되어 공부하는 요령도 터득하게 되었던 것 같습니다."

이분이 솔직히 고백하고 있듯이 당시 중등학교의 영어교육은 학생 각자가 거의 독학에 가까운 방법으로 공부해 온 경우가 태반이었다. 그런 영어실력으로도 영어과에 들어올 수 있게 된 것은 전체 성적이 우수하면 영어는 아무리 못해도 입학할 수 있었고, 또 영어 시험 자체도 문법과 단어만 많이 알면 잘 칠 수 있었기 때문이었다. 그런 학생들을 받아들여 어떻게 교육시켜 제대로 된 영어교사로 배출할 것인가에 대해 심각한 고민을 한 교수가 실제로 별로 없었던 게 아닌가 싶다. 초창기 당시에는 아마 원암 선생 혼자만 그 고민을 심각하게 한 듯 보였다. 그 이유는 아무래도 원암의 전공과목이 음성학이라 학생들의 취약점을 가장 잘 파악할 수 있기 때문이라 여겨진다. 원암이 광도고사에 입학했을 때, 일본에서 수재 중의 수재로 뽑혀온 신입생들을 첫 대면하는 강의에서 '이 학생들을 어떻게 가르쳐 제대로 된 영어교사로 길러낼까?'라는 심각한 고민을 한 사람들은 대개 원어민 교수들이었다. 그중에서도 음성학을 담당한 Harrison 교수는 학생들의 취약점을 누구보다 심각하게 생각하며 그걸 보완하기 위해 열과 성을 다했던 것이다.

당시 40대 후반에 이른 원암은 그보다 26년 전 광도고사 1학년 때 Harrison 교수가 한 행적을 수시로 떠올려 보았을 것 같다. 자기도 그렇게 해야 한다는 강박감에 사로잡혀 나날의 교육에 임하고 있었다. Harrison 교수가 영어회화강의에서 첫 대면을 하던 날 영어로 인사말을 하면서 학생들에게 따라 말해보라 하고는 한 사람씩 입모양을 보고 일일이 잘못한 발음을 지적해준 모습이 눈에 선했다. 발음이 제대로 안 되는 학생들을 몇 주 동안 개별적으로 끈질기게 달라붙어 발음교정을 해준 그분의 모습이 나날이 새로워지고 있었다. 그분이 그런 극성을 부린 첫째 이유는 언어교육은 음성언어가 선행되고 그 바탕 위에 문자언어로 발전시켜 가야 한다는 확고한 신념 때문이었다. 원암은 그분의 신념이 옳다고 생각했다. 광도고사 영어과에는 Harrison 말고도 원어민 강사가 몇 더 있었는데 이들이 Harrison만큼 학생들에게 끈질기게 매달리지 않은 것은 피교육자에 대한 애정이 그분만큼 없었기 때문이라는 생각도 했다.

원암이 꿈에도 잊지 못할 Harrison 교수가 1918년부터 1942년까지 무려 24년간이나 광도고사에 근무했다는 것을 원암은 한참 지난 후에 들었다. 그 학교에 몇 년 더 근속했더라면 원폭피해를 입었을 터인데 용케 피했으니 하늘의 뜻이라며 원암은 하나님께 감사기도를 드렸다. 그 후 일본이 패전하고 폐허가 된 광도고사를 복구하여 새 청사로 옮기게 되었을 때 Harrison이 그 소식을 듣고 입주 기념식에 참석하러 왔단다. 미국에서 비행기로 날아온다는 통보를 영어과동창회에 미리 알리면서 자기가 과거 졸업생들에게 나누어 줄 선물이 있다며 그 졸업생들을 모이게 해달라고 했다. Harrison 교수를 영접하러 많은 졸업생들이 히로시마 공항에 몰려갔다. 노년의 Harrison 교수가 트렁크에 가득 담긴 선물을 꺼내어 하나씩 이름을 부르며 나누어주자 그 선물을 받아든 졸업생들은 각기 자기 선물을 펴보면서 울음을 터트려 온 대합실이 울음바다로 변해버렸다. 그들을 울린 선물은 다름 아니라 20여 년 전 대학 1학년 때 Harrison 교수가 작성한 학생개별 관찰기록이었다. 빼곡하게 적힌 일기형식의 학생지도록에는 "아무개는 아직 's'와 'z'음을 똑똑히 구별해서 발음하지 못하던데 오늘 만나면 확인해봐야지." "아무개는 요즘 영문 읽는 것이 많이 자연스러워졌던데 칭찬해주어야지."라는 식으로 아주 상세히 적혀있었다.

Harrison은 마지막에 어떤 졸업생 이름을 부르며 찾아도 안 나타나자 그 학생이 재학 시절에 제출한 영작문 과제를 첨삭 지도한 것을 돌려주려 했는데 재학 당시에 장기 결석하여 나눠주지 못하고 여태 보관하고 있었다고 했다. 그 작문 과제장에는 붉은 색연필로 자세하게 첨삭 지도한 내용이 빼곡하게 들어 있었다. 그날 모인 동창들은 지난 20년간 모두 Harrison의 흉내만 내며 살았노라고 실토했다.

Harrison에 관한 이 모든 소식을 뒤늦게 전해들은 원암은 생전에 한번 만이라도 그 은사님을 뵐 날이 있었으면 하고 바랐건만 끝내 그 소원은 이루어지지 못하고 말았다. 그러나 단 한 번도 뵙지 못하고 그 오랜 세월이 흘렀건만 그분의 모습은 나날이 원암의 기억 속에 생생히 살아나고 있었다. 또 원암이 광도고사를 졸업하고 귀국하면서 "나도 교단에 서면 Harrison 은사님처럼 해야지!"라고 스스로 다짐한 그 말을 나날이 되새기며 이 어려운 시기에 교육에 임했다.

제 25 화

오랜 구도순례를 끝내고 마침내 종교적 정착에 이르다

어려서부터 바르게 사는 길이 무엇일까를 생각하며 꾸준히 정신적 탐색을 계속해 온 원암이 드디어 6·25 전쟁이 끝나갈 무렵인 1952년부터 대구 남산 교회에 정규적으로 다니는 신자가 되었다. 그때 원암이 48세였으니 오랜 구도적 탐색과 방황 끝에 안착에 이른 셈이다. 여기서 방황이란 말을 썼다고 해서 그 전까지의 그의 삶이 허랑방탕한 삶이었다는 뜻이 전혀 아니란 것을 여기까지 읽어온 독자라면 누구나 알 것이다. 뚜렷한 종교를 갖지 않았던 어린 시절부터 원암은 종교에 신심이 두터운 사람처럼 선한 생각만 하고 선한 행동만 해왔기에 일찍이 그의 서당 시절 훈장님은 '규동의 청기를 두려워한다.'고까지 극찬한 바가 있다. 만약 인간에게 선성(善性)을 불어 넣기 위해 종교가 존재한다면 원암에게는 종교가 필요 없다고 생각된다. 타고난 선성만으로도 충분하기에 그 선성을 그대로 유지하도록 외적인 교란에 대해 방어할 능력만 갖추면 되는 것이다.

원암은 유년 시절의 서당교육에서 유교사상이 주입되었다. 그중에서 맹자의 사상이 아주 뚜렷하게 원암의 머리에 입력된 것 같았다. 맹자의 어머니는 아이의 타고난 선성이 후천적 환경에 의해 오염될까 염려하여 세 번이나 이사를 다닌 분이다. 이런 부모의 영향 덕택인지 맹자는 '장부론'에서 인간이 사심이 없고 작위가 없이 자연스럽게 하는 행동이 자연의 도(道)이자 대장부가 따를 도라고 했다. 그런데 원암은 26세에 대구고보에서 첫 교단에 섰을 때 십대 제자들에게 바로 맹자의 '대장부론'을 상세히 설명하며 대장부의 길을 걸어야 한다고 역설한 바 있다. 그리고 중요한 고비마다 사심과 반대 개념인 '대의'를 강조하고 또 스스로 대의만을 실천하며 살아 왔다. 이때 말한 사심을 달리 말하면 정신적 탁기의 발휘인 셈이고 대의는 정신적 청기의 발휘로 볼 수 있다. 그러하기에 청기만 타고난 원암은 타고만 천성대로 행동하면 대의를 따르는 셈이 되고 대장부의 길을 걷게 되는 셈이다. 원암을 가까이서 지켜 본 이들은 원암의 올곧은 삶의 여정은 억지 노력의 결과라기보다는 타고난 선성의 자연스런 발휘로 보는 경향이 짙다. 그가 어린 시절에 처음 접한 종교가 유교였으니 자기의 선성의 자연스런 발휘가 칭찬받을 일이라는 것을 합리화시켜 주는 논리를 유교에서 발견하여 교육에 적용했다고 보면 될 것 같다. 그러나 유교는 내세관이 없으니 영원의 도를 찾는 구도자에게는 최후의 종착점이 못 되기에 성철 스님이나 함석헌 선생처럼 원암도 정신적인 방황 아닌 방황을 계속 한 셈이다.

원암의 구도과정에서 다소 영향을 미쳤음직한 종교로 동학을 빼놓을 수 없다. 원암이 태어나기 얼마 전에 동학교도에 의한 민란이 일어났었고 그 민란의 진원지에서 지척거리에 있는 영동에서는 동학사상이 민초들에게 깊이 물들어 있었다. 천도교 사상을 농축하여 표현한 말 '人乃天'은 하늘의 이지는 인산 각자 마음속에 갖추고 테어나는 것이지 하늘에 따로 있는 것이 아니라는 것이다. 그러기에 임금이 잘하고 잘 못하는 것을 판단하는 능력은 고차원적 지식이 아니라

비천한 백성들의 마음으로 판단한다하여 '민심이 천심이다.'라는 말
이 생긴 것이다. 천도교의 이런 사상은 동양의 도교 사상과 유가의
지류중 하나라 할 수 있는 성선설이 결합하여 생긴 듯하다. 오늘날
에도 종교인들의 행동에서 탁기가 감지되면 '××를 믿기 전에 심보부
터 고쳐라.'라고 하는 것은 바로 천도교의 사상에서 비롯된 것이다.
그런 관점에서 원암은 천도교 사상이 체질에 맞을 것 같고, 평소에
천심대로 살아 온 원암의 행동양상으로 보아도 천도교사상과 일치되
는 점이 많았다 싶다. 그렇다 해서 원암이 천도교를 종교로 받아들
였다는 말은 아니다. 그의 천성대로 산 것이 천도교의 교리에 우연
히 일치되었다고 보는 편이 나을 듯하다.

그 다음에 원암이 접한 종교는 기독교였다. 광도고사 유학 시절에
미국인 교수의 인도로 영어성경을 읽으면서 기독교 교리를 알게 된
것이 첫 단계였다. 그 다음은 일본의 반골 기독교사상가 이찌무라
간조 선생의 사상에 접하면서 무교회주의 기독교의 신봉자로 독자적
인 종교생활을 해온 것이 약 20년이었다. 그동안에도 어릴 적부터 신
동으로 이름났던 성철 스님을 찾아가 만나는 등 구도정신의 발휘는
꾸준히 이어졌다. 그런데 48세에 드디어 개신교회에 정규적으로 나
가기 시작함으로써 종교편력은 끝이 나고 종신토록 독실한 신앙인으
로 살게 되었다. 원암이 어떤 계기로 인해 교회에 출석하게 되었는
지에 대해 정충영(경북사대 수학과 1960대 초 재학, 전 경북대학교
경영학부 교수)은 이렇게 증언하고 있다.

"그분이 가장 존경하는 사람 중의 한 분으로 김태한 장로님을 꼽고
있다. 계명대학교 총장을 지낸 김태한 장로님이 그의 제자이었던 점을

생각하면 제자를 존경한다는 말이 되는데 그분은 이 말을 서슴없이 하셨다. 일본에서 영어성경을 많이 읽어 영어 학자가 되셨지만 기독교 신앙은 김태한 장로에게서 배웠다고 고백하시기도 했다. 아래 사람이라도 배울 것은 배워야 한다는 것이 그분의 마음이셨다."

이 증언에서는 원암이 제자인 김태한에게서 신앙을 배웠다고 고백한 것을 특히 강조하고 있다. 기독교 교리는 이미 책을 읽어 알았고 또 철학과 사상적으로 기독교를 논한 이찌무라 간조, 김교신, 함석헌 같은 대가들과 교감을 나눈 원암이 김태한에게서 신앙을 배웠다면 그 신앙이란 무엇을 말하는 것일까? 그 답을 얻기 위해 김태한(경북사대 영어과 1940년대 후반 재학, 전 계명대학교 총장)의 말을 들어본다.

　　이규동 교수님은 일본의 内村鑑三(이찌무라 간조)과 김교신 선생이 신봉하는 무교회주의자이셨지만 우리들의 은사였고 복음학원 관계로 인연을 맺어 남산교회에 출석하셨다…… 선생님은 항상 가슴에 품고 계신 '교육애' 때문에 교회출석을 하시게 되었다. 해방 직후 사회의 혼란과 경제 침체로 우리 사회의 극빈 가정들의 자녀들에게는 정규 중등학교에 진학할 기회가 부여되지 않았다. 이 무렵 대구사범대학 기독학생 서클이 나서서 대구 남산교회와 협력하여 중등과정의 '무료 야간 학원'(고등공민학교)을 설립하였다. 이 서클의 학생들은 교사로서 저녁에 나와 완전 무보수로 열심히 학생들을 지도하고 가르쳤다. 이 서클의 고문으로 추대되었던 선생님은 이것을 계기로 자연히 남산교회에 출석하게 되었다(김태한 수상집 『갚을 수 없는 은혜』, 298쪽).

여기서 원암이 제자인 김태한에게서 배운 것은 다름 아닌 '사랑의 실천'임을 알 수가 있다. 종교의 교리 이해는 성서를 읽음으로서 가능했고 종교의 더 깊은 철학적 접근은 논객들의 글이나 설교로 가능했다. 그러나 종교의 정수인 사랑의 실천은 배울 곳이 없었는데 바로 가까이 있는 제자들이 그 사랑을 실천하는 것을 보고 바로 이것이 기독교의 참된 신앙이라고 느껴져 그 신앙을 배운 것이다. 일본의 이찌무라 간조가 부르짖은 무교회주의는 미국의 무교회주의 이신론(理神論 : Deism)에서 논리적 근거를 찾아 볼 수 있다. 이신론은 인간 각자가 신의 이치를 마음속에 갖추고 있기에 신을 섬기기보다 자기 속의 신성을 따라 행하라고 주장한다. 이신론자들은 '3p(no pray, no preach, no pay)원칙에 따라 기도하지 말 것이며, 설교하지 말 것이며, 교회에 헌금을 내지 말 것을 주장하면서 그 대신에 신이 준 이성 즉 양심에 따라 행동하라'고 역설했다. 이 교리는 우리나라의 자생종교 천도교의 교리와 일맥상통한다. 우리는 그냥 '하늘의 뜻'이라 한데 반해 유일신 개념으로 생각하는 서양인들은 신(神, God)이라고 했을 뿐이다. 미국과 한국에서 따로 생긴 종교가 기본 이론은 일치되는 점으로 보건데 인간은 인종을 초월한 보편적 진리가 존재한다는 것을 알 수 있다.

청교도(淸敎徒, Puritanism)의 바탕 위에 건국한 미국에서 이신론이 고개를 쳐든 것은 기독교인들이 사랑의 실천은 않고, 모여서 말로 기도하고, 말로 전도하고, 말로 설교하는 껍데기 종교에 신물이 난 때문이었다. 어느 종교나 교주가 처음 가르친 알맹이는 내버리고 껍데기만 끌어안고 있는 현상이 갈수록 심해졌다. 내세관이 없는 유교는 현세에서 인간끼리 융화를 이루며 잘 살 수 있는 길을 가르쳐 주는 현세중심종교인데, 막상 모여서 하는 일을 보면 유교의 지나친 겉치레 형식을 두고 서로 다투느라 그 본질인 융화를 깨는 일이 다 반사였다. 중생을 구하고 자아를 구하기 위해서는 자기를 비우라고 하는 것이 불교의 가르침인데 그렇지 못했기에 '염불보다 젯밥'이라는 말이 생긴 것이다. 어느 종교나 인류를 죽음에서 삶으로 가는 길을 제시한 점에서는 서로 통한다. 그러나 그 종교가 전파되면서 탁기가 끼어들어 본질은 간 곳이 없어졌다. 원암이 우리의 전통종교를 고루 접하고 서양의 종교를 섭렵하면서 본질에 충실한 신앙을 탐색해오다가 드디어 가까이에서 그 참된 신앙을 발견한 것이다. 그것은 다름 아닌 '사랑의 실천'이다. 원암에게 '사랑의 실천'을 가르쳐 준 '복음학원봉사단'에 대해 좀 더 자세히 언급할 필요가 있을 듯하다. 다시 김태한의 이야기를 들어보기로 한다.

"1947년부터 대구사범대학 YMCA가 조직된 후 월 2회씩 예배를 드렸는데, 1947년 어느 가을날, 장해선(교장 퇴임)회원이 사범대학의 특징을 살려서 사회에 봉사할 길을 찾아보면 좋지 않겠느냐고 제의를 했다……. 학교에 종사하는 교사는 그리스도의 사랑의 정신으로 자원해서 보수 없이 봉사한 기독교 학생들이었으며, 중등교육과 기독교교육을 무료로 3년간 시행하였다……. 1950년 6·25 전쟁으로 학생들과 선생들은 뿔뿔이 흩어져서 휴교를 하였다가 1951년 4월에 다시 모집하여 다시 문을 열었다……. 복음학원은 1987년에 드디어 39년의 힘들었던 역사를 마감하게 되었다. 그것은 경세의 발전과 생활수준의 향상으로 모두가 정규중학교에 진학함으로써 복음학교로 입학할 청소년이 없어졌기 때문이었다……. 결국 나는 1983년 회갑을 맞이해서 내가 가지고 있는 산지

(24,000평)를 복음학교에 장학금으로 헌납했다. 그리고 계명대학 퇴직 후 받은 퇴직금과 복음학교 부지를 매각한 재원을 합하여 복음 장학재 단을 설립했다(『갚을 수 없는 은혜』, 93~101쪽).”

김태한, 이분은 필자의 대학 대선배이자 박사과정의 은사이기도 하므로 잘 알고 있다. 이분의 기독교에 대한 신앙심은 뿌리가 워낙 깊고 전교에 대한 집념이 워낙 강해 잠시 택시를 타고 가면서 택시 기사에게 전교하여 기독교인이 되게 한 예도 있다. 이분에게 전교 받아 신자가 된 이가 수백은 될 성싶다. 이분의 전교의 힘은 타고난 청기가 유난히 센데다 ‘사랑의 실천’을 앞세우기 때문이다. 필자가 원암 선생님의 유족으로부터 선생님 일대기를 써달라는 청을 받고 주저되는 바가 많아 계속 사양하다가 결국 청기가 센 김태한 선생과 이종호 선생에게 등 떠밀려 이 일을 맡게 되었다. 그런데, 막상 이 일에 착수할 무렵 94세의 고령이신 노모께서 건강이 쇠잔하여 곁에서 돌보며 집필해야 했다. 시작하고 보니 원암 선생의 성장기에 대한 기 록이 너무 빈약하여 그걸 핑계로 못하겠다며 손을 뗄 생각을 하며 온 갖 잔머리를 굴리고 있었다. 그런데 김태한 선생이 수시로 전화로 집 필하느라 고생이 많지, 어머님 병세는 어떠하신지 등등 챙기시는데 85세의 노인이 어디서 그런 청기가 샘솟을까 싶어 그 청기에 압도되 고 말았다. 옆에서 통화내용을 듣고 계시던 어머님 역시 정신 맑기로 는 그분 못지않았다. 어머님은 들어보니 총장님이 글 쓰는 데 게으름 피우지 말라고 당부하는 것 같은데 말 잘 들으라며 같이 내 등을 떠 밀었다. 그러시던 어머님이 돌아가시고 나니 일에 신이 떨어져 중단해 버릴까 내 스스로 걱정이 되어 어머님이 누워계시던 그 방으로 책상을 옮겨 끙끙대며 여기까지 근근이 써왔음을 여담 삼아 얘기해둔다.

　원암이 이런 곡절 끝에 종교적으로 정착한 이후에 그의 삶에서 어떤 변화를 보였을까? 당장 눈에 번쩍 뜨일 만큼 획기적인 변화가 있을 리가 없었다. 인생길을 잘못 든 이들이 옳은 길로 들어설 때 흔히 발표하는 개과천선의 변이나 신앙고백 같은 것이 원암에게 있을 리가 없었다. 그렇다고 전혀 변화의 표시가 안 나타난 것은 아니었다. 첫째로 나타난 변화는 영어를 전공하는 학생들에게 영어공부에 도움이 될 독해자료로 영어성경을 권한 것이다. 이에 대해 김기홍(경북사대 1950년대 초반 재학, 전 한국외국어대학교 교수)은 이렇게 말했다.

> "지금도 잊을 수 없는 것은 1학년 때 영문강독 강의 중 선생님께서 영문학도들에게 영어성경은 필독해야 할 책이라고 강조하시고 신약성서 중 4복음서를 매주 차례대로 일정량을 읽게 하시고 감명 깊은 구절에 예수님이 행하신 기적들을 요약해서 제출하라는 숙제를 내어주시고 일일이 체크해 주셨다."

　영어전공학생들에게 영어성경을 읽게 하는 것은 원암이 광도고사에서 직접 경험으로 그 이점을 잘 아는 터였다. 그러나 이때 영어성경읽기는 교양으로써 권장되는 것일 뿐이었다. 그래도 기독교 신앙심이 두터운 사람은 교양목적 이상의 전교목적도 노리고 있을 것임은 쉽게 짐작할 수 있다. 사랑하는 제자에게 자기가 구원의 길이라고 확신하는 진리를 전하고 싶은 마음을 깆는 것이 정상이다 그러나 전교는 말보다 실천으로 해야 효과가 있다는 것을 스스로 깨달은 원암이기에 그 원칙을 철저히 지켰던 것이다. 이에 대해 김한창(경북

사대 1950년대 중반 재학, 전 경북대인문대 영어영문학과 교수)은 이
렇게 말하고 있다.

> "끝으로 선생님의 신앙관을 엿보기로 하자. 개신교회의 장로이신 선생
> 님께서 특정종교를 자랑하시거나 비판 또는 폄하하시는 것을 나는 들어
> 본 적이 없다. 그렇다고 기독교를 믿으라고 특별히 권하신 적도 없으셨
> 다. 선생님의 신앙은 이념이나 말로 표현되는 것이 아니라 행동으로 표현
> 되는 것이었다. 그리스도를 모르던 내가 신앙의 의미를 조금이나마 깨닫
> 게 된 것도 선생님의 제자 사랑과 봉사에서 배울 수 있었기 때문이다."

원암의 신앙관은 '사랑의 실천'이라는 것을 명쾌하게 설명한 증언
이다. 원암의 기독교 전교방법은 '사랑의 실천'을 통해 스스로 감화
를 받아 종교를 받아들이게 하는 이른바 간접 전교방법이었던 것이
다. 그 방법이 더 힘이 있고 지속적인 효과를 발휘한다고 믿었기 때
문이다. 만약 원암이 그 많은 제자들을 모두 전교대상으로 보고 의
도적으로 기독교를 전교하려고 들었다면 어떻게 되었을까? 원암의
제자들은 이런 생각만 해도 끔찍하다고들 말한다. 선생님의 관심과
애정을 쟁취하기 위해 너도 나도 껍데기 신앙인이 되어 지능적인 위
선자 되기 경쟁을 벌였을 것이 뻔하기 때문이다. 이런 점을 생각하
면 원암은 정말 현명한 분이었다고 생각된다. 이런 측면을 가장 근
접거리에서 지켜본 김태한의 얘기를 다시 들어본다.

> "성경말씀을 깊이 믿고 계시던 선생님은 대학교 내에서 뿐 아니라
> 대외적으로도 하나님 영광을 위하여 기독교 관계기관에 참가하여 적극

적으로 활동을 하셨다. 그 좋은 예의 하나로 선생님은 Y's men 운동을 주도하시다가 전국 수많은 클럽의 한국총재로 선출되었다. 그리고 국제 회의에 참가하시어 한국의 위상을 널리 세계 각국에 알리었다. 선생님은 어떤 모임 행사에서도 기독교 교수임을 잊지 않고 수많은 복잡한 사건들을 신앙인의 입장에서 비판하고 판단하셨다."

이 증언에서 원암은 독실한 기독교 신앙인으로 흔들림 없는 삶을 살아 왔음을 강변해주고 있다. 원암의 신앙심이 생의 마감 때까지 지속되어 온 데 대해 전희성(전 대구남산교회 담임목사, 영남신학대학교 총장)은 이렇게 말하고 있다.

"한번은 장로님(원암)께서 입원해 있는 병실을 방문했는데 제 손을 장로님의 가슴에 갖다 대시며 기도해달라고 하여 손을 얹고 간절히 기도했더니 예배가 끝난 뒤 침상에서 벌떡 일어나 앉으시면서 "온 몸이 불같이 뜨거워지며 병마가 물러감을 느꼈다."고 하시며 어린아이같이 좋아하시는 모습을 볼 수 있었다."

원암이 임종 때까지 신앙에 매달려 살았음을 말해주고 있다. 원암의 신앙심이 이처럼 깊고 기독교 정신에 어긋나는 일은 절대로 하는 일이 없었음에도 불구하고 기독교인들이 흔히 비난 받게 되는 특성인 독선과 아집을 원암에게서는 전혀 느낄 수 없었다. 원암의 이런 점에 대해 외손녀 엄혜경(음악 인류학 박사, 영국 북아일랜드 벨파스트 퀸즈대학교 사회인류학 교수)은 이렇게 말하고 있다.

"이 같은 외할아버지의 현대적이며 합리적 사고체계와 생활철학이 가장 뚜렷하게 나타난 것은 외가의 제례절차와 그 시행방식이었다. 전주 이씨 광평대군의 자손이자 독실한 기독교신자이신 외할아버지는 유교적 전통과 기독교 예배방식을 현대성과 함께 접목하여 제사를 주관하셨다. 우선 전통제례를 잘 알고 있는 친척들과 의논하여 제물 놓는 자리, 제례순서 등을 간소화하시고 제례절차를 어려운 한문어가 아닌 현대어로 번역하여 참석한 모든 사람들이 다 이해할 수 있도록 하셨다. 제문을 읽기 보다는 기독교적인 요소를 첨가하셨고 가장 주지할 것은 성인 남자뿐만 아니라 남녀 차별 없이 어린 아이까지 포함한 모든 사람들이 제사에 함께 참석하기를 권유하셨다."

가장 근접거리에서 유심히 관찰해본 외손녀가 얘기하고 있듯이 원암이 종교에 대해 열린 마음을 가진 배경은 그의 오랜 종교편력에서 찾아 볼 수가 있을 것 같다. 어느 종교이든 그 본질은 인류를 잘 살게 하려는 가르침인데 전파되어 가면서 본질이 사라지는 경향이 있음을 원암은 보았다. 종교마다 껍데기만 끌어안고 다툼을 하는 모습에 식상한 원암이 그동안에 접해온 여러 종교의 본질을 찾아 이들을 결합하여 나름대로 독자적인 의식(儀式)을 만들어 적용한 것이다. 바로 이런 사람이 대학자이자 종교를 제대로 아는 사람이 아닐까 싶다. 제례 상에 제수 진설방식을 두고 시비를 벌인다든가 어려운 한문으로 쓰던 제사축문을 쉬운 우리말로 쓰면 집안에 망조가 든 것처럼 여기는 식자석두(識者石頭)와는 달리 원암은 동서고금의 종교와 철학을 섭렵한 대학자로서 동서양 문화의 보편적 가치를 가르친 큰 스승이었다.

제 26 화

'제자의 이름을 기억해야 참스승이 된다'는 교육철학

원암 선생의 제일 특기는 누가 뭐라 해도 제자들의 이름을 기억하는 비상한 능력이다. 그분의 수많은 제자들이 원암을 잊지 못하기에 타계하신지 12년이 지난 때에 탄신 1백주년 기념 문집에 너도 나도 앞 다투어 글을 내었고, 그 책 제목을 『영원한 스승』으로 붙이자고 이구동성으로 주장한 것이다. 배우는 제자가 가르친 선생을 기억하는 데도 한계가 있다. 대개 가르친 시기에서 멀어갈수록 기억이 희미해져 마침내는 영영 기억에서 사라지는 것이 정상이다. 그러기에 여러 단계의 교육을 받은 사람들은 자기를 가르친 수많은 선생 중에 겨우 한둘만 기억하고 나머지는 다 잊기 마련이다. 그 기억되는 소수의 선생 중에 나쁜 기억 속에 들어 있는 선생을 빼고 남는 선생을 '스승'이라 칭하고 싶어 한다. 원암이 바로 그런 사람이기에 모든 제자들로부터 '영원한 스승'으로 추앙받은 것이다. 그 비결이 무엇일까? 여러 가지로 얘기할 수가 있겠지만 그 첫째 비결은 '제자의 이름을 기억해야 참스승이 된다'는 그분의 교육철학이라고 말할 수 있다.

원암의 이런 교육철학에 대해 김영조(경북사대 영어과 1950년대 초 재학, 전 외국어대학교 교수)는 이렇게 얘기하고 있다.

"1952년 4월 한국전쟁의 와중에 모든 것이 불안하고 어수선하던 때 나는 경북대 사대 영문과(영어교육과로 개칭된 것은 그로부터 20년이 지난 후의 일이다)에 입학했다……. 그때 경북대는 종합대학으로 발족한 직후여서 사범대는 청구대학 건물을 주간에 임시로 빌려 쓰고 있다가 2학기부터 산격동 캠퍼스의 바라크 가건물로 옮겨갔다. 교수님의 첫 강의가 충격적이었던 것은 주로 세 가지 이유 때문이었다. 첫째 선생님의 비경상도 우리말 억양이 나에게 너무나 생소하여 알아듣기가 매우 힘들었다. 둘째 설상가상으로 영어단어를 자주 섞어가며 강의하셨기 때문에 당시 영어수준이 백지상태였던 나에게는 문자 그대로 All Greek로 들렸다……. 충격적인 셋째 요인은 강의 첫 시간 30여 명 학생들의 이름을 차례로 부르시고는 얼굴을 한 번씩 바라보시더니 그 다음 시간부터는 수강생들의 성명을 모두 정확하게 기억하시는 신통력이었다……. 교수님께서는 매시간 무작위로 호명하여 즉석 질문, 개인 신상 파악 등을 통해 모든 학생들을 당신의 손바닥 위에 올려놓고 닦달하시는 것 같았다. 부끄러운 나의 실제 모습이 있는 그대로 알몸으로 드러나서 그 넓은 강의실 어느 곳에도 나의 작은 한 몸을 숨길 곳이 없었다."

이 증언을 제대로 이해하기 위해서는 당시의 대학교육의 상황을 좀 더 자세히 알 필요가 있다. 학문적 전문성을 요하는 대학에서는 당시 전공교수를 구하기가 아주 힘들었다. 자리를 억지로라도 채워야 할 형편이니 중등교직자 중에서 웬만큼 학벌을 갖추면 발탁하여 자리를 채웠다. 그래도 교수의 절대수가 모자라 교수 한 사람이 여러 과목을 맡아 전공 개념도 희미하여 전공과 관계없는 잡다한 과목을 주렁주렁 맡았다. 이럴 때 교수가 강의에 충실하고 학사관리를 철저히 한다는 것은 상상하기 어려운 것이 사실이었다. 이때에 나타난 부정적 풍조로 '휴강 잘하는 교수가 명교수' '교수는 책 소개로 끝내야지 가르치려 하면 안 된다.' '교수는 시험답안지를 꼼꼼히 보며 채점하기보다 선풍기로 날려 멀리 날아가는 것을 상위점수를 준다.'는 등의 유행어가 떠돈 것이다. 이 시기보다 7년이나 늦게 입학한 필자의 재학당시에도 이런 풍조가 남아 있었는데 초창기에는 얼마나 심했을지 짐작이 갈 것이다.

원암 선생의 그런 교육철학이 어떤 결실을 가져왔는지 이분의 이야기를 더 들어보기로 한다.

"다시 고민 끝에 방황하다가 정면 돌파를 시도하기로 했다. 주임교수님의 강의 수강을 당분간 포기하고 나의 영어 기초 능력을 다지기로 결심했다. 그때 마침 피난길을 따라 대구에 와서 머물고 계시던 양주동 선생님의 중고등학생들을 위한 새벽 영어강좌를 청강하기로 했다. 체면과 자존심 따위는 아예 팽개쳐버리고 중학교 1학년 왕초급부터 시작하여 한 달에 한 권씩 6개월 만에 고3까지의 과정을 양주동 선생님의 유머 섞인 Diagram 방식으로 마치고 나니 영어에 대한 문법기본이 어느 정도 손에 잡히는 것 같았다. 그쯤에 다소 다행스럽게 뜻하지 않은 기회가 찾아왔다. 1학년 2학기 초 한 친구의 소개로 대구 운동장에 주둔한 미군부대 사무원으로 근무하게 되었다."

영어교사가 되겠다고 사범대학에 들어온 이분이 중1영어부터 기초를 다지기 위해 사설 학원에 수강하러 갔다고 하니 그 당시 중등의 영어교육이 어떠했는지 짐작할 만하다. 이런 수준 미달의 학생들에게 자극을 주어 일정 수준 이상으로 끌어올리기 위해서 어떻게 해야 할까에 대해 원암은 심각한 고민을 했을 것이다. 그 고민 끝에 쓴 방법이 개인에 대한 관심을 표명하는 방법으로 첫 시간에 수강생 전원의 이름을 다 기억하고 지속적인 관심으로 학생들을 다 챙겨나간 것이다. 원암이 어느 한 학년에게만 그렇게 관심을 집중적으로 쏟은 것이 아니고 정년퇴임하게 되기까지 그렇게 하셨기에 그 능력을 두고 '신통력'이라고들 평한다. 제자의 이름 기억이 가져오는 효과는 가히 '기적적이다'고 할 만큼 지대하다는 것을 원암의 제자들은 이구동성으로 증언하고 있다. 그중에 필자 이도수(경북대학교 사대영어과 1960년대 초 재학, 전 경상대학교 사대 영어교육과 교수)가 느낀 기적 같은 효과를 소개하고자 한다.

"군복무를 마치고 3학년 2학기에 복학하게 된 것이 63년도 2학기였으니 입학한 지 4년 반이나 지난 때였다. 그때 동기생들은 모두 졸업해 나가고 내 뒤를 이어 입대한 동기생들은 아직 군복무 중이라 학내에는 모두 낯선 사람들뿐이었다. 교수님들과의 얼굴도 채 익히지 못하고 입대하여 장기간 공백기를 거치고 학교에 나타났으니 신입생이나 다름없이 학과에 낯설었다. 복학한 첫 주에 남의 학교에 온 것 같은 기분으로 낯선 후배들 속에 끼어서 강의실로 가던 도중, 사범대 현관에서 처음으로 원암 선생님을 마주치게 되었다. 나를 알아보실 턱이 의당 없으리라 지레짐작하고 건성으로 인사를 드렸다. 그런데 그 여러 후배들 속에서 나를 알아보시고 반색을 하시며 군에서 이제 제대했느냐, 왜 한번 연락도 없었느냐는 등등의 말씀으로 나무라셨다. 선생님의 그 같은 관심 표

명으로 남의 학교 같던 기분에서 내 학교로 다시 돌아왔다는 기분으로
바뀌어 나의 학교생활은 활기를 찾게 되었다.”

원암 선생의 제자들 중에는 선생님의 애제자라고 자처하는 사람이
부지기수로 많다. 어떤 교수님에게는 애제자라고 자처하는 사람이 몇
있거나 전혀 없는데 원암 선생에게는 왜 그렇게 많을까? 그건 설명하
기가 어렵지 않다. 수제자는 객관적인 인정이 필요하지만 애제자는
선생님의 사랑을 받았다고 느낀 사람은 누구나 애제자라고 자처할 수
있기 때문이다. 제자에게 사랑을 주지 않은 선생에게는 애제자가 하
나도 없을 것이고 원암 선생님같이 모든 제자에게 사랑을 베푸는 분
은 모두가 애제자일 수가 있는 것이다. 그런데 제자에게 사랑을 베풀
려면 그 제자를 하나의 개성을 가진 인격체로 관심을 가지는 것이 첫
단계이다. 이 첫 단계가 상대의 이름을 기억하고 거기서 상대의 반응
에 따라 그 다음 단계로 접근을 시도하게 된다. 원암 선생님의 애제
자로 자처하는 사람이 그렇게도 많은 것은 강의를 통해 한정된 대면
밖에 가지기 어려운 대학에서 교수님이 자기 이름을 기억해준다는 것
은 사랑의 표시라고 느끼기 때문이다. 그리고 원암 선생님에게는 한
번 알게 된 제자에 대한 기억이 그 강의가 진행되는 동안에만 지속되
는 것이 아니고 반영구적으로 유지된다는 데서 신비감이 들게 한다.
  원암 선생이 제자들의 이름을 기억하는 비상한 능력을 두고 ‘신통
력’이라는 말로 신비화시키고 있는데 과연 신통력일까, 노력의 결과
일까? 이에 대한 답을 찾기 위해 타과 학생으로 원암 선생의 강의를
듣게 된 손영진(경북대 문리대 영문학과 1950년대 중반 재학, 전 중
등교사, 현 밀양 성우애육원 원장)의 증언을 들어보기로 한다.

"원암 선생님께서는 도서관 관장으로 겸직하고 계실 때입니다. 어떤 분이 타이핑하는 내 뒤에 가만히 서 계셨는데 내가 일어설 때 "자네 이름이 무어여?"라고 물으셨습니다. 나는 "예. 문리대(현 인문대학) 영문과 손영진입니다."라고 엉겁결에 대답했습니다. 그때가 나에게는 평생 그 은공을 잊을 수 없게 된 위대하신 원암 선생님과의 만남의 시작이었습니다……. 원암 선생님께서는 사범대학 학장으로 계시면서 우리에게 '영작문 II'를 강의해 주셨습니다. 사범대학 영어과 학생들과 문리과 대학 영문학과 학생들이 한 교실에서 선생님의 강의를 같이 받게 되어, 두 학과 학생들이 서로를 알게 되는 좋은 계기가 되었습니다. 1957년 5월 9일의 영작문 제목은 'Mother's Love'였습니다. 나는 잉크병에 펜을 찍으면서 "Mother's Love! Who can express mother's love?"로 시작해서 어찌 보면 좀 유치한 글을 적어 냈습니다. 선생님께서는 우리가 적어낸 악필들을 한 장 한 장 보시면서 틀린 곳을 일일이 색 연필로 고쳐주셨습니다…… 그 다음 주 수업시간에 작문용지를 가지고 오셔서 우리에게 나누어 주셨는데 나의 것에는 빨간 색연필로 Excellent라는 평가를 해주셨습니다…… 그런 극한적인 상황에 처해 있었을 때 어느 날 원암 선생님으로부터 "대구 남산여고에 자리가 났으니 어떠냐?"는 전화가 왔습니다……. 훗날에 안 일이지만 그때 초임에 대구 시내의 학교에 들어가기란 그야말로 하늘의 별 따기였습니다."

이 증언에서 보건데 원암이 자기학과 제자들만 이름을 기억하려한 것이 아니었다. 도서관장으로 근무할 당시에 도서관에서 타자치는 낯선 학생을 발견하고 그 빠른 손놀림을 예사로 보지 않고 이름을 물어 기억하였다. 그렇게 기억한 이름을 잊지 않고 있다가 영작문 숙제 점검 때 그 사람의 숙제임을 알고 타자 잘 치는 그의 능력과 숙제수행능력을 연결시켜 그 학생에 정보 데이타로 정리하여 머리에 입력시켜 놓은 것이다. 컴퓨터 시대인 오늘날 고객관리를 위해 개인 카드를 만들어 두고 누가기록을 해나가듯 원암 선생은 학생 개인에 대한 기억을 축적하여 잊어지지 않게 정리해 두었다가 그의 능력에 맞는 발표를 시키든가 일자리를 마련해 주곤 하였다.

사람의 이름은 그에 대한 관심 즉 사랑이 없으면 초기입력도 파지도 재생도 이루어지지 않는 법이다. 그 사람의 이름을 기억함으로써 나의 삶에 도움이 된다 싶어야 뇌에 전달하여 입력, 파지, 재생 작용을 촉구하기 때문이다. 그런데 원암 선생이 그 당시에 도서관장, 영어과 주임 등 막중한 보직을 여러 가지나 맡고 있으면서 담당한 교과목의 수강생들의 이름을 기억하려고 그처럼 애썼다는 점이 놀라운 것이다. 학생이름 기억이 당신의 삶에 무슨 도움이 된다고 생각했기에 그토록 그 일에 매달렸을까? 그 얼마 전에 한쪽 폐 절제수술을 받아 건강유지에도 신경을 써야 할 입장인데 그 많은 학생들의 이름을 외워서 도대체 어디다 쓰겠다고 그랬을까? 아마 그 답은 '교육의 시작은 피교육자에 대한 사랑에서 시작되어야 하고 그 사랑을 표명할 수 있는 첫 단계가 이름 기억이다.'라는 그의 교육철학을 예비교사들의 머리에 깊이 각인시켜야 되겠다는 사명감에서였을 것이다.

그렇다면 원암이 그 많은 제자의 이름을 기억하는 능력은 어디에서 나왔을까? 필자는 원암의 그 비법을 알아내어 실천해 보려고 여러모로 노력을 해 보았다. 원암의 유족들에게 물어 보았더니 선생님의 기억력은 원래 비상한 편인데 그중에서도 사람기억에 특히 탁월하다고 했다. 원암의 슬하 4남매 중에 아버지의 기억력을 거의 그대

로 물려받은 이는 장남 이기영(전 이기영산부인과 원장, 전 하나병원
원장)이라고 했다. 이 증언 내용을 곱씹어 보기로 한다. 인간의 기억
기능이 사람기억기능 따로, 사물기억기능 따로 존재한다고 볼 수는
없다. 원암은 어릴 적 서당에 다닐 때부터 사람에 대한 관심이 유별
나다는 데 훈장이 주목하면서 큰 스승이 될 첫째 조건이라고 말한
바 있다. 아마 그 말이 씨가 되어 원암의 뛰어난 기억력은 온통 사람
기억에 집중되어 발달에 발달을 거듭한 것이 아닌가 싶다. 그렇게
사람기억을 위한 노력을 계속하다보면 나름대로 비법이 생길만도 한
데 그게 무엇인지 더 캐보기로 한다. 이에 대한 실마리를 찾기 위해
박정삼(경북사대 영어과 1960년대 초 재학, 전 경북전문대학교 관광
통역학과 교수)의 이야기를 들어보기로 한다.

"당시 학생들 간에 회자하던 선생님에 대한 일화를 한 토막 소개하
면 선생님께서는 만일 과제물을 제출하지 않은 학생을 만나면 어디서
든지 과제물에 대한 이야기를 하셨고 심지어 만원버스에서 만나도 과
제물을 제출하라는 말씀을 하신다는 소문에 창피당하지 않도록 학생들
은 과제물을 제출해야 했다. 이것은 교육자로서의 선생님의 한 면을 보
여주시는 것이었다."

이 말을 잘 못 들으면 과제제출을 독려하기 위한 방편의 하나로
원암은 대중 앞에서 학생들에게 창피를 주기도 한다는 말로 해석될
수도 있다. 그러나 원암은 언제, 어디서든 제자를 만나면 모르는 체
하지 않고 그 학생에 대한 기억을 새롭게 할 수 있는 기회를 잡았다
고 여기며 애기를 꺼내는 것이 체질화되어 있었다. 이것을 알고 나

면 원암의 사람에 대한 비상한 기억력의 비법이 잡힐 듯이 느껴진다. 그 비법을 더 캐내기 위해 필자에 관한 원암 선생임의 기억력 발휘 사례를 얘기하기로 한다. 필자는 20대 후반 중등교사 시절에 문교부 지정연구 과제를 맡아 경북 군위에서 시범수업발표를 한 적이 있다. 그때 원암 선생이 그 먼 시골까지 오셔서 칭찬과 격려를 해주신 적이 있었다. 그 이후 원암 선생님은 필자를 어디서 언제 만나든 나에게 '군위에서 자네가 보여준 연구수업은 영어수업의 절정이었다.'는 말부터 꺼내시곤 했다. 그런데 그 말은 내가 수십 번 들어도 신물 나게 들리지 않은 것이 희한하다 싶었다. 원암 선생님으로서는 제자이름을 잊지 않기 위해 반복에 의한 기억강화법을 쓰는 셈이었으니 따분하게 여겨지지 않았을 성싶다. 결국 알고 보면 선생님의 그 비상한 사람이름 기억능력도 인지학습의 가장 기초 원리인 '반복을 통한 재생과 기억 강화법'을 적용한 것임을 알 수 있다. 그 비법은 아마 일본 광도고사 시절 예비영어교사들에게 카리스마적인 존재로 추앙받았던 Harrison 교수로부터 전수받은 것이 아닐까 싶다.

제 27 화

탁류에 휘말려도 청기를 발휘하여 헤쳐 나오다

원암이 초창기 경북대학교 창립주역의 한 사람으로 활약하게 된 데는 두어 가지 이유가 있었다. 하나는 경북대학이 국립종합대학으로 설립되는 모태가 된 것이 대구의전, 대구사대, 대구농대 3개 대학이었으므로 이 3개 대학의 대표가 자연히 창립주역이 될 수밖에 없었다. 당시 대구의전의 대표는 고병간 박사였는데 처음 출범한 종합대학의 총장으로 추대되었다. 원암은 사범대학의 대표 격으로 종합대학 마스터플랜을 짜는 데 적극 참여한 것으로 알려져 있다. 신설 대학의 부지가 산격동 일대 20만 평 정도로 결정이 나려는 때에 원암은 먼 앞날을 내다보고 배자 못까지 100만 평 정도로 넓게 터를 잡자는 진취적인 안을 내었다는데 소수의견으로 관철되지 못했다고 한다. 원암은 종합대학교로 출범할 때 도서관장을 맡으면서 영어과의 주임을 겸하고 있었으므로 어깨가 무거웠다. 그런 중에도 예비교사들에게 완벽한 역할모델이 되기 위해 불철주야 일에 몰두하였다.

그렇게 앞만 보고 나아가는 원암에게 탁류가 밀려왔다. 종합대학이 교세를 확장하여 문리대, 법정대 등이 신설되면서 기구가 확대되고 교직원 수도 크게 늘게 되었다. 대학사회도 사람 사는 곳이라 식구가 늘게 되니 늘 오붓하게만 지낼 수 없는 분위기로 변해갔다. 1956년 말경부터 경북대학교 교수사회에서 이상기류가 흐르기 시작했다. 이에 대해 김재진(전 경북대학교 경상대학 경영학부 교수)은 이렇게 회고하고 있다.

"이규동 선생님에 관하여 내가 잊을 수 없는 일은 그가 크리스천이란 연고로 고병간 총장의 재신임 건에 연루되어 한참 마음고생을 했던 일이다. 내가 부임할 당시만 해도 대학 분위기는 너무 자유로워 교수왕국이라 해도 과언은 아니었다. 할 말은 주저 없이 다하고, 모이면 술판도 벌어지고, 학생들은 교수를 한 없이 존경해 주고 해서 지방도시에서 고등학교 교사로 근무하다가 막 들어온 나에게는 세상에 이런 곳도 있는가 싶을 정도로 매사가 자유롭고 행복했다. 그런 가운데 어느 날 갑자기 차가운 바람이 불기 시작했다. 그것은 고병간 총장의 재신임 문제를 놓고 학내 분위기가 어수선해지고 찬반으로 의견이 갈라지는 이상기류가 소용돌이치게 된 것이다. 처음 부임한 나로서는 그저 어리둥절할 뿐이었다. 지금도 잘은 모르지만, 고병간 총장이 몰고 온 바람에 대한 영남바람의 반발이라고나 할까, 고병간 씨를 두 번이나 총장 시킬 필요가 무엇인가 하고 바람이 맹렬히 불고 있었다. 나는 처음 온 풋내기였지만 그 바람을 마실 수밖에 없는 위치에 있었다……. 그 후의 일이지만 어떤 노교수가 나를 보고 '예수무리'하다고 평한 것도 무리가 아니있다. 어쨌든 그리던 시이에 결단의 시기는 저만치 다가왔다. 나는 예수 믿는 사람 편에 서기로 결단했다. 고병간 총장님께 한 표를 던졌다. 그리고 고병간 장로는 재신임에 성공했다. 자 이제 남은 문제는 사범대학 학장을 누가 하느냐의 문제였다. 고총장님은 이규동 교수님을 학장으로 추천하셨다. 그러나 학내외의 분위기는 순탄치 않았다. 물론 나에게도 그 바람을 감지할 만큼 영향이 미쳐왔다. 그러나 이번에도 나의 예수무리함이 드러나고 말았다. 이규동 교수님이 학장으로 시무하셨는지 직무대리로 근무하셨는지 나는 잘 기억하지 못한다. 다만 그분이 학장 자리에 앉아서 학장 일을 잘 보고 계셨음을 기억할 따름이다."

이 증언으로 그 당시 분위기가 대충 짐작된다. 고병간 총장은 종합대학을 탄생시킨 산파역을 맡았으니 그 경험을 바탕으로 대학발전이 본궤도에 오를 때까지 한 차례 더 봉직하겠다는 의지를 보였다. 그러나 신설된 단과 대학으로서는 창설 당시 모태가 된 단과대학에서 그걸 발판으로 삼아 장기 집권을 하면 단과대학 간의 균형발전이 이루어지지 않게 된다며 반발하는 기류가 생긴 것이다. 그러나 이런 명분은 표면에 내세우는 이유이고 속내를 알고 보면 권력다툼이라고 밖에 볼 수 없었다. 권력은 독식되어서는 안 된다는 주장이 먹혀들게 된 배경은 당시 자유당 독제가 장기집권을 위해 무리수를 두어 국민의 원성을 키워온 내막이 있었다. 어찌되었건 당시 총장재신임은 학내 교수들의 투표로 결정하게 되어있고 단과대학 학장은 총장이 임명하도록 되어 있었으니 일차적으로 총장선거가 과열선거운동으로 치닫게 된 것 같았다.

선거란 민주주의를 실현시키기 위해 필요한 절차임에 틀림없지만 그로 인한 부정적 측면도 많아 민주사회의 필요악이라 칭해지기도 한다. 최고지성인의 사회인 대학교수 사회에서는 필요악인 선거에서 부정적 측면이 없게 함으로써 선거가 민주주의의 꽃임을 증명해 보일 수 있는 좋은 기회였다. 그러나 위의 증언에서 느낄 수 있듯이 그렇지 못한 것 같다. 대학발전을 위해 어떤 사람이 더 도움이 되겠는가의 잣대보다 타지 출신이 영남지방에 와서 장기 집권을 하면 안 된다느니, 예수 믿는 사람들이 대학의 주도권을 잡으려 하니 막아야 한다는 식으로 파벌 싸움으로 번진 모양이었다. 민주주의 훈련을 어지간히 해온 오늘날에도 대학 총장 선거가 파벌싸움의 양상을 탈피하지 못하고 있는데 '한국에서 민주주의가 실현되기를 기대하는 것은 쓰레기통에서 장미꽃이 피기를 기대하는 것보다 더 어렵다.'고 세계가 비웃고 있었던 그 당시에는 오죽했겠는지 추측하기가 어렵지 않다.

그때 총장 재신임을 묻는 선거에서 고병간 총장이 결국 재신임을 얻는 데 성공했다. 그 결과를 두고 볼 때 과연 반대쪽에서 주장해온 것처럼 '예수무리'만이 뭉쳐서 그 많은 지지를 얻을 수 있었을까에 대해서는 회의적인 견해가 우세했다. 기독교가 요즘처럼 대중화되어 있지 않은 때라 대학사회에서 기독교인은 소수그룹에 불과했기 때문이다. 그런데 총장 재신임 후에도 그 선거바람이 연장되어 원암에게 영향을 미치고 만 것이다. 이런 상황에서 원암은 어떻게 처신했는지가 우리의 관심사가 된다. 이때 상황에 대하여 이종항(전 경북대학교 법정대학 교수 및 교학국장)은 이렇게 회고하고 있다.

"내가 교학국장(오늘날의 교무처장)이 되었을 때에 이규동 선생님은 사범대학 학장직을 맡고 계셨다. 대학 운영이 초창기였으므로 잡다한 일들이 산적해 있었다. 매주 정기적인 학장회의 이외에도 수시로 소집되는 간부회의도 잦아서 나는 선생님을 자주 뵈올 기회가 많았다. 무엇보다도 나 자신이 학사행정 경험이 부족하고 모르는 것이 많았으므로 매사에 노숙한 대선배 교육자인 학장님들의 의견과 판단과 지혜에 의존하는 필요와 경우가 많았다. 이런 모임에서 나는 선생님의 고견에 접하고 그 판단에 따르는 일이 많았던 것은 사실이다. 그것은 교육자로서의 선생님의 자세가 시종일관하여 돋보였기 때문이다. 선생님의 참된 스승으로서의 모습을 잘 보여주시는 점은 언제나 선생님은 학생의 편에 서서 보시고 생각하시고 판단하시며 때로 학생을 변호하시는 일관된 자세였다……. 나로서는 어디에 있어서도 은사이니 선생님을 은사로서 대하고 공경하는 것은 당연하다 할 것이고 비록 직장에 동료로 있었다고는 해도 한 번도 이런 생각에서 벗어난 태도를 취한 일은 없다. 그런데 선생님은 저를 대할 때 제자로서 보시지 아니 하시고 동료로 보시는 경우가 많았다. 일이 있으면 불러주시면 언제라도 찾아가겠다고 누차 말씀을 드렸는데도 한 번도 저를 학장실로 부르시지 아니 하시고 언제나 몸소 본부에 있는 저의 방에 찾아오셔서 사무를 처리 하시곤 하셨다. 송구하여 몇 차례나 불러달라고 간청을 하였으나 아무 소용이 없었다."

이분은 원암이 대구고보에 계실 때의 제자가 되는 분이다. 경북대학교의 초창기에 종합대학을 총괄하는 교학국장을 맡게 되었을 때, 원암은 사범대 학장직을 맡아 장기간 업무 관계로 자주 접하게 된 사이였다. 그런데 이 증언에서 원암을 사범대학장이라고 칭하고 있지만 실제 직함은 '사범대 학장 서리'였다. 은사님에게 감히 '서리'란 꼬리표를 붙이기가 민망해서 뺀 것이다. 앞에서 김재진 교수의 증언에서도 "이규동 교수님이 학장으로 시무하셨는지 직무대리로 근무하셨는지 나는 잘 기억하지 못한다."라고 얼버무리고 있는데 그분도 민망해서 그런 것이지 기억 못할 리가 없다. 필자는 이런 일이 있은 지 5년 후에 사범대학에 입학했는데, 그때까지 원암 선생님은 학장에 '서리'라는 꼬리표를 달고 계셨다. 경륜으로 보나 대학설립 당시의 역할로 보나 총장이라도 모자람이 없을 분인데 학장직함에다 '서리'라는 꼬리표를 달고 계시는 데 대해 제자들은 못마땅해 했다. 그러다가 이번에 원암의 일대기를 쓰는 일을 맡게 될 때 원암 선생의 수제자이신 김태한, 이종호 두 분께서 원암 선생이 학장직에 계실 때 붙었던 그 기분 나쁜 꼬리표는 천만 부당한 처사였으니 역사 바루기 차원에서도 그 당시 상황을 공정하게 조사하여 기록해달라는 주문을 하였다.

우선 원암이 어떻게 하여 사대학장직을 맡게 되었는지 그 속사정을 알아보기로 한다. 앞에서 김재진 교수가 증언하셨듯이 재신임에 성공한 고병간 총장의 추천에 의해 원암이 사대학장이 되었다. 여기서 언급할 필요가 있는 사실은 고병간 총장은 개신교 신자일 뿐 아니라 고향이 이북이므로 비영남파에 속했다. 또 원암이 폐 절개수술을 받아야 할 때 고병간 박사가 국내 최초로 원암의 폐 절개수술을 시술하여 건강을 되찾게 되었으니 원암에게는 생명의 은인이 된 셈이다. 이렇게 이중 삼중의 인연이 얽혀 두 분 간의 관계는 특별한 인간관계가 맺어졌을 것은 쉽게 짐작할 수 있다. 당시에 고 총장과의 그런 사적인 관계만 없었다면 원암이 사대학장으로 임명되는 데 대해 거부감을 가졌을 사람은 없었을 것이라고 당시 상황을 아는 분들이 모두 입을 모아 얘기하고 있다. 총장재신임에 반대표를 던진 영남파 교수 진영에서 자기들의 계획이 무산되자 당시로서는 제일 무게 있는 학장인 사대학장 자리에 영남파가 임명되기를 기대하고 있었다.

그런데 그 자리마저 비영남세에 뺏기게 되자 재신임 받은 총장에 대한 반발심을 원암의 사대학장취임 거부반응으로 표출시킨 것 같았다.

당시 원암 대신에 사대 학장 물망에 오른 분은 수학과의 오용진 교수였다는데, 그분은 원암의 광도고사 동문으로 남다른 친분을 쌓아온 사이였다고 한다. 이 두 분은 성품으로 보나 인간관계로 보나 어떤 자리에 연연하여 인간관계가 악화되는 것을 추호도 원하지 않을 분들이라는 것이 주위의 평이었다. 그 후로도 두 분의 우정은 일생토록 지속되었다고 전한다. 결국 따지고 보면, 당시의 대학에 찬바람을 일으킨 장본인은 교육에 충실하기보다 세를 규합하여 주도권을 잡고 대학을 좌지우지하려는 탁기가 센 교수들이었던 것 같았다. 원암은 해방 후 대륜학교 교장으로 임명되었을 때, 교육다운 교육을 하겠다고 불철주야 심혈을 기울였다. 그러나 교직원들이 재단파, 반대파로 편 갈라 싸우는 데 환멸을 느껴 2년을 못 넘기고 그 자리를 뜬 바 있다. 그 다음에는 학생들을 직접 대하는 교육현장이 그리워 경북여고 교장도 2년 반 만에 그만두었고, 경북도 학무국장 직도 마다하고 대학에 온 그였다. 40대 후반에 대학에 와서 교사양성기관에서 참스승의 역할 모델이 되고자 20대 초임교사를 뺨칠 정도로 열정을 쏟아온 그였다. 그런 원암이 적당주의로 교수직을 지켜가려는 이들에게는 눈의 가시로 보였을 가능성은 다분히 있었다. 필자가 재학하던 시절에도 적당주의로 학생들의 환심을 사는 데만 급급한 교수들이 득세하게 되었을 때 학점관리를 철저히 하여 교육의 질을 높이려는 소신파 교수들을 사갈시하는 분위기가 학생들에게 감지되어왔다.

이런 탁류가 밀려들어 왔을 때 원암이 어떻게 처신했는지 살펴보기로 한다. 앞에서 이종항 김재진 두 분이 원암이 사대학장으로서의 재직할 때 참스승의 모습을 보였다고 증언한 바 있다. 이분들 외에 당시 상황에 대해 증언하고 있는 추복만(경북사대 영어과 50년대 전반 재학, 전 경북 점촌시 교육장)의 얘기를 들어보기로 한다.

> "이런 일도 있었다. 선생님께서는 잠시 사범대학 학장 서리로 일하신 적이 있는데, 어떤 행사가 있어서 나도 교육행정가의 한 사람으로 그 자리에 참석하게 되었다. 회의가 시작되어 사회자가 "지금부터 사범대학 이규동 학장님께서 인사를 하시겠습니다."라고 소개를 하자, 선생님께서는 "저는 학장이 아니라 학장 서리이므로 정정합니다."라고 말씀하신 뒤에 인사를 하셨다. 선생님께서는 그런 분이셨다. 겸손하고 소탈한 인품에다 정이 많아서 사람들을 편안하게 감싸주던 참스승이셨다."

이분의 얘기에서 원암은 직함 뒤에 '서리'라는 꼬리표를 부끄러워한다든가 또 거기에 노여움을 품고 있다는 느낌이 조금도 감지되지 않는다. 마치 어린 시절 고향 마을 서당에서 원암이 다른 서생들로부터 '새끼접장'이란 별칭으로 불려도 조금도 개의치 않고 훈장의 심부름과 다른 학동들의 뒤치다꺼리를 도맡아 할 때의 그 순수한 마음 그대로이다. 원암이 사범대학 학장에 취임하는 데 대해 거부감을 표시한 이들의 심리는 화신리 서당 훈장 북실어른이 탁기가 센 최기덕을 꾸짖을 때 언급한 '동욕자상쟁(同欲者相爭)'이라는 말로 풀이할 수밖에 없겠다. 대학의 학장이란 직책은 일하는 자리라는 개념보다는 감투로 여겨 교수마다 자기에게 그 감투가 돌아오려면 지금 누구를 밀어야 한다는 계산에 따라 행동하는 풍토는 그때나 지금이나 다름없는 우리 대학사회의 병폐이다. 마을 서당에서 최기덕이 윗마을 아이들을 선동하여 "말라깽이 규동이 손 좀 봐줄까?"라고 했듯이 당시 경북대사대에도 최기덕 같은 탁기 센 사람이 있었기에 말없이 참스 승의 도를 실천하는 원암을 손봐주려고 했다고 생각된다. 이런 탁기 싸움이 일 때는 원암은 맹자의 '장부론'을 속으로 외며 대의를 따라 앞만 보고 나아가는 처세로 일관했다. 탁기가 기승을 부리는 때일수록 원암의 청기는 제 기능을 발휘했다.

원암에게 이때보다 더 거센 탁류가 밀려든 때가 또 있었다. 그로부터 5년이 지난 1960년에 발생한 4·19 혁명 때였다. 그때는 필자가 대학 2학년 때였으니 그 탁류가 어떻게 밀려와서 원암에게 어떤 욕을 보였는지 똑똑히 본 산증인이다. 4·19 혁명은 자유당 독재가 장기집권을 위해 무지막지한 짓을 다하다가 마지막에는 부정선거를 자행하여 민주주의를 말살시키려 하자 학생들이 들고 일어나 독제정권을 무너뜨린 학생혁명이었다. 그야말로 민주주의를 수호하기 위한 의로운 거사라 할 수 있다. 이때 학생들의 의거는 의분이 자연발생적으로 생겨 폭발한 것이지 어떤 배후세력의 사주를 받은 것이 아니기에 그 순수성이 높이 평가된다. 그러나 그 순수한 의거로 독제가 무너지고 힘의 공백이 생기게 될 때 그 혁명의 열매를 따먹기 위해 음흉한 미소를 머금고 설치는 무리들이 나타나게 되었다. 이때 불순세력은 좌익이니 친북세력 같은 세력이 아니고 공부보다 다른 방법으로 학교나 사회의 주도권을 거머쥐려는 이른바 탁기그룹이었다. 4·19 혁명 후 1년이 지나도록 이런 세력들의 주도하에 대학교육은 파행이 계속되어 강의실은 텅 비고 학내는 크고 작은 시위로 아수라장이 되었다.

그때에 원암이 탁기가 센 무리들에게 곤욕을 당한 것이다. 그 무

서운 자유당 독재정권을 무너뜨리고 나니 세상에 무서울 것이 없어
진 학생들이 공권력을 무력화시키고 온 나라를 휘젓고 다니며 사회
의 주인행세를 하려 들었다. 그러다가 시위에 신물이 난 시민들이
학생시위대를 향해 투석을 하는 사태에까지 이르렀다. 시민들에 쫓
겨 교내로 들어온 학생들은 학내문제를 들고 나와 방어력이 약한 교
수들을 처단하기 시작했다. 교수들을 추방하기 위해 학내 전 교수들
을 세 부류로 구분했다. 어용교수, 무능교수, 사이비 교수가 그것이
다. 어용교수는 독재정권에 협조하여 높은 직위를 누린 교수인데 총
장, 대학원장, 교학국장, 도서관장 등 주요보직자들이 여기게 포함되
었다. 무능교수는 전공에 대한 학식이 부족하거나 강의전달 방법이
학생구미에 안 맞는 교수가 이에 해당되었다. 사이비 교수는 교수이
지만 교수답지 못한 교수가 이에 속하는데 여기에 적용되는 기준이
제일 애매하여 학생들이 밉보인 교수가 괘씸죄로 여기에 속해졌다.

  원암 선생님을 성토대상에 올린 세력은 소속 학과 학생들이 아닌
타과 학생들이었다. 강의가 학생들의 요구에 부응하지 않는다는 것
이 주된 이유이고 거기에 사대학장을 맡고 있으니 어용교수에 해당
된다는 주장도 첨가되었다. 학생들의 이런 매도에 대해 원암 선생님
은 아무 말도 없이 하염없는 눈물로 답을 하셨다. 이런 광경을 보고
원암 선생의 소속 학과인 영어과학생들이 선생님에 대한 변명을 했
지만 이런 일을 주도하는 세력이 탁기가 워낙 센 무리들이라 여간해
서 설득이 잘 안되었다. 결국 원암 선생은 최악의 곤욕은 치르지 않
고 넘어가긴 했지만 정말 그 당시 일부학생들이 자행한 교수추방운
동은 패륜 바로 그것이었다. 그때 대다수 양식 있는 학생들은 '학생
혁명의 본뜻은 이게 아닌데' '저렇게 설쳐대며 학원정화를 부르짖는

저 사람이 과연 학생이 맞을까?' '혁명으로 영웅이 된 학생들이 이러다간 국민들의 손가락질을 받게 되지 않을까?' '이러다간 학생들을 길들이기 위한 세력이 나타날 걸' 같은 말들을 속으로만 중얼거렸을 뿐, 새 독제자로 등장한 학생폭군들을 제어할 사람은 아무도 나서지 않았다.

그때 학생들에게 성토당하여 바로 학교를 떠난 교수들이 더러 있었다. 그들이 당시의 주동학생들로부터 천하의 몹쓸 교수로 폄하되었는데, 나중에 냉정을 되찾고 나서 알고 보니 그분들이 대부분 경북대학의 보물 같은 석학들이었다. 그 당시 다수 학생들을 당황시킨 사실은 평소에 휴강 잘 하기로 이름 난 교수들은 성토대상이 된 예가 별로 없고 학사관리를 철저히 하려고 학생들을 엄하게 다스린 교수들이 성토대상이 된 예가 더 많다는 것이었다. 그 대표적인 예가 바로 원암 선생이었다. 당시 필자는 순진하여 때로는 선동자들의 말을 액면 그대로 듣다가 나중에는 그게 아니라고 느끼면서부터 환멸감이 들어 군에 지원 입대함으로서 돌파구를 찾게 되었다. 그 후 5·16 혁명으로 학생들의 코가 납작해지고, 학생독제 대신에 군사독제 하에서 강제로나마 온 국민이 냉정을 되찾게 되었다. 군복무를 마치고 대학을 졸업한 후에 사회에 진출한 필자가 우연히도 4·19 사태 때 경북대학의 교수추방운동을 주도한 세력의 핵심인물 한 사람과 직장 동료가 되어 흉금을 트는 친구로 지냈다. 그 친구를 통해 4·19 사태 당시에 원암 선생을 비롯한 대학의 교수추방운동에서 성토대상교수를 가려내는 데 어떤 흑막이 있었는지 낱낱이 듣고 피가 거꾸로 흐르는 것을 느낀 일이 있다. 이름을 밝히고 싶지 않은 그 친구의 얘기를 간략하게 전하면 이렇다.

4·19 혁명 직후에 때 만났다고 제일 신이 나 설친 사람들은 대학생들이었다. 혁명당시에 정작 피를 흘린 희생자 중에는 중고등학생이 더 많았는데 이들은 상급학교 입시준비 등에 다시 얽매여야 했기에 바로 냉정을 되찾았다. 그러나 대학생들은 그 당시로는 가장 높은 교육기관이라는 최고학부에 입학했으니 당장은 여유가 있었다. 학생통제가 느슨한 대학교육의 체제하에서 자유를 한껏 누리고 싶던 차에 혁명으로 학생천지가 되었으니 학생주도하에 대학을 개혁하겠다고 나섰다. 그러나 불행히도 대학개혁을 부르짖으며 설친 학생들이 학구파가 아니고 지배욕이 강하고 목소리 큰 학생들이었다. 이들 중에서 세력판도가 결정되고 구심점이 정해지면서 대학을 좌지우지하는 세력을 형성하게 되었다. 각 단대에서 목소리 큰 학생들과 완력으로 패권을 쥐려는 체육인들이 야합하여 기성정치인들의 비민주적인 정치 술수를 써서 대학총학생회를 장악하기에 이르렀다. 여기까지의 말은 그 친구가 자주 얘기해온 내용을 필자가 간추려 정리하여 쓴 것이다. 이 친구가 나의 결혼식에 우인의 한 사람으로 참석했는데, 그 결혼식에서 주례를 맡은 원암 선생님을 보고 나서 나중에 원암 선생에 관해 얘기를 나눈 일이 있다. 그 얘기 중 핵심적인 내용을 직접화법으로 전하고자 한다.

"이 선생, 자네 결혼식에 주례를 맡은 그 영감님 말이야, 옛날에 까딱 잘못했으면 경북대학에서 쫓겨 나갈 뻔했지."

"아니 왜 그런 참교육자를 쫓아내려 했는데?"

"참교육자 좋아하네. 공부벌레들만 모인 영어과에서는 참교육자인지 몰라도 공부 못하는 우리 같은 학생들에게는 그런 교수가 염라대왕보다 더 싫었단 말이야. 그 교수가 교양영어를 맡았다 하면 학점

받는 것은 포기한다는 말이 당시에 쫙 퍼져있었어."

"그래서 체육과 학생들이 선동하여 그분을 성토대상에 올렸단 말이지?"

"그건 아니야. 당시 교수추방에 대해 제일 열을 올린 데가 법대였어. 법대생들이 자기들 단대에서도 몇 사람을 추방하고 타 단대 교수들까지 끼워 넣자니 교양과목을 갖고 문제 삼은 거야. 솔직히 말해서 그 당시에 의대, 사대는 엘리트들이 모였지만 법대생들은 고등고시를 노리고 들어온 극소수 엘리트를 제외한 나머지는 공부에는 꽝이고 데모에는 제일 열성적으로 참여했거든."

"그 말 듣고 보니 당시 법대에서 추방당한 교수 한 분에 대한 가슴 아픈 일이 생각나는군."

"가슴 아픈 일이라니, 어떤 분 얘기인데?"

"내가 고등학교 다닐 때, 영어를 담당하셨고 1학년 때는 나의 학급담임도 맡으셨던 분의 얘기지. 그분이 4·19 혁명 무렵에 경북대 법대에 전임으로 오신 거야. 중등에 있다가 대학 강단으로 처음 옮긴 교수는 학생들의 수준에 맞추지 못해 상당기간 동안 불만을 사게 된다는 것은 누구나 다 아는 일 아닌가? 그런데 법대에서는 신임교수인 이분이 아직 교수로서 시험기간을 겪는 첫 학기란 것도 감안하지 않고 부임 첫 학기에 무능교수로 지목하여 무자비하게 쫓아내 버린 거야. 그런데 이분은 신사이고 결벽증이 있는 분이라 두 말 않고 교직을 떠난 거야. 전에 근무하던 나의 모교에서 안타깝게 여겨 다시 복직을 권해도 그럴 수 없다며 책 외판을 하여 자녀학비를 댄다는 소문이 돌았어. 무지막지한 그자들, 그 죗값을 어떻게 다 갚으려는지 참!"

"이제 와서 얘기하지만, 그 당시 정말 철없이 날뛰었다 싶어. 그러기에 내가 영어과의 그 영감 교수님 그때 운 좋았다고 말했지. 그때 상황 더 자세히 알고 싶으면 말해주고, 듣기 싫다 하면 말고……."

"물론 듣고 싶지, 어떻게 됐는데?"

"그때 영어과에서도 법대생들 못지않게 그런 일에 끼기 좋아하는 친구가 하나 있었는데 지금 이름은 기억 안 나네. 그 친구가 '이규동 교수는 사범대학에서 제일 열성적으로 강의하시는 분으로 알려져 있는데 무슨 명목으로 성토대상자 명단에 넣느냐?'며 그 교수를 두둔하려다가 타 대학 출신 완력패들에게 맞아죽을 뻔 했어. 이 교수의 추방을 고집하는 타 대학 출신 한 사람은 '이규동 교수를 무능교수에 넣기가 곤란하면 어용교수에 넣어 추방하면 된다.'고 말하더군. 이미 사표내고 나간 고병간 총장, 교학국장 이종항, 대학원장 김사엽 같은 분들과 함께 사대학장 직을 오래 맡아왔으니 같이 추방해야 한다는 주장을 계속 해왔어. 그런데 그 친구의 주장이 무시된 것은 우리 체육과의 원로 교수님의 입김 때문이었어. 그분이 대구고보에 다닐 때 이규동 교수님의 가르침을 받은 제자였는데 존경하는 은사님이라는 말 한마디에 상황이 달라진 거야. 체육 하는 사람들 의리 하나 알아주잖아. 그때 각 단대 대표들이 낮에는 마이크 잡고 입으로 학생대중을 마음대로 움직이는 양 떠들어댔지만 밤이 되면 체육과 학생들의 주먹 앞에 꼼짝 못했거든. 그래서 역사는 밤에 이루어진다고 하는가봐."

이 증언을 한 친구는 필자와 가끔 연락이 있는데 내가 원암 선생의 일대기를 쓴다고 말하면서 전에 그가 원암 선생에 대해 한 말을 그대로 써도 좋으냐고 물어보았다. 그는 써도 좋다고 말하다가 그렇지만 자기 이름까지 밝히지는 말라고 했다. '그럼 말에 책임 못 진다는 뜻이냐?' 했더니 자기는 없는 일을 지어낼 만큼 머리가 좋지는 않다고 말하며 만약 그 엄연한 사실에 누구든 이의를 다는 자가 나타나면 자기가 나서서 따귀부터 때려놓고 얘기하겠다며 호언장담을 했다. 이 얘기를 마무리하면서 필자가 한 마디 덧붙이고 싶은 말이 있다. 다름 아니라 대학에 탁기 센 사람들이 주도하여 교육을 바로잡는다며 설친 일이 그때만 있었던 것이 아니라는 것이다. 필자가 대학 교단에 발을 들여 놓은 80년대에도 그런 탁기세력이 나타나 학문의 전당이 탁류에 휩쓸리게 한 경우를 보아왔으니 말이다. 그래도 원암 선생 같이 청기가 센 사람이 더러 있었기에 우리나라 교육이 이 만큼이라도 발전해 왔다고 생각된다.

제 28 화

칭찬으로 기를 살리는 교육의 달인

원암 선생님하면 '이름 기억 잘하는 선생님' 다음으로 '칭찬 잘하는 선생님'으로 기억한다. 원암 선생 제자라 하면 '그럼 그분한테 무슨 칭찬을 들었는지 말해보라.'고 하여 얼른 답을 못하면 원암의 진짜제자가 아니라고 보면 된다고 할 만큼 원암은 제자들에게 칭찬을 잘 했다. 그 세대 사람들은 여간해서 칭찬을 안 하는 편인데 원암은 정말 보기 드물게 교육에서 칭찬을 즐겨 쓰는 분이었다. 원암 선생을 못 잊어 하는 제자가 많은 것도 선생님의 칭찬을 통해 받은 좋은 기를 오래 간직하고 싶기 때문이다. 그런데 원암 선생님처럼 칭찬을 잘하는 선생이 되고 싶어도 잘 안 되더라는 제자들이 많은데 왜 그럴까 생각해보기로 한다.

영어권 나라에 가서 공부해본 사람은 '서양의 교육자들은 배우는 사람에게 칭찬거리를 찾아내려고 온 신경을 쓰며 가르침에 임하는구나.' 싶을 만큼 그들은 칭찬을 잘한다. 도저히 칭찬거리가 안 되는 걸 갖고 칭찬을 하여 놀리나 싶을 정도로 칭찬을 즐겨 한다. 필자가 40대 중반에 대학원 박사과정을 다녔는데 그때 르네상스 시대 영문학을 강의하는 외국인 교수가 나에게 말도 안 되는 칭찬을 하여 내가 크게 당황한 적이 있었다. 네 사람이 교수연구실에 앉아 강의를 듣는데 나는 순간적으로 엉뚱한 생각을 하며 창밖을 내다보고 있었다. 그걸 눈치 챘는지 나에게 갑자기 무슨 질문을 던졌다. 나는 대답 대신에 잠시 공상에 잠겨 있었으므로 대답을 잘 못하겠다고 답했다. 그런데 뜻밖에도 그 교수는 공상을 잘 하는 사람은 문학가적인 소질이 있음을 의미한다고 나를 추겨 올렸다. 그리고는 '상상' '환상' '공상'과 관련지어 밀턴의 '실낙원'을 해설해 나갔다. 실은 그때 나는 아버지께서 폐암 말기에 이르러 언제 임종을 맞을지 모르는 상황이라 그 걱정으로 엉뚱한 잡생각에 사로잡혀 있었던 것이다. 그러나 그건 내 사정일 뿐이니 한국인 교수였다면 면박이라도 주었을 터인데 그분은 그걸 어떻게 칭찬거리로 삼아 강의내용과 연결시켜 가는지 신기하고 감탄스러울 뿐이었다.

'칭찬은 고래도 춤추게 한다.'라는 말은 맞은 말이다. 그러기에 나이가 40대 중반에 이른 교수였던 내가 그 교수의 억지칭찬에도 신이 났었고 본받으려 한 것이다. 그런데 나는 왜 칭찬으로 남을 신나게 해주는 것이 잘 안될까에 대해 많은 생각을 하게 되었다. 이 문제에 대해 많은 생각을 하고 책을 읽기도 하여 얻은 결론은 우리의 문화에서 그 답을 얻게 되었다. 칭찬과 관련지어 서양문화와 우리문화를 단적으로 비교한다면 '서양은 칭찬을 권장하는 문화이고 우리는 칭찬을 자제하는 문화이다.'라고 말할 수 있겠다. 필자의 경우, 자라면서 부모에게 칭찬을 들어본 기억이 없다. 그건 나만 그런 것이 아니고 다른 사람들도 거의 다 그랬다고 한다. 부모가 자식에게 칭찬을 하면 남들은 자식 더럽게 키운다고 핀잔을 주는 풍토가 우리문화의 특징이다. 그럼, 그런 문화적 특징은 어디서 비롯되었을까? 그건 아무래도 유교적인 영향 탓이라고 봐야 할 것 같다.

　유교에서는 인간을 인간답게 키우기 위해서 지켜야 할 도리를 크고 작은 윤리강령으로 정해두었다. 제일 큰 윤리가 삼강이고 그 아래에 오륜이 있다. 삼강은 임금과 신하 간의 도리, 부모 자식 간의 도리, 남편과 아내 간의 도리를 규정해 놓은 것이다. 오륜은 위의 삼강을 더 세분하여 나누고, 거기에다 타인은 나이에 따라 달리 대하는 법도, 친소 정도에 따라 달리 지킬 도리 등을 시시콜콜하게 규정해두고 있다. 그런데 유교에서 인간관계를 중시하는 것과 칭찬을 자제하는 문화특징과는 무슨 관계가 있을까? 유교에서는 인간이 해야 할 도리를 삼강이니 오륜이니 하면서 셋, 다섯, 일곱 등 세트로 묶어 놓고 이것을 사람에 대한 평가항목으로 삼는다.

　부모가 돌아가신 후 제사를 잘 지낸다고 말하면 살아계실 때 잘해야 효자이지라며 모자란 점을 상기시킨다. 공부 잘해서 효도한다고 말하면 학비 대달라고 조르는 게 효자냐 라고 말하여 자만심을 억누른다. 우리문화에서는 보통 인간으로서는 도저히 해낼 수 없을 만큼 높은 수준의 도덕률을 정하고, 그것도 셋, 다섯, 일곱, 아홉씩 묶음으로 평가항목을 만들어 그 잣대로 사람을 재니 칭찬할 일이 없다. 원암의 어린 시절 서당 훈장이 원암에게 '가르칠 敎'자에 대한 풀이를 하였는데 매질을 해서 '효(孝)'를 행하게 하는 것이 교육이라고 했다. 이런 교육의 개념 속에는 교육은 엄하게 꾸짖어가며 해야 되지, 칭찬하면 자만심을 키워 그르칠 수가 있다는 철학이 담겨 있다. '매 끝에 효자 난다.'는 말이 바로 이런 교육철학을 농축하여 표현한 말이다

　그런 교육풍토에서 자란 원암이 교육에서 칭찬을 어떻게 구사했는지 알아보기 위해 외손녀 엄혜경의 이야기를 들어보기로 한다.

"외할아버지께서는 나이 어린 손녀이지만 내가 하는 말을 항상 귀를 기울여 들으셨고 내 의견에 동의하셨을 때는 무릎을 치시며 "아 네 말이 정말 옳다!" 하시거나 "나는 그렇게 생각하지 못했는데 네 의견이 더 좋은 것 같구나" 하고 나를 부추겨 주시곤 하셨다. 지금 생각해 보면 내 의견이 그다지 썩 뛰어난 것도 없었던 것 같은데 할아버지께서는 동양과 한국의 장유유서라는 전통 관념을 초월하고 권위주의를 떠나 대인 간의 의사소통을 중요시하셨고 연령이나 교육수준의 고하를 막론하고 다른 사람의 인격과 생각을 존중하셨다는 것이다."

여기서 느낄 수 있는 것은 원암이 칭찬을 한 것은 우리나라의 전통적인 교육관으로 보면 전혀 칭찬거리가 안 되는 것들이다. 마치 필자가 강의 시간에 먼 산 바라보고 있는 것을 갖고 칭찬을 하여 강의에 끌어들인 외국인 교수처럼 외손녀를 대화로 끌어들이기 위해 쓴 교육의 한 방법이었다. 우리는 명문학교 입학시험에 합격했다거나 가문을 빛내었다고 할 만한 큰일을 해내었을 때나 칭찬을 하는 것으로 생각하는데 서양은 그렇지 않다. 칭찬은 상대에 대한 관심의 표시이고, 상대에 대한 인정이며, 상대에 대한 호감의 표시이다. 교육은 지식을 일방적으로 전달하는 것이라고 생각한 동양에서는 칭찬이 그리 자주 필요하지 않을 수가 있다. 그러나 교육은 상호교감으로 이루어진다고 보는 서양에서는 칭찬은 교육의 절차에 들어가야 할 필수적인 방법이며 전략이다. 원암보다 두 세대나 차이가 나는 외손녀가 이렇게 감탄할 만큼 원암은 우리의 전통을 누구보다 잘 알면서도 그것을 초월하여 더 효과적인 교육방법이라고 판단한 것을 택하여 쓴 진취적인 교육자였다.

원암은 실로 '칭찬의 달인'으로 제자들에게 평판이 나 있는데 그 실제적인 예를 좀 더 들어보기로 한다. 먼저 원암이 참스승의 역할 모델을 보이기 시작한 1950년대 초에 재학한 김영조(전 한국외국어대학교 교수)의 얘기를 들어보기로 한다.

"약 1년간의 full time 미군부대 경험을 한 다음 2학년 2학기에 대학으로 돌아온 나는 한껏 용기를 내어 교수님의 강의를 수강했다. 강좌명은 <현대영미소설>로 기억한다. 한동안 보이지 않던 어름한 학생이 다시 나타났으니 교수님께서는 으레 강의 도중 나를 호명하시면서 프린트 교재의 한 구절을 읽어보라고 하셨다. 얼떨결에 대충 읽고 교수님의 몇 마디 질문에 답한 후에 자리에 앉았다. 그 순간 교수님은 말씀 대신에 흑판에 '괄목상대'(刮目相對)라는 네 글자를 크게 쓰셨다. 처음에는 모두 영문을 몰라 어리둥절했다. 이윽고 오래간만에 만난 제자의 몰라보게 변한 모습에 감명 받은 한 옛 성현의 고사를 예로 인용하시면서 만면에 띠신 그 해맑은 환한 미소를 50년이 지난 지금도 나는 잊을 수 없다."

이분이 놀라워하는 것은 대학이란 곳은 제자라도 강의에서만 상대하므로 한동안 안 보면 잊게 된다고 생각하고 전혀 기대도 않았는데 원암 선생이 1년 만에 나타난 자기를 알아봐준 때문이었다. 자기를 그냥 학과소속의 한 학생이라는 정도로 관심을 가진 것이 아니고 1년 전의 학력과 지금 학력의 차이를 당장 알아차리고 칭찬을 할 만큼 자기에 대한 관심이 구체적이고 지속적이라는 데서 제자의 감동을 산 것이다. 원암 선생님의 구체적이고 지속적인 관심 덕택에 결국 한국외국어대학교 교수에까지 오르게 된 그였기에 영원한 스승으로 추앙하고 있다.

원암 선생이 칭찬할 때 '괄목상대'라는 고사 성어를 즐겨 썼다는 증언은 박귀훈(경북사대영어과 1950년대 중반 재학, 전 세관장, 세무대학 교수), 박영수(경북사대영어과 1950년대 중반 재학, 전 경북대학교 인문대영어영문학과 교수) 외에도 많은 분들이 비슷한 얘기를 했다. 원암에게서 칭찬을 받은 이들이 나타내는 공통적인 반응은 이렇다. 첫째, 칭찬은 받는 그 순간에 신이 나고 기가 살아나게 하는 기적적인 힘을 발휘한다. 둘째, 칭찬은 듣는 그 순간에만 영향을 발휘하는 것이 아니고 오래도록 삶의 활력소 작용을 한다, 셋째, 칭찬하는 이가 자기에게 사랑을 표시한 것으로 여겨 행복감을 느끼게 한다.

원암이 이렇게 칭찬을 즐겨 씀으로써 그 교육적 효과를 제자들이 스스로 깨닫고 실천할 의지를 갖게 했다. 이에 대해 김태선(경북사대 영어과 1950년대 중반 재학, 전 중등영어 교사)은 이렇게 말했다.

"선생님은 수강생에게 질문을 하실 때는 성과 이름을 불러주시기 때문에 20명 가까이 되는 수강생 이름을 익히는 데는 큰 도움이 되었습니다. 질문에 답을 멋지게 잘한 수강생에게는 'Good'이란 칭찬을 아끼지 않으시고 답례를 하시는 교수님으로 기억되며 본인은 졸업 후 교단에서 학생들을 가르칠 때 선생님 스타일로 하고 'Good' 하고 칭찬을 하여 별명으로 통하기도 했습니다."

이분은 원암 선생님이 칭찬을 많이 하시는 것이 교육적으로 여러모로 효과가 있다고 느끼고 본받아 실천해 본 결과 'Good'이란 별명을 받게 되었다고 한다.

학생들에게 영어를 잘하게 된 계기를 말해보라 하면 영어선생한테 칭찬을 받게 된 것이 계기가 되었다는 말을 자주 듣게 된다. 원암에게서 칭찬을 받아보아 그 교육적 효능을 절실히 느낀 제자들이 교단에 서게 되었을 때에 그 좋은 방법을 쓰려고 나름대로 애쓴 이야기가 너무나 많다.

그렇다면 원암은 칭찬만 잘하고 꾸중은 할 줄 몰랐던가? 그렇지는 않았다. 만약 칭찬만 할 줄 알고 꾸중은 할 줄 몰랐다면 원암의 칭찬은 가치가 많이 떨어졌을 수도 있다. 교육은 삶에 이로운 지식과 기술을 가르쳐 주기도 해야 하지만 사람으로서 행해야 할 도리를 가르쳐 주는 데도 소홀해서는 안 되기 때문이다. 지식과 기술만 가르치는 사람은 그냥 '선생'이라 칭하지만 사람의 도리까지 가르쳐주는 사람에게는 '스승'이라는 칭호를 붙이는 것도 그 때문이다. 많은 제자들이 원암에게 '참스승'이란 말을 서슴없이 붙이는 것을 보면 원암은 사람의 도리를 가르치는 데에도 소홀하지 않았다는 것을 의미한다. 사람의 도리에 대해서는 동양의 교육에서 특히 강조한 바이므로 원암이 제자들에게 꾸짖을 때는 동양의 성현들의 말을 인용하여 준엄하게 꾸짖으면서 자상한 가르침으로 이끌어 가곤 했다.

원암이 제자들의 잘못을 지적하며 인간의 도리를 깨우쳐 주려고 노력한 예를 좀 들어 본다. 20대 후반 초임교사 시절에 철 덜든 대구고보의 십대학생들을 꾸짖을 때, 맹자의 장부론(丈夫論)을 거론하며 바르게 사는 길을 가르쳐 준 이야기를 앞에서 한 바 있다. 원암이 대구고보 재직 시절의 제자들과 경북사대 초기 제자들에게는 동양고전을 인용하여 꾸중하고 설유하는 일이 잦았으나 그 뒤로 올수록 한문고사 성어를 쓰는 일이 줄어들었음을 볼 수 있다. 그 증거의 하나로 황보근(경북사대영어과 1960년대 후반 재학, 대구대학교 사범대학 영어교육과 교수)의 얘기를 들어보기로 한다.

"한번은 2학년 때 동급생 남학생들이 당시 법대 옆 철조망 울타리를 넘어 '노랑집'으로 점심 먹으러 갔다가 누가 먼저랄 것도 없이 막걸리를 거나하게 마시고는 영어음성학 강의시간에 모두 출석하지 않았다. 이튿날 선생님께서는 2학년 전원을 연구실 옆 시청각실로 모이라고 하시고는 노여운 어조로, "너희들이 나를 저버렸으니, 나도 너희들을 가르칠 수 없다."고 단호히 말씀하시고는 연구실로 가셨다. 우리 모두는 아무런 말도 할 수 없었고, 한참 후에 학년대표가 선생님께 용서를 빈 후에 다시 오시어 이번만큼은 용서하지만 두 번 다시는 용서하지 않을 것이라 말씀하셨다."

원암이 이전 세대들에게 이런 일이 있었다면 「논어」의 '少年易老學難成 一寸光陰不可輕' 같은 성현들의 말을 인용하여 설파했을 것이다. 그러나 1960년대 후반 학생들에게는 그런 말이 별로 호소력이 없을 것임을 알고 한글세대에 맞는 설법을 쓴 것 같다. 이처럼 선생님이 꾸중을 하는 방법도 유연성이 엿보인다. 인간 도리에 어긋나는 일에 대해서는 성현들의 말을 인용하여 중후한 설교처럼 얘기하여 교육을 시키는 방법을 주로 택했다. 그러나 인성 때문이라기보다 몰라서 습관이 잘못 들어 있는 경우에는 가벼운 나무람으로 상대를 깨우쳐 주곤 했다. 그 대표적인 예로 조석종(경북사대 영어과 1950년대 후반 재학, 전 경기대학교 영문학부 교수)의 얘기를 들어본다.

"한번은 필자가 당시 재직하고 있던 부산여자고등학교로 찾아 오셨던 일이 있었다. 필자가 오전 수업이 끝나고 교장실에서 기다리시던 선생님을 모시고 점심식사를 하러 밖으로 나오는 길이었다. 본래 행동이 민첩하지 못하고 눈치가 없었던 나는 선생님의 말씀에 얼굴이 화끈 달아올랐다. "선생님이 가방을 들고 있으면 제자가 받아 드는 법이야." 어떻게 생각하면 무안을 당했다고 할 수도 있으나 그런 말씀을 스스럼없이 할 수 있는 제자라고 믿었음이 틀림없다. 나이든 제자라도 가르칠 것은 가르쳐야 하는 선생님다운 충고였다."

여기서 깨달을 수 있는 것은 나무람도 교육적 효과가 있다는 것이다. 그런데 방법이 문제가 된다. 평소 상대와의 신뢰가 쌓여 있어야 나무람이 교육이 되지, 그렇지 못한 관계라면 나무람은 약점 잡는 행위로 오해받기 쉽다. 사랑이 깃든 꾸지람이나 나무람, 때로는 매질도 교육적인 효과를 발휘 할 수가 있지만 사랑이 깃들지 않은 꾸지람, 나무람, 매질은 반발만 가져올 뿐이다. 여기서 또 한 가지 언급하고 넘어갈 것은 꾸지람이나 나무람이 때를 놓치면 교육적 효과가 감소하거나 없어질 수가 있다. 방금 증언을 하신 이분의 경우, 원암 선생이 그 즉석에서 깨우쳐 주었기에 계기가 자연스럽고 효과도 즉각 나타나게 된 것이다. 만약 그걸 마음에 담아 두었다가 뒤에 얘기했다면 그 얘기를 왜 이제 와서 하는지 저의가 의심스럽다고 생각할 것이다.

버릇이나 말투 같은 것은 즉석에서 지적해주는 것이 효과가 더 크고 자연스럽다는 것은 행동주의 심리학에서 주장하고 있다. 어떤 젊은 교수가 강의실에 잠바를 입고 들어가다가 원암 선생님의 눈에 띄어 즉석에서 야단을 맞았다는 일화가 있는데 바로 그런 경우인 것이다. 비록 교수이지만 버릇은 즉석교정이 효과적이라는 신념에 따라 충격요법을 쓴 것이라 여겨진다.

이와 관련지어 또 한 가지 짚고 넘어가야 할 것이 있다. 요즘 젊은 세대들이 자녀 교육을 하는 데 있어 자식의 기를 살린다는 구실로 꾸중과 나무람은 없고 부추기기만 하는 풍조가 번지고 있다. 그런데 이들 젊은 세대들이 잘못 알고 있는 것이 있다. 개인주의사회인 서양에서는 칭찬으로 자식들의 기를 살리기만 하지 엄한 훈육은 없는 줄로 안다는 것이다. 개인주의사회에서는 유아기에 개인주의사회에서 미움 받지 않고 살 수 있도록 잔인하다고 싶은 만큼 엄한 생활교육을 부모가 시킨다. 태어나는 순간부터 딴 방에 잠자게 하고 취침 시간 이후에 부모 방에 들락거리면 눈물이 쏙 빠질 정도로 꾸짖는다. 엄마에게 물을 좀 달라 할 때도 공손함을 표시하는 말 ‘please’를 붙이지 않으면 절대로 주지 않는다. 길 가다가 무심코 옷소매만 스쳐도 ‘Sorry’라는 말은 자동적으로 하도록 언어예절을 철저히 가르친다.

개인주의사회가 유지되려면 남에게 방해를 끼치지 않도록 하는 장치가 첫째 전제조건이다. 그러기에 서양인들은 자기 자식이 그 사회에서 살아남게 하기 위해 남에게 방해를 끼치지 않도록 엄하게 교육시킨다. 그런 기초생활교육은 행동주의원칙에 따라 잘하면 칭찬, 못하면 즉석 꾸지람과 벌이 따른다.

지금 우리 사회는 우리도 모르는 사이에 개인주의사회로 바뀌어 있고 교육도 개인주의에 입학한 개성존중교육을 표방하고 있다. 신세대 부모들은 개인주의사회에서 자식에게 경쟁력을 갖추어 준다는 명분으로 제동장치는 없이 부추기기만 하여 자식을 벌 망아지로 만들고 있어 걱정이다. 결국 그로 인한 피해는 그 사회가 입게 되고 궁극적으로는 그 부모가 가장 큰 피해자가 될 수가 있다. 칭찬과 벌은 교육에서 반드시 수반되어야 할 전략이다. 이런 관점에서 보면 원암은 칭찬으로 기를 살리는 이상적인 교육방법을 제시한 선각자이다.

동양적인 사도의 특징인 근엄함과 서양적인 사도의 특징인 자상함을 균형 있게 조화시킴으로써 그 구체적인 시범을 보여준 것이다.

제 29 화

약체로 태어나 건강체보다 더 장수한 비결

원암 선생 하면 다 좋은 이미지만 떠오르는데, 안타깝고 걱정스럽게 떠오르는 이미지가 딱 한 가지가 있다. 그건 선생님이 늘 병고에 시달리고 있는 모습이다. 선생님 주변 사람들은 드러내놓고 말은 안 해도 선생님은 오래 못 사실 것 같다는 생각을 저마다 하고 있었다. 그런데 그분이 건강한 동년배들보다, 아니 그의 건강을 걱정했던 후배 동료들보다 더 오래 살아 세상을 놀라게 했다. 그렇게 약한 분이 그렇게 오래 산 이야기는 그냥 의외의 사건인양 재미 삼아 얘기하고 말 일이 아니라고 생각한다. 생명을 부여받아 이 세상에 태어난 한 인간이 주어진 자기의 신체조건을 최대한 잘 이용하여 행복하고 뜻 있게 사는 것이 저마다 해결해야 할 가장 큰 명제이다. 이 중차대한 명제를 원암보다 더 슬기롭게 해결한 이가 세상에 또 있을까 싶기 때문이다. 그런 뜻에서 학문이나 인격 면에서 제자들에게 귀감이 된 이상으로 원암의 장수 비결 얘기는 우리에게 실질적인 도움이 될 것이라 여겨진다.

원암 선생의 병력은 좀 아이러니컬하게 표현하자면 다채롭다. 성장기에는 약체라서 농사일 같은 것은 아예 시킬 생각을 않은 것 같았다. 일본 유학을 가기 전까지는 뚜렷한 병명이 드러나지 않은 상태에서 그냥 약체로 잔병치레를 자주 한 것으로 짐작된다. 그러나 광도고사에 입학하고부터 구체적인 병명이 밝혀지게 되었다. 1학년 때 오른쪽 폐렴, 호흡기 확장, 2학년 때 폐렴 침윤증, 4학년 때 좌 중이염을 앓은 것으로 학적부에 기재되어 있다. 이런 병들은 오래전부터 앓아 만성화된 상태였는데 밝혀진 것이 대학 입학 후가 된 것은 그때까지 우리나라에서는 현대의술이 들어오지 않아 검진이 안 되었기 때문이라 짐작된다. 일본 유학 시절의 투병에 관한 얘기는 그냥 지나가는 말처럼 단편적으로 흘린 것밖에 없는데 그 한 예로 선생님의 애제자로 알려진 김기홍(경북사대 영어과 1950년대 초반 재학, 한국외국어대학교 교수)의 얘기를 들어본다.

"어느 날 저녁 선생님 댁에서였다. 단 둘이서 이런 저런 말씀을 나누다가 내가 평시에 궁금하게 생각했던 바를 여쭤보기로 했다. '선생님, 젊었을 때 혹시 연애해 보신 적 있으신지요?'라고 말씀드렸더니 수줍은 표정으로 빙그레 웃으시며 '응, 한 번 있었어. 내가 일본에서 공부할 때여. 건강이 좋지 않아 어느 일본인 목사님이 운영하던 기도원이 있었는데 가끔 그곳에 나가 하나님께 병을 치유해 주십사 간절히 기도하곤 했지. 어느 날 오후 늦게 어느 일본인 소녀가 그 곳에 기도하러 왔어. 옷을 단정하게 입고, 목사님과 대화하는 말을 엿들어보니 교양도 있어 보이고 마음도 순진해 보여 내 마음이 끌렸어……."

이 뒷얘기는 그냥 며칠간의 짝사랑으로 끝났을 뿐 별로 해프닝이라고 할 만한 것이 없다. 여기서 우리의 관심사는 당시 원암의 건강상태에 대한 것이다. 그때 원암이 20대 초반 청년기의 절정일 때였는데 병 치유를 위해 하나님께 매달릴 정도였으니 단기간에 치유되기 어려운 만성질환에 시달렸음을 추측할 수 있다. 이런 병고를 치르면서도 학업을 중도에 포기하지 않고 끝을 맺고 귀국하여 교단에 섰다. 첫 교단생활에서 문하생들은 하나같이 선생님의 병약하신 모습에 우려를 품고 있었음을 얘기하고 있다. 그런 중에도 격무로 건강이 악화되어 33세 때인 1938년부터 4년간 폐결핵으로 요양생활을 하게 되었다. 그 후 한쪽 폐 절제수술을 하고 정상적인 활동을 할 수 있게 되어 경북대학교로 옮기게 된 것이다. 경북사대 창설 초기부터 원암을 가장 근접거리에서 지켜본 김태한의 얘기를 다시 들어 보기로 한다.

"경북대학교 교수 수백 명 중 선생님의 건강이 제일 약한 것 같았다. 많은 시간과 세월을 병상에서 보내시었다. 더구나 한 쪽 폐를 완전 제거한 상태에서 연약한 몸으로 투병하는 것을 본 교수들은 선생님의 수명이 오래 가지 않을 것이라고 점치기도 했다."

이때 원암이 40대 중반이었는데 이미 그때 단명하실 것으로 주변 사람들이 예상하고 있었던 것이다. 선생님은 연중 반은 마스크를 끼고 다녔다고 모두 기억하고 있다. 그런데 신기한 것은 선생님이나 가족들은 남들이 선생님의 단명을 걱정하고 있는 것만큼 비관적인 내색을 전혀 보이지 않은 점이다. 그뿐 아니라 선생님은 건강한 사람들보다 몇 배로 일에 열정을 쏟고 있었기에 생사에 초탈한 경지에 이른 분이라는 느낌을 갖기도 했다. 이런 점에 대해 더 자세히 증언하고 있는 정길웅(경북사대 영어과 1960년대 초 재학, 전 동주대학 영어과 교수)의 얘기를 들어보기로 한다.

"1962년 5월 말에 경북대학교 개교기념 축제기간 중에 단과대학별 교수대항 9인제 배구 시합에서의 일이었다. 경기 중간쯤에 사대 교수팀이 열세에 몰리자, 키만 크셨지 몸이 허약한 선생님께서 넥타이만 푸시고 소매를 걷어붙이고 용약 입장하시자 응원하던 제자들과 교직원들이 우렁찬 박수를 보냈다. 선생님께선 폐질환을 앓으셔서, 의학박사인 당시의 고병간 총장께서 직접 집도하여 국내 최초로 폐 절제수술을 받고 난 지 얼마 지나지 않아서 회복이 더디고 그 후유증으로 강의 중에도 호흡부담을 받고 계셨다. 그런데 그런 몸으로 전위에서 활동하시다 선생님 서브순서가 되자, 왼손에 공을 얹으시고는 오른손을 위아래로 몇 번 흔들더니 상쾌한 서브 볼이 넷트를 넘어 상대진영에 떨어지자 아무도 받지 못하는 예상 밖의 상황이 발생했다. 그런데 그 서브 공도 서너 개 넣었으면 괜찮았을는지 모르겠는데 연거푸 열두세 개를 연속 성공시켜 사대 교수팀이 역전승하는 놀라운 일이 벌어졌다. 경기에는 이겼지만 건강이 좋지 않았던 노 교수께서는 무리하셔서 상당기간 댁에서 요양하게 되었다."

여기서 느껴지는 것은 원암은 매사에 적극적이라 어떤 일이든 전력을 쏟는다는 것이다. 대구고보에 근무할 당시에 자전거 타는 것을 배우려고 학생들이 안 보일 달밤에 자전거 타기 연습을 하다가 하천에 빠졌다는 사실 미확인 일화, 대륜학교에 재직 시에는 그 학교 수영부가 출전했을 때 수영을 할 줄도 모르시면서 코치처럼 따라다니며 열렬한 응원을 하는 등, 여러 행사 등에 적극적으로 참여한 일화가 많았다.

어떤 일에 뛰어들면 신들린 듯 열정을 쏟아 그 후유증으로 앓아누우시
게 될 때마다 재기 불능 상태로 악화되었다는 과장된 소문이 퍼지기도
했다. 그러나 강의가 있는 날에 휴강을 은근히 기대하던 학생들을 실
망시키는 일이 필자의 재학 시절에도 한두 번이 아니었다.

그런 원암 선생에게 또 하나의 객병이 첨가되어 수술을 받게 된
일이 생겼다. 이에 대해 김한창의 얘기를 다시 들어보기로 한다.

지금 내 손바닥에는 인체의 콩팥에서 제거한 결석 두 개가 놓여있다.
매주 콩만큼 큰 것은 선생님의 것이고 팥알만한 것은 내 것이다. 선생
님의 것은 수술 소식을 듣고 문병 가서 부처님의 사리처럼 보관하겠다
고 내가 받아 온 것이다. 수술 당시 선생님의 연세가 예순 전후가 아닌
가 싶다. 크기가 선생님 것의 반도 안 되는 결석으로 내가 겪은 고통을
상기할 때 선생님의 통증과 고통이 어떠했을 것인지 짐작하고도 남는
다. 제자를 향한 연민이 쌓이고 뭉쳐서 돌이 되었으리라!

원암 선생의 애제자인 이분은 원암 선생의 콩팥 수술에서 제거한
결석을 갖고 상당히 낭만적으로 얘기하고 있다. 평소 병치레를 일상
적인 일로 생각해온 원암 선생과 주변 사람들이기에 그렇게 놀라운
일이라기보다 중요한 병력이 하나 더 첨가되어 다채로워졌다고 생
각하는 듯한 느낌을 준다. 이처럼 원암 선생에게는 병은 수시로 찾
아오는 손님처럼 여겨지고 오래 그 병과 같이 살다보면 친구가 되
어 같이 지낼만한 동반자로 여겨지곤 했다. 원암의 병에 대한 이런
달관적인 태도를 채준기(경북사대 50년대 초 재학, 영어교육과 교수)
는 이렇게 얘기한다.

"나는 부중고 근무 때도 그렇거니와 위장이 약해서 자주 체하고 설사를 하는 체질이었다. 늘 하늘이 노랗게 보이고 힘이 없었다. 이규동 교수님은 저가 위장병이 있다는 말씀을 들으시고 '위장은 세월이 가면 소생하는 것이다.'라고 위로해 주셨다. 나는 이 교수님의 말씀을 지금도 믿고 있다. 참으로 이 교수님 말씀대로 볼이 훌쭉하고 체중이 45kg도 나가지 않던 내가 그 후 입에도 대지 못하던 사과도 먹고 맥주도 마시게 된 것은 이 교수님이 말씀하신 것이 실현된 때문이다. 인문대의 젊은 K교수도 위장병이 있어 고생하는 것을 보고 이 교수님께서 말씀하신대로 "위장은 적당한 시간만 지나면 살아난다."고 일러주었다. 지금은 K교수도 건강하다. 참으로 선생님의 말씀은 우리에게 복음이 아닐 수 없었다."

이분의 말에 의하면 원암은 위장병의 치료 비방을 알고 있었다. 그리고 그 비방이 효험이 놀랍더라고 전하고 있다. 필자의 재학 시절에도 원암이 위장병에 관하여 강의 시간 중에 말씀하신 적이 있었다. 그때 위장 치료법으로 단식요법을 얘기하셨는데 그 당시에 필자도 도저히 이해가 안 되는 말이라 의심을 품고 있었다. 그때만 해도 하루 삼시 세 끼마다 위를 채우는 일이 제일 시급한 일인데 밥을 굶다니 말이 안 된다 싶었다. 밥을 굶으면 죽는 것인데, 죽고 나서 위장병이 낫게 된다는 말은 봉이 김선달이 곱사등을 곰배로 때려 고친다면서 사람을 죽이는 거나 다름없다고 생각한 것이다. 원암 선생님이 얘기한 단식요법이 위장병치료에 가장 좋은 방법임을 알게 된 것은 그 후 상당한 세월이 지나고 난 후의 일이었다. 그제야 원암 선생님은 거의 모든 병에 대해 아마추어 급 이상의 상식을 갖고 있다고 생각했다. 원암이 어릴 적부터 수시로 찾아오는 병과 더불어 살면서 병과 친해져 그 속성을 저절로 알게 된 때문일 것이다.

그렇다고 해서 원암이 각종 질병에 대해 무방비로 산 것은 결코 아니었다. 야단스럽게 호들갑을 떨지 않았을 뿐 이성적인 자세로 꾸준하고도 신념에 찬 마음으로 병을 이기려 한 것이다. 원암은 무엇보다도 장수의 첫째 비결인 소식주의를 철저히 지킨 것이다. 이에 대해 자세한 증언을 하고 있는 김기홍의 얘기를 다시 들어보기로 한다.

"한번은 선생님이 퇴근하여 집에 들어오시자 사모님에게 짜증스러운 불만을 털어놓으셨다. 사모님이 정성스럽게 싸주진 도시락 반찬이 너무 많아서 투덜거리시는 잔소리였다. "반찬을 먹을 만큼 알맞게 싸주어야지 그렇게 많이 넣어주면 어떻게 다 먹을 수가 있어. 먹다 남은 반찬을 집에 도로 갖고 올수도 없고 이런 것이 다 낭비여." "아니고, 알았어요. 내일부터 적게 넣을 게요." 사모님께서 민망스러운 표정으로 나를 보시고는 "오늘 아침에 삶은 고구마를 한 쪽 더 넣었더니 저렇게 야단이셔" 하시며 웃으셨다. 나는 사모님의 극진하신 사랑과 보살핌에서 오는 선생님의 행복한 넋두리라 생각했다."

여기서 보면 선생님이 소식주의를 얼마나 철저히 고수하셨는지 알 수가 있다. 오늘날은 먹을 것이 남아돌아 그로 인한 건강악화가 문제라서 소식주의가 중요한 건강법으로 떠올랐지만 그때는 '죽어도 배 터져 죽은 귀신은 맺힌 한이 없다.'고 하던 시절이었다. 그런 시절에 소식주의가 좋은 건강법이라는 것을 원암이 아셨다는 것만 해도 한 시대를 앞서간 분이었음을 의미한다. 그런 깨달음은 어린 시절부터 온갖 병을 앓아 오면서 스스로 터득한 결과이기도 하지만 일본에서 배워 온 점도 많다고 생각된다.

일본이라는 나라는 한반도의 고려시대까지만 해도 가난하여 굶주
린 백성들이 바다 건너 한반도까지 약탈하러 온 무리들이 있었다. 일
본이 그렇게 가난했던 이유는 지정학적 조건과 기후 때문이었다. 기
다란 섬이 태평양 연안에 늘어뜨려져 아시아 대륙 앞을 가로막고 있
어 태평양에서 대륙으로 불어 닥치는 태풍의 8할은 일본을 휩쓸게 되
었다. 그로 인해 늘 흉년이 들어 배고픔을 참으며 연명을 하는 데 이
골이 난 일본민족이었다. 그렇게 하여 소식주의, 청결제일주의가 일본
문화의 중요한 특성으로 굳혀진 것이다. 일본문화가 이런 특징을 갖
게 된 배경을 좀 더 추적해 본다.

일본인의 소식주의는 관념적 건강철학으로 머리에만 들어 있는 것이
아니고 식생활에 그대로 구현되고 있다. 주식인 밥의 양도 약간 모자랄
듯 내놓지만 반찬은 가짓수도 적고 양도 적게 주면서 부족하면 더 청
하도록 한다. 그러니 음식상을 치울 때는 남은 것이 아무 것도 없이 깨
끗하다. 마치 절에서 스님들이 공양 때에 밥알 하나도 남김없이 깨끗이
먹고 그 그릇에 물을 가득 부어 반은 마시고 남은 반으로 그릇을 씻어
넣어 두듯 일본인들도 그런 정신으로 소식주의를 고수한다. 소식주의가
일본인의 장수비결로 세계의 주목을 끈 것은 근세에 와서의 일이고, 그
때는 열악한 환경에서 살아남기 위한 생존전략이었을 뿐이었다. 일본인
이 세계에서 가장 장수하는 민족이 된 데는 일찍부터 서양문물을 받아
들이는 데 적극성을 띠어 16세기에 벌써 화란의 의술을 도입하여 국민
건강을 크게 향상시킨 영향도 큰 몫을 했다. 한때는 한반도 인구와 비
슷했던 일본민족이 조선족의 두 배로 급증하여 그 힘으로 대륙을 넘보

게 된 것이 한일 합방, 만주사변, 중일 전쟁, 대동아 전쟁, 태평양 전쟁
으로 이어진 것이다(이도수, 『동서문화기행』, 17쪽).

일본문화의 이런 특징을 직접 경험으로 잘 아는 원암이었다. 그런
데 한국에서는 보릿고개를 못 넘겨 굶어 죽는 일이 나날이 신문에
보도되는 그때에도 음식은 포만감을 느낄 정도로 먹어야 된다는 의
식이 팽배했다. 이런 풍조가 국민건강, 나라경제에 해가 되는 데도
고칠 줄을 모르니 그 안타까운 심정을 가장 가까운 가족에게 불평조
로 토로한 것이다. 그것도 제자가 보는 데서 공개적으로 한 것은 교
육적인 효과를 노린 것이 아닌가 싶다.

원암이 건강회복을 위해 소식주의를 고수한 점 외에도 남다른 식
생활 습관을 갖고 있은 것으로 알려져 있다. 이에 대해 외손자 엄태
종(경제학 박사, 삼성투신운용 글로벌 사업본부 본부장)의 얘기를 들
어보기로 한다.

"나는 외할아버지를 통하여 많은 소리를 구별하게 되었다. 식사를 하
시면서 70번 이상 꼭꼭 씹으시던 할아버지의 다문 입에서 나는 그 소
리는 나의 식사 에티켓의 기준이 되었다. 어린 나에게 할아버지의 식사
는 어쩌면 의식과도 같은 것으로 보였다. 할아버지가 손수 담그신 붉은
포도주를 곁들여서 여러 가지 반찬을 고루 드시면서 70번이라는 숫자
에 타협하지 않으신 할아버지의 식사법은 균형과 절제의 'process'였다."
여기서 원암 선생님의 돋보인 점은 외손자가 표현했듯이 '균형과
절제'이다. 음식을 먹을 때 오래 씹으면 소화에 좋다는 것은 누구나
다 아는 교과서적인 지식이다. 또 편식을 하면 건강에 해롭다는 것

도 마찬가지이다. 그런데 대다수 사람들은 그것을 지식으로만 알고 있을 뿐 실천을 하지 않는다는 데 문제가 있다. 가장 쉬운데도 실천하기 어려운 것이 기본원칙이다. 그런데 원암은 건강의 기본원칙을 실천하고, 소홀히 하지 않았다는 점이 남다른 것이다. 여기서 또 주목할 점은 음식을 씹는 회수를 당신 혼자만 세지 않고 음식을 같이 드는 이들에게 다 들리도록 일부러 소리를 똑똑하게 냈다는 것이다. 식생활의 기본원칙이 온 가족에게 스며들어 체질화하게 하려는 교육적인 배려에서였던 것이다. 외손자의 어투로 판단하건데, 원암의 그런 식탁교육은 성공을 거두었다고 여겨진다.

원암의 장수비결을 섭생법 한 가지만으로 설명하기에는 어딘가 미흡한 데가 있다고 느껴진다. 장수는 정신적 건강과 육체적 건강이 융합해야 가능하다고 보기 때문이다. 특히 약체인 원암의 경우에는 더욱 그럴 것 같다. 김태한이 여기에 대해 간단명료하게 얘기해둔 것이 있다.

그러나 반대로 대부분의 교수보다도 오래 장수하신 편이었다. 그 비결은 몇 가지로 생각할 수 있다. 첫째로 선생님은 내세를 바라보는 신앙의 힘으로 어떤 고통도 참으시고, 결코 자포자기 않고 꾸준히 기다리는 마음의 여유를 가지셨다……. 노후 건강관리에는 마음의 평안이요, 세상욕심의 조절이요, 소식과 적당한 운동이다. 이 원리를 선생님은 일찍 터득하신 것 같았다.

신앙이 장수와 무슨 관계가 있을까에 대해 확고한 신념으로 얘기하고 있다. 비기독교인들은 기독교인들이 천당을 가고 싶어 한다면 일찍 죽을수록 천당에 빨리 가게 될 테니 병에 걸리면 기뻐하고 임

종을 웃음으로 받아들여야 언행이 일치되는 것이 아닐까라고 삐딱하
게 말하기도 한다. 그러나 그건 철이 덜 들었을 때 기독교를 반대하
기 위해 내세우는 억지 논리였을 뿐이다. 탄광이 무너져 갱 속에 갇
힌 광부 중에 이제 끝장이라고 생각하는 사람은 얼마 버티지 못하고
죽어버릴 것은 당연하다. 무슨 병에 걸렸을 때 이제 끝이라고 생각
하지 않고 '내가 이 세상에 필요하다면 신이 나를 살려주겠지.'라고
생각하면 느긋한 마음으로 대처하게 될 것은 당연지사다.

　원암이 삶의 여러 고비에서 신앙에 매달린 흔적은 앞의 여러 이야
기에서 보아왔다. 일본 유학 시절에 병고를 겪으면서 미국선교사가
경영하는 수련원에 다녔다든가 30대 때 폐결핵으로 요양생활을 할
때 성철 스님을 찾아 가게 된 일 등은 죽음의 그림자가 눈앞에 어른
거리는 것을 느끼며 초월적 존재에 매달리려는 몸부림이었다고 생각
된다. 원래 구도정신이 유별난 원암이 질병으로 인한 수난을 겪으면
서 막연한 구도가 아닌 삶의 절실한 문제해결을 위한 구체적인 구도
정신의 발휘라 생각된다. 원암은 그런 절실한 문제의 답을 기독교에
서 찾았던 것이다. 1952년부터 정규적으로 교회에 다니게 되고, 기독
교사랑에 바탕을 둔 교직생활과 사회봉사에서 얻어진 마음의 평화가
정신건강의 원천이 되었던 것이다. 이렇게 하여 얻어진 정신건강에
다 섭생과 절제로 약한 몸을 보호했으니 원암은 남에게는 기적같이
보일 정도로 장수를 누렸다. 어떤 성직자가 한 말이 원암 선생의 장
수비결과 무관하지 않다고 생각되어 여기 옮겨 놓는다.

　"기도, 단식, 그리고 자선은 한 묶음이다. 기도는 문을 두드리는
　것이고, 단식은 청을 드리는 것이고, 자선은 받는 것이다. 오랜 교회

전통에서 보면 자선은 죄를 사하는 방법으로 제시되었다. 단식이 제대로 되려면 단식한 만큼 그 몫을 가난한 사람들에게 자선으로 베풀 때 단식이 유효할 것입니다.”

원암의 절제에 대해서는 이미 여러 곳에서 얘기가 되었기에 그 정도로 해두고 원암이 행한 자선에 대해 대표적인 몇 가지만 얘기하고자 한다. 원암이 경북여고 교장으로 재직하던 시절에 제자였던 박필규의 얘기를 다시 들어 보기로 한다.

들리는 말에 의하면 사모님은 친구 따님의 공납금을 내어 주기 위하여 아끼던 금비녀와 금반지를 내어놓기도 하셨다. 가난한 친지가 있으면 늘 애를 써주신다 한다. 또 교장 선생님은 용돈으로 배당된 돈은 모아서 구라사업에 협조하시고는 넉넉한 용돈을 쓰지 않으셨다. 이 이야기를 들었을 때에, 언젠가 몹시 추운 날 선생님이 포켓에서 섬유가 해질 듯이 물려 있는 거즈 마스크를 내어 쓰시던 일이 생각나서 절로 머리가 수그러진다. 두 어른은 택시이용도 잘 하지 않으신다. 시민의 발인 버스를 타시고 웬만하면 걸어서 다니신다.

성경 말씀에 “오른손이 하는 일을 왼손이 모르게 하라.”라는 말 대로 베푼 바가 무수히 많으면서도 스스로 자랑하는 일이 없는 분이라 주변 사람들이 엿듣고 전하는 얘기가 주종을 이룬다. 원암과 같이 기독교 봉사활동을 한 적이 있는 전재호(전 경북대학교 인문대학 국어국문학과 교수)의 얘기를 들어보기로 한다.

"한번은 아픈 학생에게 "닭을 잡아들고 병문안하여 위로하고 염려하시더라."고 들었을 때, 젊은 가슴이 뭉클하였다. 당시 대학 스승이 이렇게 하는 일은 이례적인 것이기 때문이리라. 우리 사범대학 YMCA 학생들이 '복음학원—후에 고등공민학교'를 만들어 봉사로 운영하였다. 이 서클에 자주 나오셔서 우리를 여러 가지로 격려 후원하셨는데, 뒤에 생각하니, 교수이자 신앙인으로서 사랑을 실천하는 행함이었다."

원암은 그런 큰 자선 말고도 주변에 도움이 필요하다 싶은 사람이 보이면 즉흥적인 도움의 손길을 준 일이 많았다고 전해진다. 원암 선생의 이런 자선 행위는 부창부수의 대표적인 사례라 알려졌다. 이에 대해 둘째 딸 기남은 이렇게 말하고 있다.

"아버지에게는 헌신적이고 현명하고 용기 있는 아내가 있었습니다. 아버지가 앓아눕자 어머니는 눈앞이 캄캄했습니다. 그 당시 아버지의 한 달 봉급이 쌀 10가마에 해당하는 막대한 금액이었으나 아버지는 그 중 쌀 두 가마에 해당하는 범위 안에서 어머니에게 살림을 꾸려가게 하시고, 나머지는 전부 어려운 처지에 있는 사람들을 돕는 데 썼습니다. 그러므로 저축이란 있을 수 없었습니다."

이런 정도의 자선은 범인으로서는 본받기 어려운 수도자적 행적으로 볼 수 있다. 물욕이 많은 사람은 제 손에서 한 푼이라도 나갔다하면 아까워 잠 못 이루고, 어쩌다 마지못해 한 푼을 베풀었다하면 그게 새끼 쳐서 되돌아올까 생각하며 신경을 쓰게 되니 건강에 악영향을 미친다. 가뭄으로 타들어가는 논에 물을 대주고 나면 그 작물이 고마워하는 기가 전해져와 단잠을 자게 해 주듯이 사랑에 갈증을 느낀 이들에게 원암이 뭔가 베풀고 나면 그들이 보내주는 감사의 기가 원암에게 전해져와 병을 이기고 장수를 하게 한 것이라고 말할 수 있다.

원암은 당신이 병고를 겪으며 얻은 지식과 경험을 사장시키지 않고 교육적으로 활용했다. 병고를 겪는 제자나 지인들에게 병에 대한 지식이나 치료비법, 투병자세 등에 대해 적극적인 자세로 전해주려 한 얘기는 여러 번 한 바 있다. 원암은 자기의 핸디캡인 약한 체질까지도 교육자원으로 삼아 제자들에게 건강 비법을 전해주었으니 이보다 우리의 삶에 실질적으로 더 도움이 되는 것이 있을까 싶다.

제 30 화

언어학자로서 프로의식이 투철한 교육자

제자들이 원암에게 혼난 얘기를 더러 하는데, 듣고 보면 영어발음 때문에 야단맞은 경우가 가장 많다. 원암이 맡은 영어음성학 강의는 대학입학 후 얼마 안 되어 수강하는 전공기초과목이다. 이 강의에서 영어기초발음을 잘하는지 한 사람씩 일일이 검사하여 잘 안 되는 학생은 강의 시간에 집중적으로 교정연습을 시킨다. 서로 마주 보고 연습시키고, 거울 보고 연습시키고, 그래도 미숙한 사람은 연구실에 데려가서 뭇 사람들이 들락거리는 데서 큰 소리로 몇백 번 되풀이 발음연습을 시킨다. 그래도 여전히 특정 발음을 못하는 사람이 몇 사람 남는 경우가 있다. 원암은 그 몇 사람도 포기하지 않고 끝까지 따라다니며 확인하는데 그건 스토킹 수준이다. 길에서나 버스 안에서나 그런 학생을 만나면 '자네 이제 's'와 'z'를 구별해서 발음할 줄 아는가? 한번 해봐!'라고 말하며 끈질기게 닦달한다. 그렇게 대중 앞에서 곤욕을 치르는 게 부끄럽고 창피하여 학교를 그만두거나 전과할 생각을 하는 학생도 생겼다. 그러다가 그 학생이 어디 가서 집중지도를 받아 크게 발전된 모습으로 나타나면 진심으로 기뻐하며 하늘 끝까지 추켜올려 주었다. 그러나 그 고비를 못 넘기고 좌절하여 그만두는 학생은 그 뒤로 찾지 않았다.

인정이 많고 학생을 따뜻하게 품는 성격으로 이름 난 원암 선생이 이럴 때는 왜 이렇게 단호할까? 그건 다름 아니라 영어교사가 될 사람들에게 프로의식을 확실히 심어주어야 한다는 확고한 신념의 발로라 여겨진다. 교육자는 인성과 지식에 있어 고루 자격을 갖추어야 한다. 그러나 중등 이상의 교직자는 두루뭉수리 교직자로는 신나게 교직생활을 할 수가 없다. 영어선생이 영어를 자신 있게 가르치지 못하면, 학생들이 좋아할 리가 없고, 따라서 본인이 교직생활에 재미를 못 느낀다. 영어를 자신 있게 가르치려면 전공을 좋아하고, 잘하고, 열정을 가져야 한다. 그게 바로 영어교사로서의 프로의식이다. 그 프로의식을 심어주기 위해 원암은 전공과목 강의에서 그 시범을 보여준 것이다. 평생 수많은 학생들에게 영어를 가르칠 사람이 영어 기초발음을 익히는 단계에서 자신감을 잃으면 프로영어교사가 될 자질이 부족하다고 판단되므로 차라리 일찍 그만 두는 것이 낫다고 생각하여 붙들지 않는 것이다. 원암이 언어학자로서 얼마나 프로정신이 깊이 깃들어 있는지에 대해 김태한의 얘기를 다시 들어보기로 한다.

"선생님은 교실에서뿐만 아니라 어디에서나 학생지도에 신경을 많이 쓰셨다. 예컨대 한국어에 없는 영어 /f, v/ 발음 등과 한국어 모음의 장단 발음 /밤ː, 밤/이 혼동될 때 이의 정확한 발음을 누구에게나 지적하고 교정하시었다. 언젠가 선생님께서 한국어 모음의 장단만으로 뜻의 차이를 가져오는 단어들을 수집하신 것을 내게 보이시었다. 교회 교역자들의 설교 도중의 오류 구속(拘束)과 구ː속(救贖) 같은 발음의 차이도 일일이 지적하시었다. 이와 같이 선생님은 언어순화와 우리말 사랑에 온 신경을 쓰시었다."

여기서 원암 선생의 독특한 점은 언어학자로서의 전문가 의식이 언제 어디에서나 표출되었다는 것이다. 또 한 가지 특징은 영어를 따로 떼어 생각하기보다 우리말과 관련지어 생각하고 이해하려는 태도가 돋보였다는 점이다. 그렇게 언어에 대해 연구해 궁극적으로는 가르치는 데 적용하려는 태도를 보인 점이 특이했다. 박영수는 원암의 이런 태도에 대해 이렇게 얘기한다.

"선생님은 우리말에도 남다른 관심을 가지셔서 글을 쓰실 때에는 꼭 옆에 『동아새국어사전』이란 커다란 사전을 두고 쓰셨으며 맞춤법 하나, 용어 하나까지도 범상히 다루지 않으셨습니다. 역저 『英語音聲學』(1957)을 비롯하여 선생님이 쓰신 많은 글들이 조리정연하고 젊은 세대들도 읽기 쉬운 것은 바로 이러한 세심한 집필의 덕택이라 하겠습니다."

원암의 남다른 '우리말 사랑정신'은 실로 뿌리가 깊다고 할 수 있다. 다섯 살 때 어머니로부터 들은 한글 우수성에 대한 이야기에서부터 고보 시절 단짝 친구 이숭녕으로부터 들어 알게 된 주시경 선생의 한글 사랑 이야기 등등 수많은 계기가 모이고 쌓여 체질화되었다. 대구고보 재직 시절에는 영어와 조선어를 담당했는데 당시 졸업생들이 원암에 대해 인상 깊게 기억하는 일들이 온통 조선어 지도와 관련된 것만 보아도 알 수 있다. 그때는 식민통치하에서 교육을 받을 때라 피압박민족으로서의 반발심에서 그랬을 것이라 볼 수도 있다. 그렇다면 해방을 맞고 나서 한참 지난 때에 대학에서 순전히 영어전공만 가르칠 때는 그 정신이 물러졌을 터인데 그렇지 않았다. 조석종은 1950년대 후반에 원암이 보여준 국어사랑 정신을 이렇게 얘기했다.

"선생님께서는 언어학 전반에 관심이 대단하셨다. 한번은 방학 숙제로 각 지방의 사투리를 수집해 제출하라는 적이 있었다. 영어와 직접 관계가 없는 것이긴 하나 이러한 숙제를 통해 언어학에 친숙해 질 기회를 제공하기 위한 배려였던 것이다."

대학의 영어전공 학생들에게 우리말 지방 사투리를 조사해오라는 숙제는 좀 엉뚱하다는 느낌이 든다. 그 당시는 아직 우리 영어교육의 기틀이 안 잡혔을 때라 학문이 미분화된 과도기적인 현상으로 느껴질 수도 있었다. 그러나 전혀 그렇지 않았다는 것을 뒷받침해 주는 증언이 그 후에도 계속 나온다. 그중 대표적인 예로 송창호(경북사대 영어교육과 1970년대 초 재학, 금오공과대학교 인문사회과학부 교수)가 원암이 정년퇴임을 하여 은퇴해 계실 때 선생님 댁을 방문한 얘기에서 그런 것을 엿볼 수 있다.

"…… 영문학자이셨지만 우리말과 글에 대한 애정이 남다르게 많으셨다. 내가 앉아 있는 동안에도 우리말에 대한 정확한 사용과 쓰임새 등을 설명하시면서 영문학이라는 것도 우리말에 대한 올바른 이해를 하고서 접해야 하는 것이고 영어를 우리말로 표현하거나 우리말을 영어로 표현하는 것에서 언어의 기본의미를 바르게 깨우칠 수 있다고 하셨다. 영어의 의미를 바로 정립시키기 위해서도 우리말을 올바르게 배우고 터득하도록 노력해야 한다고 강조하셨다."

이분은 원암 선생이 정년퇴임을 할 무렵에 재학한 세대로 퇴임 후에 원암 선생이 우리나라 영어교육에 대해 피력한 소신을 전하고 있다. 이로써 영어교육에서 다루게 될 언어학이든, 문학이든, 문화든 우리 것과 관련지어서 다루어야 한다는 소신이 초지일관하고 있었음을 알 수 있다.

원암의 이런 신조는 1950년대부터 한동안 득세한 행동주의 언어교육이론과는 배치된다. 언어는 행동습관이므로 목표문화를 받아들여 그 문화의 방식으로 생각하고 그 문화의 방식으로 말하는 연습을 반복해야 한다는 것이 행동주의자들의 주장이다. 이 주장은 외국어를 배우는 데 모국어가 방해요인이 되니 그 방해요인을 줄이기 위해 외국문화와 언어습관에 무조건 동화되어야 한다는 주장이다. 그러나 원암의 주장에는 우리말이 우선적인 언어수단이고 외국어는 부차적이고 보완적인 언어수단이라는 뜻이 강하게 내포되어있다.

그렇다면 원암의 이런 외국어 교육관은 어디서 비롯된 것일까? 그것은 바로 일본의 외국어 교육관에서 영향을 받은 것인 성싶다. 일본은 외국문물을 받아들이되 자기나라 문화를 기본으로 삼고 외국 것은 자국문화를 풍성하게 하기 위한 부차적, 보완적 요인으로 녹여서 자국문화에 첨가한다. 그건 일본이 그만큼 민족 자긍심이 강한 때문이었다. 일본 유학에서 일본의 외국어교육정책을 확실히 알게 된 후에 원암이 갖게 된 소신은 '외국어 교육자는 자국어에 대한 자긍심을 확고히 다지고 그 위에 외국어에 대한 전문능력을 갖추어야 한다.'는 것이었다.

원암이 가진 우리문화에 대한 자긍심은 약소민족의 열등의식을 가리기 위한 오기의 발로는 아니었다. 언어학자로서 원암이 가진 우리문화에 대한 자긍심은 그런 오기나 반발심의 변형된 심리표출이 아니고 구체적이고 명확한 근거에 바탕을 둔 것이었다. 이와 관련하여 박재열(경북사대 영어교육과 1960년대 말 재학, 경북사대 영어교육과 교수)은 이렇게 말하고 있다.

"이규동 선생님은 내가 학부 4학년 때인 1971년 여름에 우리 경북대학에서 정년퇴임을 하셨다. 우리는 학부에서 선생님에게 음성학 등을 배웠는데 중요한 내용을 차트로서 설명하신 것이 마음의 영상으로 남아 있다. 특히 영어음소의 음가(音價)를 훈민정음에서 설명하는 우리말의 음가와 비교하면서 설명하셔서, 영어학뿐만 아니라 우리말에 대해서도 해박한 지식을 가지신 데 대해 감명을 받았다. 동서양 간의 먼 학문적 거리에도 불구하고 음성학은 같은 내용을 밝히고 있음이 놀라웠다. 선생님은 분명히 우리들에게 음성학에 대한 학문적 문제의식과 영감을 고취시키려 하셨던 것이 분명하다. 가장 좋은 스승은 영감을 고취하는 스승이라고 하지 않았던가."

이분은 원암 선생이 퇴임하실 무렵의 제자이니 이때의 모습이 언어교육자로서 원암의 완결된 철학과 교육방법을 엿보게 하는 증언인 셈이다. 우리말에 대한 자긍심의 구체적 증거로 훈민정음을 제시하며 국제공용 언어인 영어와 대등하게 비교하는 당당한 자세를 보여주고 있다. 원암이 제자들에게 '가장 좋은 스승'으로 추앙받게 된 것은 동서양의 여러 언어를 섭렵하고 객관적인 평가를 할 수 있을 만큼 높은 학문의 경지에 이른 때문이었다. 이것이 바로 프로의식이며 엘리트의식이다.

원암이 영어교육자로서 프로의식을 발휘한 다른 한 가지 예는 우리나라 중등학교 영어검인정 교과서 제작에 선두주자 역할을 해온 점이다. 우리나라 영어과교육과정 실행 초기단계부터 검인정 교과서 제작에 참여한 이종호, 김태한을 필두로 하여 후속 타자로 채준기, 김한창, 박영수 등 수많은 문하생들이 이 일에 공동 참여하였다. 그 작업의 의의에 대해 김태한의 얘기를 들어보기로 한다.

"선생님은 당시 중등학교 영어교재 내용이 문법위주, 번역위주, 교사위주로 편찬되어 있는 데 대해 자주 개탄하시었다. 그리고 한강 이남에는 영어교재 편찬자가 한 분도 없음을 사범대학 교수의 자존심에 관한 것으로 부담을 느끼시었다. 또 많은 제자 선생들이 전국 각지 중등교육에 종사하고 있는 점을 감안하여 그들이 모교의 자랑과 긍지를 갖고 그들의 사기를 돕는 뜻에서도 새로운 교재(Universal, Highroad)를 개발하기로 결심하고 착수하였다. 많은 시간과 노력 끝에 중등교재가 드디어 완성 출판되었다. 교재내용은 일상생활에 관한 것이 실렸고 학생들이 영어화화 훈련에 필수적인 시청각교재를 위주로 한 예문을 많이 싣게 되었다. 교재는 당시 첨단 교수법에 의하여 편성되었다. 당시 최고의 교재로 자타의 인정을 받았다."

이 증언에서 원암의 엘리트의식을 엿볼 수 있다. 그런 엘리트의식은 가질 만한 근거로 당시까지 순수 영어교육을 전공한 사람이 대학 교단에 진출해 있는 분은 몇 분이 되지 않았다. 그런 소수 전공자 중에는 영어교육현장을 떠나 행정가로 활약하는 이도 있었으니 영어교육의 최선두 주자로서 우리나라 영어교육의 기반을 다지는 일에 상당한 책임감을 가졌을 성싶다. 그때나 지금이나 중앙무대에서 설쳐야 알아주는 것은 마찬가지라 지방에 근무하는 교수 입장에서 불리

했던 것도 엄연한 사실이었다. 그러나 원암의 속마음으로는 '지금 우리나라 영어교육계에서 나 같은 사람이 앞장서지 않으면 안 된다.'라는 사명감으로 영어교과서 제작 작업을 시작했을 것이다. 그리고 그 교과서는 질적으로 최고라는 인정을 받았다.

원암의 엘리트의식이 표출된 또 다른 예는 일찍부터 영어 원어 강의를 시도했다는 점이다. 지금 그 얘기를 하면 안 믿으려 할 만큼 당시로서는 획기적인 시도였던 것이다. 이에 대해 정시호(경상대학교 독어교육과 1965년도 조교)는 이렇게 얘기한다.

"또 하나 원암 선생께 받은 강렬한 인상은—이 인상은 지금까지 필자에게 깊이 각인되어 있으며 오늘 굳이 이 자리에서 한 소리 하겠다는 이유도 사실은 바로 이것인데—1965년 소풍을 갔을 때의 선생님의 즉흥 영어 연설이었다. 장소는 팔공산 산자락의 송림사 앞 솔밭이었다고 기억된다. 때는 가을이라 특히 길가에 지천으로 만개해 있던 코스모스가 가을산들바람에 가볍게 춤을 추고 있었다. "학과장 교수님의 인사말이 있겠습니다."라는 사회자의 말에 따라 사오십 명의 학생들 앞에 원암 선생님이 자리하셨다. 무슨 말씀을 하실까? 필자의 호기심에 약간의 충격을 준 것은 약 5분여에 걸친 영어연설이었다. 왜 필자에게는 그것이 충격이었고 오늘까지 인상에 남아 있는가…… '지구상의 어떤 교양인이라도 만일 영어를 모른다면 진정한 의미에서 불행한 인간이다.' 이것은 제5대 옥스퍼드 영어사전 편집장 로버트 바치필드의 말이다. 기분 나쁘지만 우리는 그 현실을 인성해아 힐 것이다. 70년대 초 필자가 독일 뮌헨 괴테—인스티투트에서 공부할 때 독일 김나지움에서 교생실습을 할 기회를 가졌는데 영어수업을 거의 영어로 진행하는 것을 보았

다. 김나지움을 졸업하고도 영어회화 못하는 독일인을 보기 힘든 이유
가 바로 여기에 있는 것이다."

이분은 영어전공자가 아닌 입장에서 영어수업이 영어로 이루어져
야 할 당위성을 얘기하면서 원암이 그런 시범을 보인 최초의 경우라
고 이야기한다. 이분이 본 얘기는 1965년도였는데 실은 그보다 훨씬
앞서 50년대에 영어교육과 초기학생들에게 그런 시도를 했던 것이다.
그때 재학한 박영수의 얘기를 들어본다.

"선생님께서는 강의를 시작하시기 전에 5분여간을 꼭 영어로 말씀하
셨고, 수업 중에도 수시로 영어로 설명하셨습니다. 이런 것은 저희들에
게 구어영어의 중요성을 고취시키기 위한 선생님의 각별한 노력의 일
환이었지만, 당시의 강의실 분위기로는 매우 이례적인 일이었습니다.
오늘날 외국어 시간에 원어사용을 강력하게 종용받고 있는 현실을 감
안 할 때, 선생님께서는 반세기나 앞서 이러한 선진적인 강의 방법을
몸소 실천하셨음에 새삼 놀라움을 금치 못합니다."

지난 10년간 우리나라 영어교육의 가장 큰 과제는 영어수업을 영
어로 진행하도록 하는 일이었다. 원어로 수업을 하도록 행정지침을
내리고 교사들에게 해외연수 기회를 주고, 원어민 강사를 배치하는
등 온갖 방법을 다 써도 그 실행이 지지부진하다. 그런데 이보다 50
년 전, 우리나라 영어교육의 초창기에 원암은 원어강의를 시도했던
것이다. 그 당시 전국에서 중등학교와 대학을 통틀어 영어원어강의
를 시도하기로는 처음이 아니었나 싶다. 그때 학생들의 영어 청해

능력이 워낙 부족하여 호응도가 낮아 더 확대 실시되지 못한 것이 아쉬울 뿐이다. 그러나 영어교육은 그 방향으로 나아가야 한다는 방향 제시는 일찌감치 해준 점에서 선구적이었다고 볼 수 있다. 원암이 그런 시도를 한 배경에는 명문 광도고사를 졸업했다는 자부심과 그 학교에서 유학할 때 Harrison 교수의 적극적인 지도 덕택에 구어 영어구사에 대한 상당한 자신감을 갖추게 된 것이 그 바탕을 이루고 있지 않나 싶다. 어쨌든 원암은 우리나라에서 한 시대를 앞서간 영어 교육자였다.

제 3 부

퇴임 후의 삶과 타계

원암은 가르치기 위해 세상에 태어났다 해도
지나치지 않다. 가르치고 싶을 때 대상이
안 나타나면 밖으로 찾아 나섰다.
이런 선생님을 잘 알지 못한 제자들은 기원했다.
'퇴임 후에는 다 떨치고
창공을 나는 학처럼 초월하고 사소서.'
'이 사람들아, 나에게 가르치는 일을 그만두라 하면
무슨 재미로 살란 말인가?
그 길로 생명력이 고갈되어 오래 살 수가
없게 된단 말이여!'

1970년대 후반(上) __ 선생의 생
신을 맞아 큰아들 댁에서 원암의 직
계 가족 4남매와 그 배우자들과 함
께 찍은 기념사진

경북대 명예문학박사(右) __ 1979
년 2월 25일, 선생이 경북대학교에서
명예문학박사학위를 받는 장면

1979년 5월 회혼례 __ 원암 선생과 부인 이갑희 여사가 1919년에 결혼한 지 만 60주년이 되는 1979년 5월에 회혼례를 맞아 기념으로 찍은 사진

김태한 계명대 총장 취임 축하 __ 김태한 박사가 계명대학교 총장에 취임하게 된 1982년 9월 초에 김 총장의 경북사대 은사이신 이규동(왼편), 김종윤(가운데), 장기동(오른쪽) 세 분 교수님의 예방을 받고 마당에까지 나가서 영접하고 있는 장면.

1984년 선생의 팔순＿ 1984년 선생의 팔순 잔치 때 참석한 친척, 친지들 앞에서 인사말씀을 하는 장면.

둘째 딸 집 마당에서＿ 1984년 선생의 팔순을 맞아 경기도 의왕시에 있는 둘째 딸 집 별장에서 베푼 잔치를 마치고 가족들과 별장 마당에서 찍은 사진.

1984년 선생의 팔순_선생의 팔순 기념 잔치에 문하생 대표로 당시 한국외국어대학 교수 세 분 및 배우자들이 참석하여 선생 내외분과 함께 찍은 사진. 뒷줄 왼쪽부터 정연규 교수, 김기홍 교수, 김기홍 교수 부인, 김영조 교수 부인, 김영조 교수.

파란지붕, 파란대문_1980년대 중반, 선생의 생신을 맞아 찾아온 둘째 딸 가족들이 대명동의 그 유명한 파란지붕, 파란대문의 집 앞에서 찍은 사진

선생님에 대한 흠모_테이블을 사이에 두고 마주앉은 두 분 노신사 중 오른쪽 분은 김한창 박새(전 경북대 인문대 영문학과 교수)이고 맞은편 분은 원암 선생의 둘째 아들(대영)이다. 뭔가 전달하는 물건이 있는데, 원암 선생이 생전에 신장결석 수술을 받을 때 빼낸 돌(결석)이다. 존경하는 스승님을 수술현장에서 지켜보던 애제자가 선생님에 대한 흠모의 상징으로 그 돌을 보관해왔는데, 스승님이 타계하신 지 10여 년이 되자 제자도 어느덧 70대로 건강이 좋지 않아, 가족들에게 돌려주려고 이런 의식을 치르며 전달하고 있다.

퇴임 후의 삶과 타계

제3부에서는 원암이 교직에서 퇴임한 1971년부터 1991년에 소천하시기까지 살아 온 이야기를 기술하려 한다. 원암은 퇴임 후에도 무려 20년 동안 교육에 대한 변함없는 열정과 제자에 대한 사랑을 실천하셨으므로 자세히 기록하려면 엄청 길어질 것으로 추정된다. 이미 기록이 완료된 제1부와 제2부만으로도 단행본 전기 한 권의 적정 분량을 넘어설까 우려를 표한 발간위원님들의 뜻에 따라 줄이기 작업을 시도한 바 있으므로 제3부에서는 양을 최소화해야 한다는 것을 염두에 두고 기술하기로 한다. 따라서 이 기간 중에 원암이 살아 온 삶에서 중요 마디가 될 이야기 열여덟 개를 18연(stanza)으로 농축하여 운문 투의 간결체로 기술하려 한다.

스승님의 정년퇴임에 대한 문하생들의 감회와 기원

1971년 8월 25일 원암이 어느덧 정년퇴임하게 된 날, 수많은 문하생들은 저마다 만감이 교차함을 느꼈다. 수많은 고비의 병고를 불굴의 정신력으로 버텨 오시면서 사도의 귀감을 보이려고 혼신의 노력을 기울이신 사십년.

늘 올해를 넘기실까 마음 조리게 하던 약체의 선생님이 강건체로도 이르기 어려운 정년퇴임에까지 이르게 되니 문하생들은 감개무량하여 마음속으로 이렇게 기원했다.

'선생님, 이 먼 결승점까지 완주하시니 정말 장하십니다. 이제는 그간 쌓인 심신의 피로를 푸시며 여생을 즐기소서!'

퇴임식에 온 제자들 이름을 일일이 기억하시는 선생님께 존경과 경외감으로 우러러 보면서도 이렇게 기원했다.

'선생님, 그 많은 제자이름을 기억하시려 신경 그만 쓰시고 이제 잔걱정 잊으시고 창공을 나는 학처럼 자유로이 사소서.'

퇴임 후의 삶에 대한 원암의 의지 표현

대구 대명동 명덕로타리 부근 골목 안의 원암 선생님 거택은 당신의 삶의 보금자리이자 교육의 장으로 역사가 깃든 곳인데 정년퇴임을 계기로 더 좋은 곳으로 모시겠다는 후손들의 청을 손사래 치며 극구 반대하신 원암의 변은 새겨들어 볼만하다.

'이사를 가면 꾸준히 찾아오던 제자들이 못 찾아올 텐데……'

이 말씀은 원암이 종신 그곳에 머물고 싶다는 의지 표현이었다. 얼마나 많은 제자들이 거기 드나들면서 역사를 쌓았는지 안다면 선생님의 그런 고집에 일리가 있음을 수긍하고도 남으리라.

그곳은 제자들 발길이 끊어질 날이 없는 열린 교육장이었지.

숙제를 부실하게 했다가 댁으로 불려가 닦달 받는 제자들, 능력을 인정받아 중등 영어교과서 제작 일에 동원된 제자들, 결혼식 주례를 부탁하러, 또는 결혼 후에 인사하러 오는 등등…….

그곳은 제자들에게는 선생님의 주거 개념 이상의 공간이었지.

파란대문, 파란지붕, 그 안에는 원암 선생의 청기(淸氣)가 서려 제자들에게는 희랍신화의 현인 Nestor 성소 이미지로 각인되었지…….

줄을 이은 **문하생들의** 방문

퇴임 후에도 그 성소에서 제자들을 기다린다는 뜻이 전해지자 선생님의 깊은 뜻을 헤아린 문하생들은 천만다행으로 여기며 성지순례 가듯 앞 다투어 원암 선생 댁을 찾게 되었다.

홍안의 교사로 대구고보, 대륜에서 민족혼을 불어넣은 제자들은 사회지도자가 되어 스승과 우국충정의 대화를 나누러 예방하고, 불혹의 중견교육자 시절, 여성개발의 싹을 틔워준 경북여고제자들은 나라의 여성 지도자가 되어 그 은공을 찬양하러 원암을 찾곤 했다.

해방 후 한국영어교육의 초석을 놓았던 경북사대 제자들은 프로영어교육자로서 정진하는 에너지를 재충전하러 원암을 찾고, 원암의 퇴임 무렵에 입학하여 직접 가르침을 못 받은 후학들은 선배들의 우상이었던 큰 스승을 면식이라도 쌓고자 찾곤 했다.

원암 선생이 결혼주례를 맡는 것을 최고 영광으로 여기던 전통이
그대로 이어져 원암을 뵈려고 동창결혼식장에 몰려들곤 하여 동창의
결혼피로연장이 곧잘 소동창회를 방불하게 되기도 했다.

퇴임 후에도 문하생들을 이끄는 힘

퇴임 후에도 원암을 찾는 발길이 꾸준히 이어지게 한 힘은 뭘까?
당신을 찾지 않는 제자들에게 서운해 하는 원암을 본 일이 없고, 도
움이 필요할 때만 찾아오는 약은 제자를 문전박대한 일도 없다. 눈
에 든 소수 제자만 챙기고 나머지는 관심 밖으로 내친 일이 없고, 한
두 번 잘못한 제자를 구제불능이라 낙인찍는 일은 더욱 없다.

원암이 어떤 작위적인 노력을 하지 않고도 제자들을 끄는 힘은 다
름 아니라 원암을 찾아가면 뭔가 소득이 있기 때문이라 한다. 소득
에는 가시적인 것도 있지만 눈에 보이지 않는 것이 더 많다.

원암 특유의 청기가 제자에게 전해져 생산적 에너지로 채워진다.
원암을 멀리하던 제자도 일단 원암과 대면하고 보면 달라진다. 나에
대해 어쩌면 그리 많이 알고 계실까 생각하며 처음 놀라고 결점은
못 보셨는지 장점만 골라 기억하고 계시는 데 또 놀란다.

그 많은 선생님 중에 나를 인정해준 분은 이분뿐이라는 느낌으로
그분 앞에 무릎을 꿇고 '스승님!'이라 외치며 안기고 싶어진다. 뭔가
꾸지람 들을 각오로 온 제자가 예상 밖의 칭찬 세례를 받고는 원암
교의 신도가 되어 원암을 교주저럼 추앙하며 띠르게 되었다.

원암에게서 진작부터 대학원 진학을 적극 권유받은 어떤 제자가
십년 넘게 이행을 않다가 뒤늦게 40대에 결심하고 찾아 왔을 때, 예

상했던 식의 꾸중은커녕 이런 칭찬 세례로 기를 불어넣더란다.

'자넨 대기만성 형이라 지금도 늦지 않으니 절대 포기하면 안 돼. 자네가 포기하지 않고 있음을 내가 알도록 매월 서신을 보내게.'

그 약속에 얽매여 계획대로 정진하여 대학진출길이 열렸단다.

서신을 통한 문하생들과의 교감 유지

서신을 통한 제자와의 교감유지는 원암 특유의 추수지도 방법이었다. 서신은 사제동행의 매개로 신통력이 있음을 그분 제자들은 다 안다. 원암의 거택을 모르는 이는 그분의 제자가 아니라는 증거로 통했듯 원암과 서신을 교환해보지 않은 이도 제자가 아니라는 증거라 했다. 스승님께 연말연시에 연하장을 보내는 일은 기본예의라 여겨졌고 그건 스승님에 대한 인사이자 소재를 알리는 연례보고 방식이었다.

제자의 의례적 연하장에도 예외나 지체가 없이 답장을 보내셨다. 제자의 소재와 활동상을 보고하는 것을 제자의 도리로 여겼듯이 스승이 정 위치에서 건재함을 알리는 것도 스승의 도리로 여겼다.

어떤 제자가 원암에게 서신을 보내고 답을 못 받았다고 하면 그것이 사건이 되어 스승님의 유고 여부를 파악하기에 나섰다. 제자의 의례적 서신에 대한 스승님의 답은 간단히 엽서로 보냈는데 그 몇 줄에 제자에 대한 관심과 애정이 농축되어 들어 있었다.

어떤 제자는 해마다 원암에게서 온 연하 답장을 모아두고 봤는데 원암이 그 제자의 장점으로 파악하고 있는 그걸 되풀이 썼더란다. 그런데 이상한 것은 똑같은 칭찬을 해마다 받아도 싫지 않더란다.

서신을 읽고, 쓰고, 정리하고 보관하는 일이 원암의 중요 일과였다. 원암이 제자들의 이름을 잘 기억하는 비결도 여기에 있는 듯했다.

직접 접촉을 통한 문하생들과의 교감 유지

퇴임 후에도 제자들의 소재행적을 손바닥처럼 파악하신 원암은 가만히 앉아서 관망만 하지 않고 때로는 능동적으로 움직이셨다. 원암의 수족 같은 제자 교수가 밤늦게 선생님의 부르심을 받고 댁으로 단숨에 달려갔더니 어떤 동창의 구출명령을 내리셨다. 억울한 누명으로 구렁텅이에 빠질 동창을 사제동행하여 구했다.

원암의 어떤 한 애제자는 80년대 초 학원공전사태가 계속될 때 휴강기간을 이용해 신축가옥건축에 전념하다가 몸져눕게 되었는데 원암 선생이 알고 찾아왔기에 자괴심으로 몸 둘 바를 몰랐단다. 곧은 선비정신으로 일관해온 은사님께서 호통을 칠 줄 알았는데 뜻밖에도 그의 이마에 손을 얹더니 안수기도를 시작하시더란다. 부끄러움과 죄송함을 말로 표현하지 못하고 안절부절 못하자 '괜찮아, 괜찮아! 잘못인 줄 알았으면 다음부터 안 그러면 돼.'라며 어린애 달래듯 하며 사흘이 멀다 하고 문병을 오셨단다.

원암은 산책길에 제자 집을 불시 방문하는 일이 더러 있었다. 이 또한 졸업생 추수지도의 일환이었다고 말할 수 있으리라.

그런 수시방문에도 나름대로 룰이 있는 것 같더란다. 원암의 일상적 산책코스는 거택에서 2~3km 안쪽이었는네 그 길목에 사는 제자들이 주로 불시방문의 표적이 되었다. 초인종이 울려 나가보니 은사님이 대문간에 와 계시더란다. 지나는 길에 생각이 나서 들렸다며 물 한잔을 청하시더란다. 물맛이 참 좋다고 하시며 이런저런 덕담을 늘어놓으시고 총총히 물러가시는 것이 불시방문의 기본 패턴이었다.

오랜 교분으로 심리적 거리가 좁혀진 어떤 제자 집에는 희귀 품종 사과 한 개를 들고 오셔서 이렇게 말씀하셨다.

'이 사과 맛이 하도 좋아 자네 부부가 맛보라고 가져왔어.'

원암 선생이 제자들에게 이런 자세로 다가가시는 이유는 심리적 거리를 좁혀 사제동행을 실천하기 위함이리라.

어릴 적 고향마을 서당 훈장을 흉내 내는 것이 아닐까 싶다. 원암의 이런 자세를 대체로 어색하게 보지 않은 이유는 작위성이 전혀 없는 순수한 마음의 발로였기 때문이었다.

편애시비에 휘말리지 않은 스승

원암이 수많은 제자들에게 등거리를 유지한 건 아닐 텐데, 편애시비는 없었으며 인의 장막에 가린 적은 없었던가?

동기모임에서 원암이 자기 집을 방문했다고 자랑하여 은근히 자기가 수재자임을 과시하다가 눈총받기도 하고 대학원 진학을 권유받았는데 그 뜻을 받들지 못했다며 원암으로부터 재능을 인정받았다고 자랑하는 이도 많았다.

경쟁심이 충천하던 젊은 시절에는 상대적 상실감에 빠져, 동창들 간에 아웅다웅 다툰 일이 더러 있었던 것 같다. 그러나 교직 연륜이 쌓이면서 조금씩 철들어가게 되어 결국 원암 선생만큼 편애 안하기도 어렵더라고 고백했다.

교직자가 가장 해서는 안 될 것이 편애라고 말하면서도, 편애만큼 안 하기 어려운 것이 없음을 경험으로 배웠다. 편애시비에 걸려들지 않을 수 있는 가장 손쉬운 방법은, 아무 제자에게도 사랑이나 관심을 안 주는 것이겠지. 그러나 그건 교직자가 절대 해서는 안 될 일이지.

원암처럼 인간에 대한 관심과 사랑이 넘치는 스승은 가르침을 잘 받아들이는 제자에게는 어떤 사랑을 주고 부진한 제자에게는 어떻게 관심을 기울여야 하는지 그 노하우를 터득하는 일이 지상의 과제일 것이다.

그 점에서 원암은 일찍이 도를 터득한 교육자였다. 평생 교단을 지켜본 문하생들은 입을 모아 말한다. 원암 선생만큼 제자에게 많은 사랑과 관심을 주시면서도 그분만큼 사랑을 고루 주려고 애쓴 분도 없더라고. 스스로 열등의식에 빠져 원암의 눈길을 피하던 제자가 원암이 애써 찾은 칭찬거리로 기를 북돋우어 줌으로써 새 전기를 맞아 성공하게 되었다는 실증적인 일화가 수십, 수백 명의 입과 글을 통해 전해져 오고 있다. 따라서 원암의 제자라면 다 나름대로 그분의 애제자였다.

사회의 스승 역할도 기꺼이 맡다

퇴임 후 원암의 교육대상은 제자에게만 한정되지 않았다. 가르칠 대상만 있으면 행복하고 없으면 찾아나서는 원암에게 교회는 참으로 요긴한 곳이고 장로 직책이 안성맞춤이었다.

70세에 장로정년을 맞으실 때까지 교회의 정신적 지주로서 원암은 교역자에게나 신도들에게 든든한 버팀목이 되었다. 원암이 예고 없이 예배에 불참하신 일이 생겨 비상이 걸렸다. 신도들이 방문해보니 사모님이 자전거에 다친 사고 때문이었다. 선생님과 길을 가던 중에 어떤 청년의 자전거가 인도에 뛰어들어 사모님에게로 덮침으로써 사모님이 순간적으로 정신을 잃었단다. 정신을 차려 자초지종을 들은 사모님은 실소를 금치 못했다. 자전거로 덮친 청년이 미안해서 어쩔 줄 몰라 하고 있으니 원암이 괜찮다고 가라는 뜻으로 이렇게 말하여 보내버렸단다.

'이 할망구 성질이 고약해서 깨어나면 혼나니 얼른 도망가게.'

그 말을 유머 섞어 전하시는 사모님께 원암은 미소를 보냈다. 고의성이 없는 과실은 용서를 통해 뉘우침으로 인도한다는 것이 원암의 몸에 배인 교육자적인 소신임을 사모님도 알고 있었다.

교육에 대한 새로운 의지 표출

원암은 가르치기 위해 세상에 태어났다 해도 지나치지 않다. 가르치고 싶을 때 대상이 안 나타나면 밖으로 찾아 나섰다. 이런 선생님을 잘 알지 못한 제자들은 이런 엉뚱한 기원을 했다.

'퇴임 후에는 다 떨치고 창공을 나는 학처럼 초월하고 사소서.'

이런 철없는 기원에 대해 원암은 속으로 이렇게 답했다.

'이 사람들아, 아직도 나를 그렇게도 모르니 답답할 뿐이네. 몸이 편하면 마음도 편한 사람은 돼지이지 사람이 아니야. 나에게 여윈 소크라테스가 되기를 바라야 제자의 도리가 아닐까? 나에게 가르치는 일을 그만두라 하면 무슨 재미로 살란 말인가? 그 길로 생명력이 고갈되어 오래 살 수가 없게 된단 말이여!'

나이가 덜 들어 못 알아듣는 제자들이 철들 날을 기다리며 원암은

자기만족을 위해서라도 각종 교육활동에 참여하였다. 퇴임 10년도
더 지난 80년대 초에 서울학회에 참석하시어 원암은 수십 년 전 제
자들의 이름을 일일이 기억하시었다. 제자들은 스승의 초인적 기억
력에 감탄하며 숙연해졌다.

가문에 대한 사명감 표출

퇴임 10년이 지나고부터 제자들의 발길이 차츰 뜸해지자 원암은
에너지를 선조들의 문집을 번역하는 일에 쏟았다. 선조 중 특히 대
제학을 지낸 간증공의 글을 중히 여기시어 직접 번역하여 후손에게
전하고 싶은 의욕을 보이셨다.

세종대왕의 다섯째 왕자 광평대군의 19대손인 원암은 성군조상이
제정한 한글의 우수성을 알려야 할 사명감으로 음성학 전공을 하게
되었음을 가족들에게 이해시킴으로써 자손들이 그의 유지를 이어받
게 되기를 기대하는 듯 보였다. 원암의 이런 기대를 누구보다 깊이
새겨들은 둘째딸 기남이 자신의 고희를 맞아 원암문화재단을 설립하
게 되었다.

당신의 유지가 계승될 바탕이 마련된 것을 보신 원암이 한없이 기
뻐하시는 모습을 보고 더욱 신이 난 딸 기남은 컴퓨터보급에 맞춰
한국최초 Mac. 기반 한글서체를 개발했다.

원암의 유업계승노력은 거기서 머물지 않고 더 확대발전시켜 국제
화시대에 한글의 세계적 보급에 힘쓸 야심을 보였다

팔순 잔치 때의 감회

원암이 80대에 들어서자 강건하던 동년배들도 거의 타계하고 약체였던 원암을 걱정스럽게 지켜보던 후진들도 쇠잔해졌는데 원암은 불사조마냥 노익장을 자랑하며 팔순을 맞게 되었다.

1985년 5월 효성이 지극한 둘째 딸 기남은 친지를 초대하여 서울 외곽에 있는 자기 별장에서 원암의 팔순 잔치를 베풀었다. 서울에 있는 애제자 몇 사람도 거기에 초대받아 참석했는데 가족들과 어우러져 화기애애한 가운데 한껏 즐겼다고 한다. 청년대학생으로 대명동 선생님 댁을 수시로 드나들던 그들이 때로는 영어교과서 제작을 위해 합숙하며 동고동락을 했으니 한 식구와 조금도 다름없는 친근감으로 어울릴 수 있었다.

해방 후 영어교육의 기틀이 잡히기 전에 중등학교를 다닌 이들은 발음도 옳게 안 배우고 문법과 단어만 달달 외워 대학에 들어와서 좌절과 방황을 거듭하면서도 원암의 용의주도한 지도 덕택에 일취월장하여 한국외대의 중진교수로 발돋움하게 되었단다. 원암 선생님 내외분이 흐뭇한 미소로 이들을 바라보는 가운데 50대의 자녀들과 제자들이 흘러간 옛 노래를 흥겹게 불렀다.

'德不孤 必有隣'의 신조로 노년의 고독을 다스리다

원암은 80대에 들어서고도 바깥나들이를 꾸준히 즐겼다. 학회나, 학위취득축하연 같은 자리에 참석하여 격려해주시곤 했다. 팔순을 넘긴 어느 날 대명성당에서 있은 친지 결혼식에서 옛날 경북여고 교장 시절 애제자를 우연히 만나게 되었다. 당시 학생간부로 똑똑히 기억에 남아 있는 이 애제자가 우연히 만난 은사님과 바로 헤어지기가 못내 아쉬웠는데 원암도 같은 심정인 듯 옛 제자를 따라 발길을 옮기셨다.

제자의 딸이 약사시험 준비를 위해 합숙 중인 기숙사에 들려 원암은 이런 저런 덕담으로 격려를 해 주시고 나왔다. 그리고도 헤어지지 않고 사제는 계속 같이 발길을 옮겨 원암의 동료 지우 오용진 박사 댁을 함께 예방했다. 오 박사 댁에서 점심 대접을 받으며 정담을 나누셨다. 이제 선생님을 댁으로 모셔드리겠다고 제자가 제안하자 '이 골목 안에 아무개가 사는데 온 김에 보고 가겠네.'라고 하며 손을 흔들어 작별을 고하며 걸어가셨다. 스승님의 쓸쓸한 뒷모습을 보고 제자는 이렇게 혼잣말을 했다.

'모든 인연을 길연(吉緣)으로 끝맺으려 애쓰시는 성인이시다.'

원암이 보여준 행동철학의 핵심은 '배려'

원암이 83세로 접어들던 1987년도 음력 정초에 어떤 제자가 가족을 이끌고 선생님 댁에 세배를 갔다. 원암의 꾸준한 격려 덕택에 박사학위를 받은 이 제자는 결혼 20주년을 맞아 주례를 보셨던 원암께 인사드리고 꾸준한 격려에 대해 감사 말씀을 전하려던 참이었다.

그러나 원암이 독감 중이라 면회사절이라 전달받았다. 금년에는 특별히 마음을 내어 가족까지 대동했으니 문간에서나마 인사드리고 가면 안 될지 여쭈어봤으나 전염성이 강한 독감이라 사모님도 접근

금지 상태란다. 도리 없이 물러나면서 그 제자는 이렇게 중얼거렸다.

'문전박대당하여 식구들 보기에 체면이 안 선다마는 남을 배려하시는 선생님의 깊은 뜻은 배워야겠군. 문전박대하면서도 뭔가를 가르치시니 교육자답네.'

이때를 기점으로 원암의 건강이 악화일로로 치닫고 비교적 건강하시던 사모님도 건강이 크게 기울었다.

건강한 사모님이 먼저 의식을 잃다

원암보다 2년 위인 사모님은 85세에 이를 때까지 기차타기를 즐기시어 서울역에 내리기가 아쉽다며 신의주를 거쳐 만주벌판까지 달려가 보았으면 했다.

서울의 자녀 집에 도착하면 바로 부엌으로 드시어 준비해 온 음식 재료로 손수 맛깔스런 음식을 만들어 가족들이 즐겨 먹는 것을 보며 행복해 하셨단다.

그런 분이 87년 가을 서울 나들이 중 고혈압으로 쓰러져 말을 잃고 사람의 움직임과 소리를 따라 시선만 움직였다. 서울의 둘째 아들 내외가 어머님을 자기 집으로 모셔 거실에서 식구들의 일거일동을 지켜볼 수 있게 하여 4년간 극진히 간병했으니 보기 드문 효자효부였다.

원암이 15세 때, 사모님이 17세에 결혼하신 후 은혼, 금혼, 회혼을 넘기고도 12년을 더 사셨으니 여한 없이 수복을 누리셨다고 말할 수 있겠지만 만년의 대화 불능이 가장 참기 힘든 고통이었으리라.

금슬 좋기로 소문난 원암이 이런 고독을 감내하면서도 상당기간을 정신력으로 견디며 바깥출입을 계속하셨다.

경북여고 개교 60주년 기념행사에 특별인사로 초대되어 85세 원암이 부축을 받으면서 식장에 들어서는 순간 장내가 숙연해지며 우레 같은 박수가 터져 나왔다.

40년 전 그 학교 교장으로 재직할 때의 제자들이 60대의 동창회 원로가 되어 옛 은사를 맞이하였다. 노 은사님의 얼굴은 주름지고 몸은 수척했지만 눈매에는 정기가 서려 있고 기품이 살아있었다. 40년 전 원암은 영국신사 교장 선생님으로 통했고 사모님은 현모양처의 귀감으로 추앙 대상이었다.

경북여고 출신 두 따님이 동창들과 유대가 깊은 덕에 원암에 대한 소식이 당시 제자들에게 계속 전해져 40년 만의 만남이 그리 어색하게 여겨지지 않았다.

영혼의 구원을 갈구하며 보낸 말년

원암이 86세가 되던 해부터 바깥출입이 뜸해졌다. 그래도 정신이 맑아 대화상대를 몹시 그리워했다. 이 무렵 서울에서 어떤 제자가 뵈러 오자 반기시며 찬송가 434장을 펴시고 함께 부르자고 하시더란다.

"나의 갈길 다 가도록 예수 인도하시니"로 시작되어 "무슨 일을 만나든지 만사형통 하리라."로 끝나는 곡을 3절까지 다 부르시면서 구원에 대한 믿음을 다지셨다.

원암이 서거하시던 해인 1991년도 음력 정월 초에 학과의 옛 동료 후배교수들이 세배를 드리러 갔다. 원암은 그날따라 반가운 심정을 기도로 표현하려 했다.

'하나님 아버지, 제가 봉직하던 대학의 교수들이…….'로 시작한 기도가 이상하게 점점 말이 어눌해졌다. 결국 기도가 방향 잃은 중얼거림처럼 끝이 흐려져 '아멘!'으로 끝내려던 교수들을 슬프게 만들었다.

기력쇠잔으로 인한 선망증세가 오락가락하는 중에도 구원에 대한 믿음을 잃지 않으려는 선생님의 모습에 안타까움과 연민으로 눈시울을 적시며 물러났단다.

원암 선생의 타계

1991년 10월 17일에 원암 선생은 마침내 소천하셨다. 석 달 전인 7월 31일에 사모님께서 먼저 가시고 난 후 선생님이 곧이어 떠나시니 천생연분답다고들 했다.

남산교회 당회장 목사님이 친히 염과 입관을 하시고 그날 오후에 많은 성도들과 함께 입관예배를 드렸다.

10월 19일 남산교회 대 예배당에서 발인예배가 있었다. 발인식장에는 경향 각지에서 수많은 문하생이 참석하여 선생님 영전에 참배를 드리기 위해 긴 행렬을 이루었다.

선생님 영정 앞에서 묵념을 올리는 참배객들의 표정은 여느 장례식장에서는 볼 수 없는 슬픈 모습이었다. 비신자들이 뒤섞여 초만원을 이룬 발인예배는 숙연한 분위기 속에 엄숙하고 경건하게 진행되었다. 찬송가 291장 '날빛보다 더 밝은 천국'을 부른 후 '육체는 흙으로 돌아가지만 영혼은 영원한 나라에서 영원무궁토록 기쁘게 산다.'는 요지의 설교가 있었다.

이어 충남 논산시의 선산으로 향하는 운구차를 따라 많은 친지와 제자들이 호송하여 고이 안장하였다.

타계 후의 여운

원암의 거룩한 삶은 소천 후에도 계속 여운을 남겼다. 뒤늦게 비보를 들어 장례에 미처 참석하지 못한 이들은 묘소라도 찾아가 참배하겠다며 선산소재를 묻기도 했다.

원암의 1세대 문하생으로 이미 70대에 이른 어떤 제자는 원암이 안 계신 줄 알면서 대명동 거택주변을 맴돌아보니 온 대구 시내가 텅 빈 것 같이 허전하더라고 술회했다.

사람이 죽어서 궁극적으로 남는 것은 이름뿐이라더니 원암의 삶에 대한 평가가 몇 개의 이름으로 농축되었다.

'충청도 양반 선생' '고결한 선비' '진정한 교육자' '성인', 어느 것 하나에도 부정적인 이미지가 깃들어 있지 않다.

원암이 소천하실 무렵에 그분 1세대 제자들이 퇴임하고 곧 2세대 제자들이 물러날 때 진솔한 고백이 이어졌다. '평생 원암을 흉내 내려 애써 봤지만 족탈불급이더라.' '원암이라면 이럴 때 어떻게 하셨을까 생각하며 살았지.' '퇴임 후에 원암반큼 뜻 있게 살 수 있을까 고민스러워.'

원암의 소천 후에 일게 된 이런 저런 여운이 결집되어 탄신 100주년 추모문집 『영원한 스승』이 나오게 되었다. 사도가 실종된 이 시대에 '참스승상(像)'을 되살리기 위해 원암문화재단에서 대구매일신문사와 공동으로 주관하여 '참스승 賞'을 제정하여 매년 4명씩 수여하고 있다.

스승은 가셨지만 그 정신은 제자들의 가슴에 살아있고 그 정신이 세상으로, 또 다음 세대로 이어질 것이니 이것이야말로 성경에서 이른 부활이요 영생이 아닐까?

참스승 원암의 정신이 부활하여 우리 속에 살아 있으니 교육으로 세상을 밝히자는 그 뜻도 영원히 이어지리.

원암 이규동(圓庵 李揆東) 선생 연보

1905. 4. 28   충청북도 영동군 영동읍 화신리 291번지에서 출생하다.

1910~1915   고향 화신리 서당에서 수학하다.

1915~1921   영동보통학교에서 수학하다.

1919   이갑희 여사와 혼인하다.

1921~1926   서울 경복중학교에서 수학하다.

1926~1930   일본 히로시마고등사범(廣島高等師範)에서 수학하다.

1925   장남 기영 출생하다.

1930. 4   대구 공립 고등보통학교 교사로 임명되다.

1932   장녀 난영 출생하다.

1934   차녀 기남 출생하다.

1937   차남 대영 출생하다.

1938. 3   대구 공립 고등보통학교 교사직을 사임하다.

1938~1941   폐결핵으로 장기 요양 생활을 하다.

1942. 1   대구 대륜중학교 교사로 임명되다.

1945. 9   대구 대륜중학교 교장으로 임명되다.

1947. 9   경북여자중고등학교 교장으로 임명되다.

1950. 2   경북대학교 사범대학 영어과 교수로 임명되다.

1952. 7   경북대학교 초대 도서관장에 임명되다.

1953   제1차 교육과정 공포로 검인정 교과서 제도가 법제화됨에 따라 원암 선생이 집필한 중고등학교 영어교과서 『Universal English』가 문교부 검인정 심사에 통과되다.

1957. 7   경북대학교 사범대학 학장서리에 임명되다.

1959. 12   대구영어영문학회(한국영미어문학회의 전신으로 한강 이남에서 최
               초로 창설된 영미어문학 분야 학회)의 초대 회장에 취임하다.

1962. 8   청조소성 훈장을 받다.

1964   경상북도 교육위원회 위원으로 임명되어 8년간 활동하다.

1964   대구 남산교회 장로로 임명되어 70세에 정년퇴임 시까지 활동하다.

1965   제2차 교육과정 개정에 따른 검인정 교과서 심사에서 원암 선생이
               집필한 『Highroad to English』가 검인정 교과서로 통과되다.

1965   국제 와이즈맨(Y's men) 한국지구 총재로 임명되어 2년간 활동하다.

1966   미국 워싱턴 주립대학교 객원교수로 근무하다.

1967   대구시 대학교육회 회장으로 2년간 활동하다.

1971. 8   경북대학교 사범대학 교수직에서 정년퇴임하다(국민훈장 동백장을 받다).

1974   원암 선생의 고희를 맞아 원암장학회를 설립하여 사범대생에게 장
               학금을 수여하다.

1979. 2.   경북대학교에서 명예문학박사학위를 받다.

1989   차녀 이기남이 한국 최초의 Mac Base 컴퓨터 한글서체를 개발하다.

1991. 7. 31   부인 이갑희 여사 타계하다.

1991. 10. 17   원암 선생 타계하다.

2003. 5   차녀 이기남이 원암문화재단을 설립하여 매일신문과 공동으로 주관
               하여 '참스승 賞'을 매년 스승의 날에 4명에게 수여하다.

2004. 5   CBS TV 방송에서 스승의 날 다큐멘터리로 원암 선생의 스승상을
               60분간 녹화방영하다.

2005. 5   한국영미어문학회에 '원암 학술상'을 제정하다.

2004. 10   원암 탄신 100주년 추모문집 『영원한 스승』 출판기념회를 개최하다.

2006. 5   경북대학교에 '원암 학술상'을 제정하여 매년 교수 1명에게 시상하다.

2007. 10   원암 선생 일대기 『참스승 원암 이규동』을 출판하다.

2007. 10   충남 논산시 벌곡면 조령리 87번지의 선산에 위치한 묘역에 원암
               선생 묘비와 원암 선생 시비를 세우기로 결정하다(묘역관리자 김종
               복 연락처 : 042-584-2697, 010-6485-0021).

저자 이도수(李道洙) 1940년 대구에서 태어나 경북대학교 사범대학 영어교육과를 졸업
하고 경북고등학교를 비롯한 대구 경북 일원의 중등학교에서 영어 교사로 12년간 근무
하면서 경남대학교 대학원에서 문학석사, 계명대학교 대학원에서 문학박사학위를 받고
국립 경상대학교 사범대학 영어교육과 교수로 24년간 근무하다가 2006년 8월에 정년
퇴임하고 동 대학 교육대학원에 명예교수로 출강하고 있다.
미국 하와이대학의 East-West Center(1985), 영국 University of Exeter(1994)의
응용언어학과, 뉴질랜드 Auckland의 New Zealand Cultural Center(2001), 미국
Montclair State University의 아동철학연구소(2002) 등에서 연구교수로 근무하며 문
학과 문화자료를 활용한 영어교재를 꾸준히 개발해왔다. 저서로는『문화자료를 활용한
영어교육』,『문학과 문화 이야기』,『동서 문화 기행』,『스토리를 이용한 영재영어교육
자료』(5단계 시리즈),『문화자료를 이용한 영재영어교육자료』(3단계 시리즈) 등이 있고
정년퇴임 문집『제자가 만든 스승』이 있다.
개인 홈페이지(http://water-road.net)에는 자신이 개발한 교육 자료와 여행기, 수필
문 등이 실려 있고 저서 내용을 소개하는 블로그도 설정되어 있다. 전자 메일주소는
palgonglee@hanmir.com, mullgill@naver.com이다.

참스승 원암 이규동
한국의 페스탈로치 일대기

초판 인쇄 │ 2007년 10월 15일
초판 발행 │ 2007년 10월 25일

지은이 │ 이도수
펴낸이 │ 이대현
편 집 │ 양지숙 · 권분옥

펴낸곳 │ 도서출판 역락
　　　　　서울 서초구 반포4동 577-25 문창빌딩 2층
　　　　　전화 3409-2058, 3409-2060 │ FAX 3409-2059
　　　　　이메일 youkrack@hanmail.net
　　　　　등록 1999년 4월 19일 제303-2002-000014호

ISBN 978-89-5556-573-7-03990

정 가 20,000원

잘못된 책은 교환해 드립니다.